Principles of management

# 管理学原理

GUANLIXUE YUANLI

袁国宏　谢祥项◎主编

合肥工业大学出版社

## 内容简介

"管理学原理"是旅游管理类学生的基础课。本书分为基础篇和职能篇：基础篇从"组织为什么需要管理"出发，讲授管理的基本思维方式和原则、管理与管理学、管理者、管理决策、管理思想的演变、管理环境；职能篇从"组织目标的确定"出发，讲授计划工作、组织工作、领导工作、控制工作、创新工作，涉及目标的确定、计划的制订、组织结构设计、人员的配备、权力的分配、领导理论、沟通、激励、控制基础、控制方式与方法、管理创新等内容。作者将自己讲授"管理学原理"16年的教学经验、旅行社导游从业经验、旅游管理专业的教学科研经验，以及参考浙江大学邢以群老师在优酷视频中的录像和慕课中的精彩片段，种种成果糅合在一起，编写本书。

本教材供具有高中以上文化程度，想提高自己管理水平，想更好地适应这个社会的人阅读。本书写作时，虚拟大学教师来进行一幕一幕的演出，观众是旅游管理学科的大学生。所以，本书特别适合旅游院校学生、旅游院校教师、旅游从业人员、旅游主管部门人员阅读。

**图书在版编目(CIP)数据**

管理学原理/袁国宏，谢祥项主编．—合肥：合肥工业大学出版社，2018.5
ISBN 978-7-5650-3993-5

Ⅰ.①管…　Ⅱ.①袁…②谢…　Ⅲ.①管理学　Ⅳ.①C93

中国版本图书馆CIP数据核字(2018)第110839号

**管理学原理**

袁国宏　谢祥项　主编　　　　责任编辑　王钱超

| | | | |
|---|---|---|---|
| 出　版 | 合肥工业大学出版社 | 版　次 | 2018年5月第1版 |
| 地　址 | 合肥市屯溪路193号 | 印　次 | 2018年7月第1次印刷 |
| 邮　编 | 230009 | 开　本 | 710毫米×1010毫米　1/16 |
| 电　话 | 人文编辑部：0551-62903205 | 印　张 | 16.75 |
| | 市场营销部：0551-62903198 | 字　数 | 298千字 |
| 网　址 | www.hfutpress.com.cn | 印　刷 | 合肥现代印务有限公司 |
| E-mail | hfutpress@163.com | 发　行 | 全国新华书店 |

ISBN 978-7-5650-3993-5　　　　定价：39.00元

# 前　言

1993年，我从湖南大学毕业，分配到东风杭州汽车公司客车厂当技术员。到工厂一年后，我考取了“全国导游员资格证书”，就开始带团，发现自己对导游职业非常感兴趣：一是当导游一天可以赚200元，相当于工厂一个月的工资；二是当导游每天进出的都是星级宾馆、高级餐厅、景区景点、娱乐场所，感觉很有档次；三是当导游是与人打交道，游客开心，你也跟着开心；四是免费旅游，我带杭州人去过北京、黄山、千岛湖、普陀山、南京、苏州、厦门等地旅游；五是导游带团时，全是在职消费，不用自己掏腰包；六是当导游自由，完全是市场经济运作，给我一种全新的感受。进厂时，一共分配进来23个大学生，一年后走掉一大半，我因为女朋友的父亲让我报考浙江大学旅游经济专业研究生，所以没有跳槽。考上研究生后，我去找人事科科长办调离手续，他让我补还当初厂里付给湖南大学的4000元培养费。他还说：“其他跳槽走的人，都要交1.5万元以上的违约金，你们总要结婚的吧？不交的话，就不开‘结婚介绍信’，没有介绍信，看你们将来怎么结婚!”我在客车厂工作4年整，只存了3500元，走时还要为自己“赎身”，四年最美好的年华白费了。

1997年，从办理调动手续到研究生开学的4个月时间里，我在杭州远东旅行社当专职导游，带“华东五市”旅游团，存了1.5万元，为读研攒足了生活费。在读研的3年时间里，我寒假、暑假都不回老家，靠带旅游团赚钱来养活自己。2000年研究生毕业后，我在浙江工业大学经贸管理学院当教师，学院安排我带管理学。一年半后，我调动到海南大学旅游学院，学院也一直让我带管理学。所以我从事管理学教学有16年，但教学质量一直平平。我参加过“海南大学青年教师教学比赛”，但都没有获得名次。

2014年12月，我先看了浙江大学教授邢以群在慕课（MOOC）中的《管理概论》，是给MBA学员讲的，后来发现优酷视频中他给本科生的管理学授课有全程录像，共54集，每集约45分钟。于是，我做了7页的听课笔记，并背得滚瓜烂熟。我把慕课看了3遍，优酷视频看了3遍，并挑出重点章节反复看，几乎可以背下来，达到了“从形似到神似”的模仿效果，觉得自己已经成为“类一流”的管理学授课教师。邢以群是我见过的讲课最好的老师之一，以前在浙江工业大学任教时，听过他的一次讲座，印象深刻。我有一种“久旱逢甘霖”的感觉，这是我从教16年来，第一次培训，持续了3个多月，我的课堂教学质量有了质的提升。2015年上半年我在海南大学讲课评比中得了学院第一名。我还根据邢以群老师的课件，把我的授课课件重新制作了。实物产品是制造出来的，服务产品是表演出来的。剧作属于作家的，剧本属于导演的，剧场属于演员的，表演属于观众的。而现有的管理学书籍都是属于剧作，没有剧本。我把给学生授课看作是一场演出：教材就是剧作，课件和教案就是剧本，剧场就是教室，表演者就是教师和学生。在我看来，学生不是一个空桶，由教师向桶里注水；学生是一堆干柴，教师只是一个打火机，把干柴点燃。大学教学就是要从高中阶段的“保姆式教育”变为“现代化教育”，由被动式的“要我学”变为主动式的“我要学”。

2015年初，我萌生了一个想法，想写一本管理科学的实训教材《管理学原理》，把我讲授管理学16年的教学经验、工厂从业经验、导游从业经验、旅游管理专业的教学科研经验和邢以群老师讲课视频中的精彩片段糅合在一起。本教材从2015年4月开始写作，每个星期写一章，全书共16章，所以花了4个月完成初稿。实训教材《管理学原理》中许多内容来自邢以群老师写的教材《管理学》、优酷视频中的录像、慕课（MOOC）中的内容，虽然我根据自己的理解来写这本书，绝对不会是录音整理，但肯定会有许多邢以群老师讲课的内容。这本实训教材的修改持续了两年多，经历了“引进一消化一吸收一再创新”的过程。管理学也是旅游管理专业考研科目之一，对学生的考研具有关键作用。“管理学原理”为重点基础课，理论多样，案例复杂，方法繁多，而学时有限，因此，贯彻“少而精”的原则，精选有代表性的、有广泛应用价值的、最基本的、较现代化的、最有趣的内容作为基本要求。本教材主要采用讲授法，配合采用启发式、讨论式等教学方法，培养学生的自学能力，注意循序渐进。霍金写了科普读物《时间简史》，社会影响很大，相信《管理学原理》这本好看、有趣、生动的实训教材，一定有很大的社会影响。我和邢以群老师一样，读本科时，把金庸的小说全看遍了，这本实训教材，我争取写得像金庸小说那么好看。

本课程配合以下教学方法，以培养学生的综合素质和能力，提高教学效果：(1) 课堂讲授有特色，督导评价高，学生喜欢听。善于采用反问句和自问自答的方法，提高学生的注意力；上课时在讲台上走来走去和黑板板书，提高学生的注意力；通过讲故事和情景模拟，提高学生的注意力，不让学生听课走神。(2) 每一讲的上课前，请坐在第一排的学生“回顾和总结”上一讲的内容，而小组作业是“预习和计划”下一讲的内容，这对于培养学生的管理思维非常有好处。(3) 大约 9 名同学为一组，共布置 10 次小组作业，属于研究型学习，每次作业的完成，需要对下一章的内容进行章节预习、小组讨论、网上查找资料、制作 PPT。(4) 每次上课中，让“学生小组代表”上讲台演示作业内容，检验作业效果，每个人作业演示时间约 5 分钟，并记录个人和小组的“平时分”，尤其是“商务决策模拟练习”对于培养学生的团队意识、契约意识和诚信素质来说效果非常好。(5) 通过“管理学课程网”，开阔学生视野，调动学生的学习积极性。我自己觉得，在国内“管理学”课堂教学质量中居于“类一流”的领先地位。(6) 留出 6 学时作为“案例讨论课”，由经常坐在第一排的学生当主持人，教师当“特邀嘉宾”。先由主持人朗读一遍案例，允许 3 名同学主动回答案例中提出的问题，再由教师点评一下，最后由主持人朗读教师写好的案例讨论题的参考答案。

这部教材的书名，从“话说管理学”“管理学剧本”“管理学原理基本教程”“管理学原理慕课教程”“管理学原理实训教程”到“管理学原理”，一直在变。写这部教材的目的：一是适应高校教师在“课堂教学质量评估”中的需要，提高学生所打分数，获得教学督导的好评，得到“青年教师讲课比赛”中的名次。二是现有的教材越写越厚，越来越“字典化”，不适合本科生教学。例如，邢以群老师的《管理学》(第三版) 是大学教学认可的教材，有 56 万字，适合于初学者，语言流畅，案例简短，但内容太多、庞杂；周三多的《管理学——原理与方法》(第六版) 是大学学生普遍用的教材，有 47.7 万字，但内容偏主观，案例冗长，枯燥乏味，与国际通用的教材脱轨；斯蒂芬·罗宾斯的《管理学》(第七版) 是国际上公认的最权威的管理学教材，有 91.4 万字，但内容繁杂，语言不流畅，许多内容不适合中国的学生学习。作者调查了 360 个大学生，课程结束时，居然没有一个学生把管理学教材通读一遍，学生反映：看了，也记不住，没留下什么印象，跟没看一个样。这门课一般只安排 48 学时，教师用如此厚的教材，内容根本就讲不完。三是为了让管理学的知识得到普及，提高全社会的管理水平，提高每个人对社会组织运作模式的理解和社会适应能力。故此，特编写本书。

# 目　录

# 绪 论

管理是无时不在、无处不在的。学习“管理学原理”，不只是要掌握知识，更重要的是要有根有据地梳理正确的管理观念和意识，并在以后的学习、生活和工作中具体应用；准确地掌握教材中论述的基本原理，辨认其得以成立的假设，以及相应的运用范围；熟练地学会管理的基本分析方法，并用它来分析案例和解释身边的管理现象。

## 一、树立正确观念的重要性

观念决定行为，行为决定结果。要有好的结果，就要有合适的行为；要有合适的行为，就要有正确的观念。要取得良好的管理效果，首先必须树立正确的观念。一般来说，可以用结果来检验观念的正确性，那么，我们是否可以事先就树立起正确的观念呢？可以的，关键在于，我们对管理情景的判断，看管理情景与观念中隐含的前提假设是否一致。通过本书的理论学习，我们要知道观念中隐含的前提假设、观念的内容和管理行为的方式方法。管理观念中的前提和内容是“道”，管理行为中的方法是“术”，所以管理学主要讲解原理和方法，即关于“道”和“术”的一门学科。观念、行为、结果的关系如图 0－1 所示。

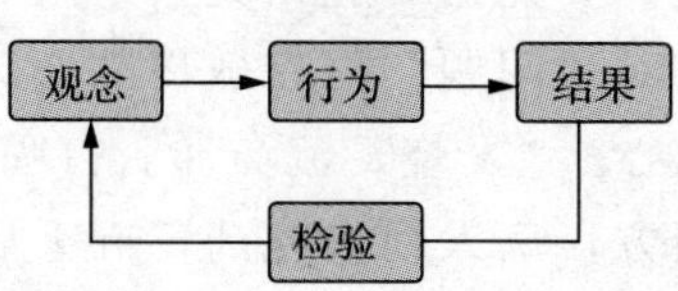


图 0－1 观念、行为、结果的关系

错误的观念导致错误的行为，进而产生不良的后果。重行为，轻观念，导致的结果常常是一错再错。我们学习管理学的目的，就是要掌握前人总结出的管理观念及其隐含的前提假设。良好的管理对整个社会的重要性是显而易见的：国家管理得好，就繁荣富强；企业管理得好，就兴旺发达；家庭管理得好，就美满幸福。一旦走上社会，人不是从事管理，就是被人管理。学习管理学，会帮助你掌握成为更有效的管理者的系统知识，从而在管理实践中少走弯路、少交学费、少犯错误。如果你不想成为管理者，通过学习管理学，你可以较多地了解你的“老板”的行为方式和组织的运转过程，从而有助于你更好地适应这个社会，增强你的生存能力。

在大学里学什么东西呀？实用的东西，对吗？大学里只能学到理论和方法，学实用的东西到工地去呀！在社会组织中，当你看到上司从事计划活动、组织活动、领导活动、控制活动的时候，你有一种“看透了”的感觉，“我知道你为什么这样干”，因为“我学过了”。当上司给你安排任务和指导工作的时候，你说：“你讲得很对，除了这样干之外，我们还可以那样干。”当大家束手无策的时候，你挺身而出，“我们可以这样试一下，如果这样不行的话，还可以那样试一下。”你心想，“至少你们不知道怎么做，我还是有办法的嘛。”领导就会说：“那就你来。”这样，你不就显露了你的才华，从同辈中脱颖而出了嘛！

树立正确的观念，还需要对管理情景的判断，所以，管理学既是科学又是艺术。科学是求同、求真、求共性的，如数学、物理、化学等；而艺术是求不同、求风格、求个性的，如音乐、美术等。管理学研究管理过程中的客观规律，可以由一整套的原则、主张和基本概念组成，具有预测、解释和指导意义，可以学习和传授，所以说管理学是“科学”；而管理知识的运用只有通过实践才能真正掌握，其工作的对象包括“人”，管理问题和管理环境千变万化，而提供的专业手段和方法极其有限，所以说管理活动是“艺术”。

## 二、管理基本思维方式：“三招”

第一招，很难说——要具体问题具体分析。“很难说”是我们面对一个管理问题时所应持有的态度，要先搞调查研究，了解和判断管理情景，切忌先入为主。作为管理者，要对“问题”抱有敬畏之心。就像一个医生给病人看病，要对病症抱有敬畏之心。“发烧、流鼻涕、打喷嚏，感冒嘛！”医生凭过去的经验，给病人开了药方，病人回去吃药，五天后死掉了。事后经过化验检查，病人得的不是普通感冒，而是禽流感或非典型性肺炎。这正是“经验害死人”。

**【思考题】**大学生谈恋爱，好不好？很难说。我们要具体问题具体分析。对你来说，利大于弊，就是好事；对他来说，弊大于利，就不是好事。

第二招，统统摆平——建立兼容并蓄、目标导向的思维方式。“统统摆平”是我们做管理决策时所应持有的态度，学会“弹钢琴”，切忌抓住一点、不及其余。例如，爸妈对你的期望，与你对自己的期望不一致，怎么办？要统统摆平。既要让你爸妈满意，又要让自己满意，这需要管理沟通。

我们不要非此即彼：什么“鱼和熊掌不可兼得”，我们鱼也要得、熊掌也要得；什么“优质优价”，我们要优质还要低价；什么便宜没好货，我们要物美还要价廉。

**【思考题】**某著名大学校长告诫学子：方向比努力更重要；能力比知识更重要；健康比成绩更重要；生活比文凭更重要；情商比智商更重要。这句话广为流传和受到好评，你怎么看？实际上这些比较意义不大，因为它们就像一个硬币的正反两面，不能因为一个不重要你就可以放弃它。正如，我们不能说：“手比脚更重要，手心比手背更重要，男人比女人更重要，儿童比老人更重要，工人比资本家更重要，顾客比员工更重要。”在生活和工作中，虽然要坚持“要事优先”，还须妥善兼顾必须面对的相关事宜，这样才可能拥有真实和丰富的人生。

第三招，责任在我——解决问题从认识自我、改变自我着手。“责任在我”是我们解决管理问题从哪里着手时，所应持有的态度，不要把原因都推到外面去，不要寄希望于外部环境的变化来适应自己。认识自我，要通过自我沟通，方式是“实践＋反思”。通过实践发出信息，通过反思接收信息。实践、反思、再实践、再反思……多次循环往复，从而逼近真我。

很多时候，问题出在下属身上，根子却在管理者身上。有位企业老总反映，员工没有主动性，“上面推推，下面动动；上面不推，下面不动”。于是，我到他们公司去调研。一个销售员讲：“有次，老总坐飞机出国了，由于客户催得急，我就把一笔订单签了，货款也收回来了。老总回来后，我去汇报，以为会受到表扬的，结果挨了老总一顿批，‘你是我的下级，你爱怎么的，就怎么的。当然，出了事情要我负责，有这种事情吗？什么事情，你都可以自己做主，还要我这个老总干什么？’”这件事很快在全公司传开了，以后大家有事情都请示老总，工作没有主动性。这叫“能人手下无能人”。

**【思考题】**用户反映，新购洗衣机的电机烧坏了，厂家该如何处理？我来描述一下两种思维方式。一家洗衣机厂的维修人员到用户家里去，说：“你的洗衣机电机烧坏了，是你误操作造成的。我们在《用户手册》上写得很清楚了。现在给你换一个新的电机，需要你付维修费 300 元。”用户心想，我的洗衣机已经买了，再掏 300 元就掏吧，心里很不情愿。维修人员回去后，上交了 300 元维修费，填写好处理单，存档，完事了。随着这家工厂卖的洗衣机越来越多，误操作的用户也越来越多，维修队伍越来越庞大。用户反映“这家工厂的洗衣机质量不好，电机老是要烧坏的”，谁也不说是自己误操作造成的。最后，这家工厂声名狼藉、经营困难。另一家洗衣机厂具有“责任在我”的意识，维修人员到用户家里去，说：“对不起，你的洗衣机电机烧坏了，可能是我们在《用户手册》上没写清楚，导致了你误操作，这次我们免费给你更换一个新的电机。”维修人员回去后，向上级汇报了情况。上级领导非常重视这个问题，组织技术人员和营销人员进行研究，一方面在《用户手册》上突出显示这个问题，避免用户误操作；另一方面，组织技术人员研制了一个安全保护装置，在新生产的洗衣机上安装了这个装置，让用户不可能误操作。随着这家工厂卖的洗衣机越来越多，工厂的“口碑”越来越好，用户都说“这家工厂的洗衣机质量很好，用它的洗衣机，不会坏的”。最后，这家工厂声名鹊起、兴旺发达。

**【思考题】**销售额只完成了60%，你作为销售主管，在年终绩效考核时，该怎么述职？很多销售主管会分析可能存在的原因。外部一般环境因素，如政府宏观政策调整、消费者不成熟、整个行业都不景气、“威马逊台风”“汶川大地震”和非典型性肺炎等；外部任务环境因素，如上级下指标时存在“过高的业绩要求”、供应商提高了原材料价格、竞争对手采取了不正当竞争行为、顾客越来越挑剔、相关部门配合不力等；内部环境因素，如我们的产品品种少、质量不稳定、价格偏高、下属员工又懒又笨。甚至有人说：“幸亏我在这里，如果不是我在这里，还要差呢。”尽管这些原因都是客观事实，请问，如果外部形势都很好、供应商都很合作、竞争对手都很客气、顾客都很支持……还要你干什么呢？我们随便找一个人来当销售主管就可以了，甚至只要请一个人来接听电话就行了。当初请你来当销售主管时，就知道外部环境是变化的、内部资源是短缺的，所以才付给你工钱的。因此，把原因归结到外部是不行的，那么，应该怎么说？你应该说：“我们没有预料到外部环境那么严峻，在严峻的形势下，又没有采取有效的措施；对竞争对手的恶劣行为，我们想不出相应对策。”如果说，上级下的指标过高，老总一听，脸就拉长了，“哦，说我们乱下指标。”你应该说：“当初，我们没有向管理层提供有效的市场信息，以至于大家都比较乐观。”如果说，相关部门配合不力，其他部门经理听了，就说：“当初，你又没说，让我们怎么配合你。”说上面不行，说旁边也不行，说下面总可以吧。如果你说“下属又懒又笨”，人事部经理就说：“这些人不都是你挑的吗？做事的时候不都是你带着的吗？”所以，你应该说：“我们没有跟相关部门明确配合要求；在相关部门配合的情况下，又没有跟进、跟催；在跟进了之后，又没有寻求上级帮助；在上级帮助的情况下，又没有跟进。”当你即将讲到第五点时，大家都受不了了，同情心就上来了，说“这也不能全怪你”，这是自我检讨的好处。“如果我们的产品品种再多一点，质量再稳定一点，价格再低一点，销量会多多少；接下来，我们该做什么事，争取明年有所改观。”最后，考核小组的结论是：第一个人，业绩没有做好，把原因推到外面去，不承担责任，干掉再说，不管有没有接班人；第二个人勇于承担责任，还是有一定措施的，重要的是，目前没有更合适的人。这样，你的销售主管位子不就保牢了嘛！如果第二年销售业绩又只完成60%，怎么办？呵呵，实在不行，再来一遍。考核小组只能说你“能力不行，人品还是不错的”。

### 三、管理原则与方法：“五式”

1. 以目标为中心

几乎每个学者所下的管理定义中，都提到了“目标”。我们管理，从提出目标开始，围绕目标来开展管理工作。管理的五大职能，即计划、组织、领导、控制、创新的定义中，也都提到了目标，并把目标的达成度，看作是衡量管理绩效的一个标准。所以在管理活动中，要把握“目标有利”原则。目标错误，就会“一错百错”。

2. 以人为本

以人为本的“本”是本源、根本、资本。“本源”，把人看作主体，满足人的需要是出发点和归结点；“根本”是基础，人是依靠点；“资本”是核心竞争力，是支撑点。以什么人为本？组织内外各方面的人，既包括群体的人，又包括个体的人。以人的什么为本？人的各个方面。以人为本不等于以人情为本，不等于以个人为本，不等于松散的管理，不等于无条件满足要求。所以我们要满足人的需求，引导人的行为，调动人的积极性。在管理实践中，一是要尊重人，把人看作是管理的主体。每个人都是主人，“行使主人的权利，干主人的活；履行主人的义务，享主人的乐”。二是要依靠人，员工参与是有效管理的关键。为什么要依靠人？没有人，“企业”变成了“止业”。你到一个企业去，大楼很漂亮，但里面的人懒洋洋的、爱理不理的、有气无力的。当你走进去，他慢悠悠地问：“你找谁呀?”说明这个企业没有生机与活力。相反，另一个企业，房子是租来的，办公室很拥挤，但里面的人有激情、有梦想、有能力，哪怕它当时不行，你也可以看好它。三是要发展人，人的全面发展是管理的目的，人的全面发展包括利益诉求、心理感受、价值观念和个性特征。利益诉求如“你的钱越来越多吗”；心理感受如“在本单位工作，你的心情越来越舒畅吗”；价值观念如“你们单位的所作所为符合你的主张吗”；个性特征如“你的工作能发挥你的专业特长和兴趣爱好吗”。四是要为了人，管理是为人服务的。企业获得了好的效益，要与员工分享。人是管理的出发点和归宿点，正如毛泽东同志说的，“一切为了群众，一切依靠群众，从群众中来，到群众中去”。十八届三中全会通过的《中共中央关于全面深化改革若干重大问题的决定》中提出要把促进社会公平正义，增进人民福祉作为出发点和落脚点。

**【思考题】**企业倡导“以人为本”，但当其亏损时，采取了裁员的行为，请问这是否与“以人为本”相违背？没有。在一定程度上满足人的需要，确实是管理的出发点，但这里的人并不一定是个体，当个体的利益与群体的利益产生冲突时，就以群体的利益为重。如果不裁员的话，可能企业破产，将导致更多的人失去工作。两害相权取其轻，我们牺牲某一部分的利益，换来了大多数人仍然能有工作，有发展前途，而且如果做得好的话，我们还可以创造岗位，再把大家请回来。对被裁的员工要给予补偿，并为他们找工作。

**【思考题】**某企业的核心理论是“快乐”，认为“快乐”最重要，结果某员工以其当天“不快乐”为由不来上班，管理者应该如何面对？如果答应，会有越来越多的人以“不快乐”为由，不来上班。应该是从整体上讲，营造快乐的氛围。管理理论和规则要根据人性特点，扬善抑恶，违背人性的理念和制度，都是不可能持久的。

3. 创新为要

每个企业的管理情景、管理主体、管理对象、组织文化都不一样，所以，管理原理和方法的运用，一定要结合企业自身的实际情况，不能照抄照搬。事实上，经验只有在不变的环境中才有用。可以学习、借鉴别人的管理方法，即先学招式，然后一定要结合战况，变“有招”为“无招”，才能成为高招。照抄照搬是注定要失败的，这里讲一个照抄照搬闹出的笑话：

一对夫妻年过半百，生了一个儿子，可儿子到了10岁，还不会说话，于是母亲让儿子到外面去学说话。一天，儿子到一个农户家借宿，隔壁有一个不孝顺的儿子在打他父亲，父亲喊“儿子打老子呀”。这个小孩就学了这句话“儿子打老子”。他继续往前走，有一天，前面有个村庄着火了，许多人拿着水桶、脸盆来救火，边跑边喊：“着火了、着火了。”这个小孩又学了一句话“着火了”。就这样，他在外面飘荡了一年，倒也学了不少话，但全忘光了，就记得这么两句话，垂头丧气地回家去。走在半路上，看见一个村妇在赶着一头猪，累得气喘吁吁的，喊着“老母猪，你往哪里跑？”这个小孩又学了一句话“老母猪，你往哪里跑”。小孩回到家里，他母亲很高兴，赶紧做饭给他吃，问他学了几句话。他说“三句”，他母亲一听，就生气了，说：“在外面一年了，才学三句话”，就打了他一记耳光。这个儿子就喊：“儿子打老子呀！儿子打老子呀！”他母亲听了就更生气了，打得也更重了。小孩又喊：“着火了、着火了。”他母亲以为是厨房着火了，赶紧往屋里面跑，小孩又喊：“老母猪，你往哪里跑？”

4. 注重系统性

系统是由相互联系、相互作用的各部分构成的一个具有特定功能的整体。系统性强调构成要素之间的相互关联性，关系的集合比要素的集合更重要。例如，人就是一个系统，他由五官四肢、五脏六腑等器官构成，但是，作为一个整体的人，不是各个器官的简单相加，而是具有特定功能的整体。管理是由计划、组织、领导、控制等职能构成的一个循环的系统，这叫外循环；而每个职能内部，又都包含着计划、组织、领导、控制等环节，这叫内循环。例如，计划工作本身也需要有组织、有领导、有控制；控制工作也需要有计划、有组织、有领导地进行。单纯地做好某一个方面，并不能取得应有的效果。协同可以产生更大的价值。

5. 提高管理者的素质

管理从本质上来说，是为了达到目的的一个手段或工具，而这个工具是由管理者来行使的，这个工具用得好坏要看管理者的素质。提高管理绩效，关键是要提高管理者的素质。提高管理者素质的方法可概括为：熟读经书、结交高人、勤于实践、善于思考。此外，作为管理者，要学会“先思考、后行动”：①这是一件什么事——询问、了解、调查。②这件事是否需要解决——价值取向和目标定位。③这件事应由谁来解决——角色定位和职责分工。④什么时候做——重要度和紧急度。⑤怎么做，能不能做——计划的制订和评审。例如，海南省考试局给我打了一个电话，让我出“专升本”考试试卷。我首先要了解清楚出试卷的科目、时间、份数、报酬等情况，然后决定是否接受这个任务，即出这个试卷是否符合我的价值取向，是否一定要由我来承担，和谁一起出，如果接受的话，才把这个事情列入议事日程，安排时间来做。

## 四、有效管理的关键

①确立正确的方向，即正确决策。②激发持续的动力，即以人为本。③建立科学的规范，即构建平台。④培育持续适应力，即学习创新。

打个比方：我们开车从海口市海南大学海甸校区到海口市火车站，需要有正确的方向，虽然道路不是一条直线，但道路却是弯弯曲曲地通向目的地的；汽车需要能提供持续的动力，如发动机和汽油；驾驶员需要能准确地操纵汽车，这需要科学的规范化操作；在行车途中需要持续地适应外部环境的变化，如交通信号灯、行人和其他车辆等。驾驶着“组织”这辆“汽车”，到达组织目标，同样需要正确的方向，这需要不断地做出正确的决策，包括计划方面的决策、组织方面的决策、领导方面的决策和控制方面的决策。社会组织是一个“人造物”，由组织结构和一群人构成的，只有以人为本，才能提供持续的动力。通过构建平台，如目标体系、职权体系、考核体系、报酬体系和业务体系，建立科学的规范作业，保证组织的高效运转。“吃一堑，长一智”就是学习。社会组织是一个复杂适应系统，只有通过学习和创新，才能不断地变革组织的内部结构、行为方式、资源和能力，以适应外部环境的变化，才能够基业长青。许多曾经赫赫有名的企业，现在都不见踪影了，就是因为缺乏学习创新的能力。

**【作业一】**规章制度能否违反？违反了该怎么处理？要求：①每个小组约9人，各小组起一个名字、口号。②先讨论，然后整理成文字，制作PPT，下一次课时上台讲解。③规章制度，以“红绿灯”交通规则制度为例。④作业交至“管理学课程网”，同时发1份至老师的电子邮箱。⑤班长把含有学生学号的各小组名单打印1份交给老师。解析见第一章第四部分。

# 第一章　管理与管理学

有人类活动就有管理，如中国的万里长城和埃及的古金字塔，如果没有人专门从事管理工作，是不可能建成的。虽然西方的《圣经》和中国《道德经》中有大量的管理知识，但管理学作为一门学科，历史非常短暂，从1911年泰勒出版《管理科学原理》一书起，算起来只有一百多年的历史。管理既有科学性，又有艺术性；管理学既是自然科学，又是社会科学。

## 一、管理的定义及其内涵

每一个人对管理的认识是不同的，而且每一个人的问答似乎都有一定的道理，都反映了管理的某一个方面。请比较：

● 管理是依据事物发展的客观规律，通过综合运用人力资源和其他资源，以有效地实现目标的过程。(邢以群)

● 管理是社会组织中，为了实现预期的目标，以人为中心进行的协调活动；管理是管理者为了有效地实现组织目标、个人发展和社会责任，运用管理职能进行协调的过程。(周三多)

● 管理是通过运用各种职能，协调各种资源，高效率地实现组织目标的过程。(喻晓航)

● 管理就是谋取剩余，所谓“剩余”就是产出大于投入的部分。(德鲁克)

● 管理就是决策。决策贯穿于管理的全过程和管理的所有方面，任何组织都离不开对目标的选择，任何工作都必须经过一系列的比较、评价、拍板后才能开始。(西蒙)

● 管理就是领导。任何组织中的一切有目的的活动，都是在不同层次的领导者的领导下进行的，组织活动的有效性，取决于领导的有效性。(穆尼)

● 管理就是通过别人来使事情做成的一种职能。为了达成管理的目的，要进行计划、组织、人事、指挥、控制，管理就是由这几项工作所组成的。(孔茨)

● 管理是同别人一起，或通过别人使活动完成得更有效的过程。这一过程体现在计划、组织、领导和控制的职能或基本活动中。(罗宾斯)

邢以群、喻晓航的定义中，提到了“资源”，即资财的来源。管理的八大资源是：人、财、物、时间、信息、士气、技术、市场。这八大资源，可以看作是管理的对象。对人的管理叫人力资源管理，包括人力资源规划、工作分析与职位设计、招聘、甄选、培训、薪酬、考核、晋升等；对财的管理叫财务管理，包括筹集资金、投资、流动资产、长期资产、成本、收入、外汇、预算、财务分析、财务审计等；对物的管理叫物流管理，包括运输、装卸、搬运、储存、包装、流通、加工、配送等；对信息的管理叫信息管理，包括信息的收集、处理加工、传递、存储、检索、利用等；对市场的管理叫营销管理，包括营销环境分析、需求调研、需求预测、市场细分、目标市场选择、营销定位、产品、价格、渠道、促销等。

周三多的定义中，提到了“社会组织”。社会组织主要有企业单位、事业单位、国家机关、政治党派、学术团体、宗教组织等。企业单位，如工厂、公司、超市、酒店、银行等，一般应向国家缴纳税收。事业单位，如学校、医院等，一般不向国家缴纳税收。国家机关，如公安局、检察院、法院、工商局、税务局等。政治党派，如美国的民主党和共和党，中国共产党和八大民主党派。

**【思考题】**资源与能力有什么区别？资源是静态的，可以买卖；能力是动态的，如“跑步能力”只有动起来才知道，无法买卖。竞争位势理论、资源基础理论、动力能力（核心能力）理论，是当今最具影响力的三种企业战略管理理论。

**【思考题】**学者们对管理有各种不同的说法是否意味着我们对管理还认识不清？否。现实生活中，每一个问题的正确答案不是一个而是多个。因为同一个问题从不同的角度分析，可以得出不同的答案，而这种答案的回答常常可使我们对每一问题或事物有更为全面的认识。学者们对管理定义的多样性，既反映了人们研究立场、方法、角度的不同，也反映了人们对管理认识的逐步深入。当我们面临“管理是什么”这一问题时，只有当我们能够从多种角度对这一问题进行思考时，才能比较全面地了解管理，真正掌握管理的实质。大家看，黑板擦的表面是有毛还是无毛的？从正面看，是有毛的；从反面看，是无毛的。另外，从侧面看，一边有毛，一边无毛。我们通过从不同角度看，获得了对黑板擦的全面认识。高度决定视野，角度改变观念，尺度把握人生。

## 二、管理的形式与内容

**【思考题】**想想大学中称职的校长、系主任、班主任主要做些什么事情？他们的这些工作之间有没有共同之处？吃饭应酬——协调与外界之间的关系；开会讨论——协调工作中的问题；分配任务——协调各项工作之间的关系；指导工作——协调活动与目标之间的关系；找人谈话——协调人与人之间的关系；签字把关——协调资源与活动之间的关系；考核奖惩——协调资源、活动与目标之间的关系。管理工作的表现形式复杂多样，但都有“协调……关系”。

管理工作表现形式的多样化，是由管理工作协调对象的多样性所导致的。对目标的协调主要表现为抉择；对资源的协调主要表现为计划；对任务的协调主要表现为分工；对思想的协调主要表现为沟通；对行为的协调主要表现为沟通和奖励；对活动的协调主要表现为检查和监督。

由于管理对象的多样性、管理环境的多变性和管理过程的复杂性，管理工作的表现形式呈现出了多样性的特征。尽管表现形式多种多样，管理工作的基本内容或核心是相同的，那就是协调。协调就是使组织中的各个部门、每一个成员、各种资源、各项活动之间有机结合，同步与和谐地开展活动。

协调就像一个磁场，能把磁场范围内的磁体磁化。协调的含义如图 1-1 所示，如果大箭头表示长远目标，众多的小箭头就表示近期目标；如果大箭头表示远大理想，众多的小箭头就表示有限资源；如果大箭头表示集体利益，众多的小箭头就表示个人利益。协调，使多个表面看上去似乎是相互矛盾的事物，如长远目标与近期目标、有限资源与远大理想、个人利益与集体利益等之间有机结合、同步和谐。网上对协调的定义是：协调就是和谐一致、配合得当，就是正确处理组织内外各种关系，为组织正常运转创造良好的条件和环境，促进组织目标的实现。

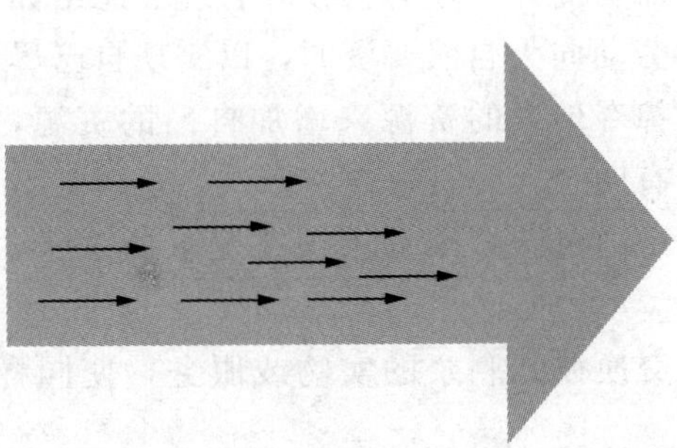

图 1-1 协调的含义

### 三、管理产生的原因

为什么需要管理？管理产生的根本原因是什么呢？从每一个人对目标、资源、活动等进行协调的目的来看，管理产生的根本原因在于人的欲望的无限性与人所拥有的资源（人、财、物、时间、信息、士气、技术、市场）的有限性之间的矛盾。

怎样才能缓解或解决这一对矛盾呢？从人类社会的起源来看，远古人类是通过狩猎、采摘等生产活动来获取资源的。据说，现代女性喜欢在超市购物，因为购物的动作与采摘的动作是一样的。然后是战争，掠夺他人的资源，但战争有一个前提，就是强弱悬殊，力量相当的话就“得不偿失”了。再就是宗教或道德，道德产生于恐惧，不遵守道德规范就会被人类群体所孤立，以至于无法生存。还有对自然力量的恐惧，如地震、洪水等自然灾害，由恐惧而产生敬畏感。儒家教导人要“节”：富贵不能淫，贫贱不能移，威武不能屈，都是劝人要“节”。人都想吃饱喝足，怕胖只好“节食”。贪生怕死是人的本性，所以军人要有“节气”，打仗要勇敢，节制自己的求生本能。中国的画家喜欢画竹子，因为竹子虚心、有节。佛教、基督教、伊斯兰教、道教都劝人抑制自己的欲望，宣称“欲为万恶之源”。《西游记》中的猪八戒有“八戒”，即戒贪、戒嗔、戒痴、戒色、戒杀生等。佛教劝人这辈子要清心寡欲，修来生的幸福，如“南无阿弥陀佛”的意思是：尊敬的阿弥陀佛，我将我的身、心和义全部都交给了你，希望在我死后，你能接引我到西方极乐世界去生活，不要再进入轮回。某年寒假，我回老家过年，我母亲杀了一只鸡，嘴里念念有词：“鸡呀鸡呀，你莫怪，你是人间一道菜；快快跑，快快走，脱了毛衣换布衣。”基督教认为，行善的话，人死后进入天堂；作恶的话，人死后打入地狱。还有贸易，山顶洞人用自己的一只羊换取山脚洞人的三把斧头。联合是组织的起源，原始人只有联合起来，才能把老虎、狼、豹子等猛兽给杀了，以获得温饱所需。此外，还有科技和管理。总结如下：

（1）生产是通过劳动向大自然要资源，以实现自己尽可能多的欲望。

（2）战争是通过掠夺他人的资源来增加自己的资源，从而满足自己更多的欲望。战争的原因有两个：一是争夺资源；二是政见不一，如你爸妈吵架。

（3）宗教或道德是通过教育来约束与改变人的欲望，使有限的资源足以满足众人的欲望。

（4）贸易是通过交换彼此剩余的实物或服务，使同样多的资源满足更多的欲望。

（5）联合是通过与他人分工协作，实现靠自己的力量所无法实现的欲望。

（6）科技是通过创造新的事物，来满足更多的欲望。

（7）管理是通过科学的方法提高资源的利用率，力求以有限的资源实现尽可能多的欲望。

资源（人、财、物、时间、技术等）在于发现，而不在于真正拥有。创业精神是一个过程，即某个人或者某个群体通过有组织的努力，以创新的和独特的方式追求机会、创造价值和谋求增长，不管这些人手中是否拥有资源。

创业精神包括发现机会和调动资源去开发这些机会。企业家是指那些寻求机会，通过创新满足顾客的需要和愿望，而不顾手中现有资源的人。做公司也好，做人也好，都要学会“借力”，即充分利用社会资源，如开办公司，内部没有人，可以从外面招聘；没有财，可以找合伙人，或者向银行借款；没有物，可以租借房子、设备；没有时间，可以让别人替你做事情，腾出自己的空闲时间；没有技术，可以找一个懂技术的人帮你，或者购买别人的专利技术。你的眼界有多宽，你的视野有多宽，你的空间就有多大。如果你的眼界只看到海南省，你就只能做一个海南省的地区企业；如果你的眼界能看到全国，你就能做一个全国性的企业；如果你的眼界能看到全世界，你就可能做一个世界性的企业。

**【思考题】**道德与管理，哪一种方法更好？道德教育所花的时间比较长，效果不显著，更多的是靠自律；管理需要学习，需要经验积累，更多的是靠他律。两者不可偏废。

**【思考题】**“管理在21世纪，在中国将成为第一生产力”，这个论断是否正确？靠生产来获取资源，即靠劳动和资本的投入来推动经济增长，只能循序渐进，不可能“大跃进”，而且潜力有限。靠战争来掠夺资源，在当今世界既不道德，也不现实。随着改革开放的推进，中国人久已压抑的欲望得到迅速的释放，迅速达到发达国家水平，我国出境旅游人数和出境旅游消费额都已经跃居世界第一位，靠宗教或道德来抑制已不可能。我们的货物贸易已经跃居世界第一，但服务贸易还有巨大的发展空间。靠联合来充分利用世界资源，是可行的，“一带一路”（丝绸之路经济带和21世纪海上丝绸之路）倡议就体现了这一点。在习近平总书记提出“一带一路”倡仪之后，许多国家都把中国的发展看作是“机会”，而不是“威胁”。靠科技来提高资源利用率和创造、满足新的需求，如信息技术、数字技术、“互联网＋”极大地改变了人们的生产方式和生活方式，有着巨大的发展潜力。靠管理来提高资源利用率，在21世纪，在中国大有可为，尤其是科学管理思想、行为管理思想、定量管理思想、系统权变管理思想、创新管理思想还需要普及和提高。科技和管理需要教育，世界科技发展史与世界大学发展史几乎是一致的，所以教育也是生产力。

**【思考题】**一个人需要不需要管理？个人资源相对于个人追求的有限性，决定了一个人也需要管理。因为一个人的力量是有限的，需要加入各种各样的组织（包括家庭）中去，需要充分利用社会资源，需要与外界沟通；一个人的一生时间是有限的，要使人生过得有意义、有价值，在有限的一生中实现众多的愿望，也同样需要借助管理；一个人所拥有的金钱是有限的，需要精打细算，需要控制自己的贪欲，否则钱再多，也会挥霍一空的。所以有人说，人生最大的投资，不是房子、不是股票，是人，跟什么人交往、跟随什么人、交什么样的朋友决定了你的价值观；第二大投资，是时间，花时间去做你认为值得做的事情；第三大投资，是身心健康，没有健康一切归零；第四大投资，是选对行业跟对人；第五大的投资，是选对伴侣。管理大师德鲁克在《21世纪的管理挑战》一书中，最后一章就专门讲“自我管理”，认为每一个知识性员工都将成为“管理者”。

### 四、管理的实质

管理是一个协调工作活动的过程，以便能够有效率和有效地同别人一起或通过别人实现组织的目标。管理从本质上而言，是人们为实现一定的目标而采用的一种手段。管理不是目的，不能为了管理而管理。良好管理效果的取得，取决于我们对管理的正确认识（“道”），以及管理手段的妥善运用（“术”），即取决于管理者的水平。

手段、工具具有两个特点：①学习需要过程的。没有人天生就会骑自行车，刚开始，你还要摔跤。所以，刚开始学习时，你还不如没有这个工具，一旦学会了以后，你发现离不开这个工具。②用得好坏，要看谁来用。同样是使剑，用得好的人可能成为武林高手，用得不好的人自身难保。用剑既要懂得“剑道”，如背许多武功秘籍、口诀，又要懂得“剑术”，一招一式地勤学苦练。习武之人应敌时能随机应变，最后达到融会贯通，“无招胜有招”，每一招出去，都是高招。

**【思考题】**当有人违反了组织的规章制度时，我们该如何处理？很难说。有章要循与目标导向要进行协调。①不小心办错事，即规章没有错，行为后果对组织不利。“误闯”应照章办理。②合理不合法，即规章没有错，行为后果对组织有利。有人说“先照章处理，然后再表彰”，这样传递的是一个混乱的信号，好像先揍人家一顿，然后再说“你做得对”。下次人家再遇到同样事情时，又不知道怎么办了。所以，这要视不同组织的发展阶段、不同规模、不同文化而定。例如，在企业初创期，违章做对企业有利的事，严惩，目的是让人们养成遵守规章制度的习惯，维护规章制度的严肃性；在企业发展后期，予以表彰，告诉人们，遵守规章制度固然重要，但实现企业目标更为重要，这反映了管理活动的艺术性。你会发现，同样的行为，有的组织予以表彰，有的组织予以处罚。③好心办坏事，即规章没有错，行为后果对组织不利，但动机是好的。应照章办理，同时予以安慰。④“王子犯法”，即违反规章的人是该组织的重要人物，要先稳住人物，再“秋后算账”，即事情是一定要处理的，但要掌握时机。否则，“王子”走了，公司关门了。⑤无心违章，即规章已过时。不予处理。例如红绿灯坏了，不能在那儿傻等。当一个组织中的成员在任何情况下都严格遵守规章时，这一组织还能发展吗？不能的，所以任何规章制度都有时效性。

**【思考题】** 以红绿灯制度为例，说说怎样才属于特殊情况，应如何酌情处理？警车（110）、救护车（120）、消防车（119）可以闯红灯，因为设置红绿灯制度的目的是维护人民群众的生命财产安全和提高交通效率，以免大家“抢道”，而警车、救护车、消防车闯红灯的目的也是维护人民群众的生命财产安全，即两者的目的是一致的。警车、救护车、消防车闯红灯时，不能撞死人，撞死人照样要坐牢的，因为不能用“特别通行权”对抗行人的“生命权”，即后果自负。红绿灯坏了或规章失效，也属于特殊情况。我们是否有可能在规章制度中把所有的特殊情况都列出来呢？不能。比如，你在回家的路上，遇上歹徒，他抢了你的包，还要杀人灭口，你跑到了路口，遇上红灯，跑不跑？当然要跑的，否则别人也会说你“这个傻瓜”。再比如，你看到马路对面，歹徒行凶抢劫，遇上红灯，你要不要冲过去？要的，政府还要给你发一个“见义勇为奖”。

**【思考题】** 在特殊情况下，我们都可以随便闯红灯吗？①原则：在一般情况下，照章处理；在任何情况下都照章处理，是教条主义。在特殊情况下，酌情处理；在任何情况下都酌情处理，是无政府主义。②特殊范围：目标一致；规章失效。③酌情原则：目标有利原则。④前提：情况紧急或条件确认。否则，每个人都可以找“闯红灯”的借口。⑤责任：后果自负。

**【思考题】** 你开着私家车送一个重症濒死的人去医院，遇上红灯，能否闯？应在征求交警同意的情况下，闯红灯。学过管理学的交警，会给你开一个绿道，给你放行；没学过管理学的交警，见你闯红灯，就会给你开罚单，最后事情处理完了，病人也死了，这是把规章制度交给不懂管理的人造成的恶果。

**【思考题】** 管理方法有哪些？法律方法、行政方法、经济方法、教育方法和技术方法。

### 五、衡量管理好坏的标准

1. 效率（efficient）

是产出与投入之比，指完成这些活动所需的资源成本的降低，要求选择合适的行动方法和途径，以求比较经济地达成既定的目标，即“如何把事情做好”。讲效率体现了管理的条件，即资源是有限的。“工厂实行三班倒，出租汽车昼夜跑”，就是为了提高设施设备的利用效率。“南辕北辙”这个成语，就是讲只要效率，不讲效益。春秋时期，一个人驾车到楚国去，别人说“你的方向错了”，他说“不要紧，我的马车很好”，又走了一会儿，有人说“你的方向错了”，他说“不要紧，我的马车跑得很快”。它告诉我们，无论做什么事，都要首先看准方向，才能充分发挥自己的有利条件。如果方向错了，那么有利条件只会起到相反的作用。

2. 效益（effectiveness）

与活动的完成情况相联系，指目标的达成度（产出满足需求的程度），它要求确定正确的目标，即“确保做对的事”。讲效益体现了管理的目的，即实现尽可能多或高的目标。我们经常听说“不惜一切代价……”就是只讲效益，不讲效率。再举一个有效益、没效率的例子：我们为了办一个公司，需要到许多政府部门盖章，拖了几个月，最后把事情办成了，但时过境迁，发现这件事已经不值得做了。

有效的管理，既要讲求效率，又要讲求效益，如表 1－1 所示。只讲效率，不讲效益，我们叫“碌碌无为”。只讲效益，不讲效率，我们叫“得不偿失”。怎样才能保证做好对的事呢？一是追求效益最大化和效率最优化；二是正确地做正确的事。

**表 1－1 管理的有效性**

| 衡量指标 | 效　率 | 效　益 |
|---|---|---|
| 指标含义 | 产出与投入之比 | 目标达成度 |
| 原因 | 管理的条件：资源是有限的 | 管理的目的：实现尽可能多/高的目标 |
| 影响因素 | 怎么做（方式方法） | 做什么（目标的选择） |
| 要求 | 以比较经济的方法 | 做有助于目标实现的事 |
| 结论 | 有效的管理：既要讲求效率，又要讲求效益 | |

**【思考题】** 效率与效益相比较，哪方面更为重要？效益更重要。一件可做可不做的事，你做得很好，是“吃饱了撑着”；一件错的事，你做得越好，危害就越大。

## 六、管理的职能

管理的职能，是指管理者要做的基本工作，或管理过程中的要素，或基本步骤，或手段。管理者为了实现组织目标，需要执行计划工作、组织工作、领导工作、控制工作和创新工作。有人说，管理就是“管人理事”，管人主要是通过组织工作和领导工作，理事主要是通过计划工作和控制工作。我们通常热衷于管人，而疏于理事。

第一，计划工作。计划表现为确立目标和明确达到目标的必要步骤之过程，包括估量机会、建立目标、制定实现目标的战略方案，形成协调各种资源和活动的具体行动方案等。着眼点是：有限资源的合理配置。

第二，组织工作。组织是指为了有效地实现计划所确定的目标，而在组织中进行部门划分、人员配置、权力分配和工作协调的过程，包括组织结构的设计、组织关系的确立、人员的配置以及组织模式的变革等。着眼点是：合理的分工协作关系的确立。

第三，领导工作。领导是指利用职权和威信来施展影响，指导和激励各类人员努力去实现目标的过程，包括指导、协调、激励等。着眼点是：方向的把握与积极性的调动。

第四，控制工作。控制是指在动态的环境中，为了实现既定的目标而进行检查和纠偏的过程，包括确立控制标准、衡量实际业绩、进行差异分析、采取纠偏措施等。着眼点是：纠正偏差。

第五，创新工作。创新职能与其他管理职能不同，它是在其他管理职能创新所取得的效果中表现自身的存在与价值。最近几十年来，由于科学技术迅猛发展，社会经济活动空前活跃，市场需求瞬息万变，社会关系也日益复杂，每位管理者每天都会遇到新情况、新问题。如果因循守旧、墨守成规，就无法应付新形势的挑战，也就无法完成肩负的任务。现在已经到了不创新就无法维持的地步。许多事业获得成功的管理者成功的关键就在于创新。

各项管理职能的相互关系如图 1-2 所示。每一项管理工作一般都是从计划开始，经过组织、领导到控制结束。各职能之间同时相互交叉渗透，控制的结果可能又导致新的计划，开始又一轮新的管理循环。如此循环不息，把工作不断推向前进。创新在这管理循环之中处于轴心的地位，成为推动管理循环的原动力。

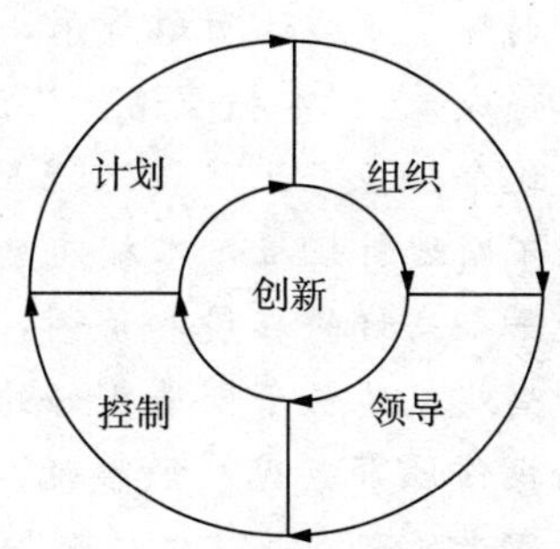


图 1-2　管理职能循环图

以管理国家为例：首先是有计划。习近平总书记提出了中华民族伟大复兴的“中国梦”，即实现“两个一百年”：中国共产党成立 100 周年的时候，全面建成小康社会；中华人民共和国成立 100 周年的时候，建成富强民主文明和谐美丽的社会主义现代化强国。我们国家每隔五年要制订一个“五年规划”，现在是第十三个“五年规划”时期，而且，每年还要制订一个年度计划。其次是有组织。把中国分成“条条”和

"块块"：条条是指外交部、国防部、教育部、公安部等部门，科员—科长—处长—局长—厅长—部长—总理是一条条权力线；块块是指海南省、浙江省、北京市、上海市等31个省市自治区（不含港澳台）。然后是有领导。每个"条条"和每个"块块"的行政职务都要有人员配备和权力配置，需要有人"在其位、谋其政、行其权、尽其责、取其酬、获其荣、惩其误"。最后是有控制。国家制定法律规章后需要执行，需要有人检查和纠偏。公安局是侦破案件的，法院是判刑的，检察院是提起公诉和检查官员廉政情况的。

以管理海南大学为例：首先是有计划。大学本科四年培养计划和学生每周课程表就是计划。其次是有组织。海南大学的20个学院是负责培养人才的，办公楼的教务处、科研处、学生处、研究生处等是负责专业管理的。然后是有领导。每个学院有院长、副院长、系主任；每个处有处长、副处长、科长。最后是有控制。每个学期，学校教务处要安排督导组来听教师讲课。期末时，要求学生在"教学一体化平台"中给教师打分，以保证课堂教学质量，发现和纠正教学中的偏差。期末考试就是检查学生的学习情况，补考就是纠偏，这也是大学教学中的控制工作。

**【思考题】** 是否做好计划、组织、领导、控制等工作就一定能达到有效管理的目的？不是，还需要不断地反馈和循环。

**【思考题】** 根据管理是一个系统的过程的观点，管理工作的重点是什么？管理是由计划、组织、领导、控制等职能组成的一个系统的循环过程。因此，在实际管理工作中，管理的重点：一是抓瓶颈，即抓管理要从分析组织管理的薄弱环节或公认问题着手，一方面易于取得组织成员的共识，另一方面易于取得成效。"木桶理论"认为，桶里能盛多少水，是由最短的那个木板决定的，这个短板补上了，木桶里的水可以盛得更多，另一个木板又成了短板，通过不断地补短板，木桶能盛的水会越来越多。二是搭平台，即抓管理在于创造一个良好的环境和氛围，如制度建设、文化建设、组织架构等，为员工登台唱戏、跑龙套创造良好的条件。那么，管理者需不需要跑龙套，即做具体的操作性事务呢？很难说，如海南大学旅游学院的院长也要给学生上课，但管理者的职责是"搭平台"，不仅仅是"跑龙套"。

**【作业二】** 一个合格的管理者应该具备什么样的素质？一位优秀的管理者应该具备什么样的素质？我们这代人最重要的是培养什么，为什么？

提示：

（1）先小组讨论，然后整理成文字，制作PPT，下一次课时上台讲解。

（2）建议把管理者分为高层、中层、基层管理者，分别论述不同层次的管理者应该具备的品质和能力要求。评析见第二章第七部分。

# 第二章　管理者

管理者是组织中的一种角色。一个组织的管理水平高低，取决于管理者的素质。“有强烈的管理意愿”和“敢于担当”是管理者应当具备的最基本素质。管理者不仅要对自己的工作承担责任，而且要对下属的工作承担领导责任。管理者的职责在于，要让“一群平凡的人”干出“不平凡的业绩”。

## 一、什么人是管理者

**【思考题】**从事管理的人就是管理者吗？很难说。协调管理的八大资源，履行计划、组织、领导、控制职能的人都是管理人员，但他们并不都是管理者。比如，政府机关里的公务员都是管理人员，海南大学办公楼里的人都是管理人员，但他们并不都是管理者，只有那些有行政职务的人才是管理者。

管理者区别于其他管理人员的显著特征是管理者拥有直接下属，负有直接指挥下属开展工作的职责。只有在组织中从事并负责管理工作，有直接下属的人才是管理者。

**【思考题】**在组织中，有管理者的头衔但没有直接下属，是否就不是管理者？办公室主任没有直接下属，他问你：“我是不是管理者？”你要说：“当然是呀！”尽管你知道，他是一个“光杆司令”，真正能管的人就是他自己。否则他会和你吵架的，他会说“我有批文的，有任命书的，怎么说我不是管理者？”我们称这种人为“名义上的管理者”。有许多销售人员，名片上都印着“销售经理”“销售主管”“业务代表”，但他们没有直接下属，只能算“名义上的管理者”。

管理者是组织当中的一种角色。先说一下“角色”。莎士比亚在《皆大欢喜》中说：“人生是一个大的舞台，每个人都是舞台上的演员；每个人都有上台的时候，也都有下台的时候；人的一生要扮演许多种角色。”你在学校里念书，扮演着“学生”的角色；在家里，扮演着“孩子/妻子/丈夫”的角色；在医院里看病，扮演着“患者”的角色；走在马路上，扮演着“行人”的角色；在商场里购物，扮演着“顾客”的角色；外出旅游，扮演着“游客”的角色……

管理者的管理对象是组织。组织包括企业单位、事业单位、国家机关、政治党派、学术团队、宗教组织等。对外界来说，一个组织的管理者就是"法人代表"。要明确管理者职责，首先必须明确组织的功能。

## 二、组织及其功能

组织是人们为了实现某一特定的目的而形成的一个系统集合。它由一群人所组成（组织成员）；有一个特定的共同目标（组织目标）；有一个由规章制度、职位职权体系、角色分工等所构成的系统化的结构（组织结构）。《西游记》中的唐僧师徒就是一个组织：第一，它由唐僧、孙悟空、猪八戒、沙和尚四个人和一匹马组成。第二，它的共同目标是"赴西天取经"，不是打妖怪。第三，它有一个系统化的组织结构：唐僧是管理者，信念坚定；孙悟空是武装部部长，最能打；猪八戒是组织部部长，从来不会发脾气；沙和尚是后勤部部长，挑行李。

**【思考题】**家庭是一个组织吗？这要看家庭是否具备这三个条件。第一，由一群人组成。家庭是由两个或两个以上的人组成的。"单身汉"还没有"成家"。夫妻成家后，通过有计划或无计划的扩张，最后变成一个家族。第二，有一个共同的目标。家庭的目标应该是幸福、快乐。有共同目标否不否认每个成员有他的个人目标？不否认。第三，有一个系统化的组织结构。有的家庭还是"适应性的网络型组织形式"，如丈夫怕妻子，妻子怕儿子，儿子怕父亲。家庭中有没有规章制度？有的啊，有的家庭尽管没有写下来，但都有家法，如吃饭时谁坐在什么位子，晚上几点睡觉，一般都约定俗成。有的家法还很严，规定吃饭的时候不准发出声音。家庭中有没有职位职权体系？有的家庭，男方做主，女的怕男的；有的家庭，女方做主，男的怕女的。家庭中有没有角色分工？有的啊，有的家庭中，女的做饭，男的拖地、买菜、洗碗；有的家庭，男的做家务，女的赚钱养家；有的家庭，男的赚钱，女的做家庭主妇。成立家庭，你得到了什么？得到了爱啊。失去了什么？失去了自由？是吗？倒也不是全部的自由，而是一定程度的自由。有些人，你不能看；有些事情，你不能干。如果你家里的那位把你盯得牢，那是好现象，说明她的主要心思在你身上；如果你家里的那位对你说："从明天开始，你彻底解放，你爱怎么的，就怎么的。"你高兴得要命，是吧？说明她的主要心思已经不在你身上了。所以，我们学习管理学的意义又进了一层，宣传口号是：你想家庭美满幸福吗，你想事业飞黄腾达吗，请学管理学。

图 2-1 中的人是一个组织吗？很难说。第一条，它由一群人所组成。不是一个人，一个人不能成为组织。由一群人组成就是一个组织吗？在假日海

滩游泳的一群人是一个组织吗？在7路车车站等着上车的一群人是一个组织吗？所以还要看其他条件。第二条，它需要有共同的目标，起码大家有共同感兴趣的话题。有共同目标的一群人就是一个组织吗？如果大家在商议“我们要创办一个企业”，可以称它为“创业群体”。他们是不是一个组织还要看其他条件。第三条，它需要有一个系统化的组织结构。一个创业群体什么时候才能成为一个组织？等到他们把组织章程签署了；如果他们到工商局备案了，一个合法的组织就诞生了。一群在7路车车站等着上车的人，也可能是班上搞活动；如果发现有人统一买票，有人说“到万绿园，大家都下来哟”，我们可以称它为一个组织。

图2-1　这群人是一个组织吗

**【思考题】** 人为什么要加入各种各样的组织中去？组织的功能：克服个人力量的局限性，实现靠个人力量无法实现或难以有效实现的目标。手段：通过分工，充分发挥各人特长；通过协作，形成集体力量。前提：组织成员能力互补、志同道合。

**【思考题】** 组织发挥作用的前提条件是什么？组织成员志同道合、能力互补是组织发挥其功能的前提。只有能力互补，才能进行分工；只有志同道合，才能进行相互协作。“看到你就像看到我自己，让我如何不爱你。”这是成立家庭这个组织的志同道合。“今晚的饭由谁来烧？”“我的想法和你一样哟。”这是能力不互补的表现，所以夫妻需要磨合，尤其是“拉郎配”的夫妻。现在，许多组织由“行政任命制”改为“负责人组阁制”，就像“包办婚姻”变成“自由恋爱”一样：选人你自己选，不过要带回来让父母确认，也可以由父母帮你选，但要你自己同意。

这里讲一个笑话：有一天，人的五官吵架了。首先嘴巴说：“人不吃，就不能活，偏偏我在五官的最下面。”它越想越生气，就对鼻子说：“你这鼻子有什么用？还在我上面。”鼻子说：“我能辨别香的、臭的，没有我，你这个嘴巴什么都吃进去了。”鼻子一想，觉得自己真的很重要，就对眼睛说：“你这眼睛有什么用？还在我上面。”眼睛说：“我能看清东西，不是我，你这个鼻子早撞到墙壁上了。”眼睛一想，觉得自己真的很重要，对眉毛说：“你这眉毛有什么用？偏偏在我上面，还是五官的最上面。”眉毛听了后不理它。不断追问后，眉毛说：“我在你上面，就让主人看起来，还像个人样子。不是我，你还像个人吗?”

还有一个笑话：大拇指说：“在五个手指头中，我是老大，别人点赞时，就竖起我。”食指说：“五个手指头中，我最灵活。”中指说：“我最长，我居中央。”无名指说：“我最多情，别人结婚戴戒指，就戴在我上面。”小拇指不知道说什么好，觉得好像自己真的没有特长呀！突然，它想到了，说：“别人礼佛时，我在最前面，我是领队”。

**【思考题】** 通过什么方法才能保证一个志同道合、能力互补的团队的形成？共同的利益把大家聚集在一起的。所以，组织从本质上而言，是一个利益共同体。在一个组织中，损人必损己。人们对组织的关心，归根结底是出于对自己在这个组织中的利益的关心。深圳华为集团的宣传口号：危难的时候拼死相救，成功的时候举杯共庆。因为你危难的时候，我不救你一把，企业亏损了，大家的年终奖都没了。你成功的时候，我为什么要举杯共庆？因为我也可以分一杯羹嘛，恭喜你就是恭喜我自己。

组织与个人之间的关系，如图 2 - 2 所示。能够在一定程度上实现个人目标，是一个人之所以愿意留在一个组织中的根本原因。离婚是因为在这个家庭里无法实现他的个人目标。个人目标的实现程度，取决于通过群体努力而得到的组织目标的实现程度。一荣俱荣，一损俱损。有的人说：“我们公司怎么样，我才不关心呢?”说明他的主要心思已经不在这个公司了。

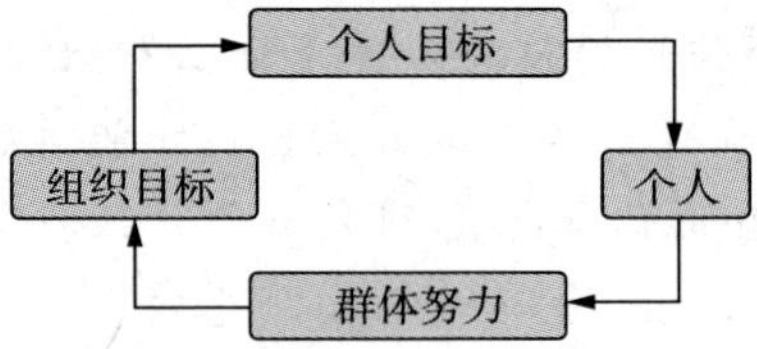


图 2 - 2　组织与个人之间的关系

每一个有志向的大学教师都想成为教授，而要成为教授必须具备一些基本条件。我们来看海南大学的教授职称评定条件：①取得副教授资格 5 年以上。②任该职期间，教学评估为“优”的次数达到 60%以上；具备指导研究生毕业论文的能力；参与编写过教材。③任该职期间，以第一作者发表 7 篇以上核心期刊论文；出版 1 部专著；主持 2 项以上省部级科研项目；参与

（排名前三名）完成国家级科研项目或参与（排名前两名）完成2项厅级以上科研项目……这些条件恰好符合海南大学在教学、科研和社会服务三个方面所追求的目标。每一个大学教师在追求个人目标的同时，也为海南大学的组织目标做出了贡献。有人说："海南大学教师的潜力真是大呀!"尽管教授职称评定条件年年攀高，每年还是有那么多的人申报。所以高校管理者要做好两项工作：一是创造条件。"你想申报国家项目，是吧？科研处每年召开'国家项目申报动员大会'。每个项目申报人可以找一个指导专家，如果项目中标了，指导专家可以获得奖励5000元。给你组织专家'预评审'，提高你的项目申请书质量。"二是人文关怀。大学教师一边抱怨，一边加倍努力。"早点回家呀！不要在实验室待得太久了。"领导者的这种话是一定要说的，否则，"过劳死"就是你的责任，尽管你知道他不会早点回家的。

**【思考题】**当我们只根据上级对下属的满意程度来决定组织成员的报酬时，组织成员之间的相互帮助在这一组织中会经常发生吗？不会的，这种情况就是皇宫嘛！电视剧《甄嬛传》《武则天秘史》中演绎了这种人与人之间的关系。个人目标的实现程度不是取决于组织目标的实现程度，而是上级满意度。在这样的组织中，组织成员都坚持两条原则：第一条，上级永远是对的；第二条，如果上级是错的，也请参照第一条。如图2－3所示，组织成员之间是一种竞争关系；当皇上把其他妃子都灭掉，专宠你一个，你的地位就上升了。"当总经理去骂另一个部门经理的时候，我为什么会有一种兴奋感呢?"这是管理不良的表现，因为组织成员之间只是一种竞争关系。所以，组织应该建立一种机制，让上级满意度与组织目标之间保持一致。

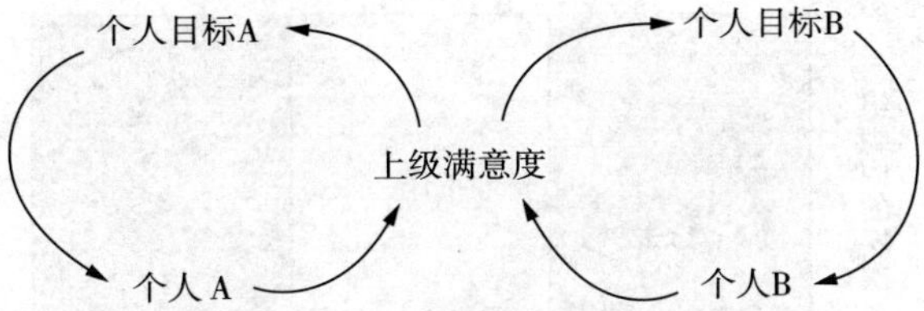


图2－3　组织成员之间的竞争关系

**【思考题】**"大河有水小河满，大河无水小河干"对你的启示是什么？每年8月左右，由于青藏高原的唐古拉山、巴颜喀拉山的积雪融化了，长江、黄河的水就满了，大河支流的水也满了；到了春节前后，长江、黄河的源头水少了，大河无水了，小河的水也干了。启示："大河"相当于组织目标，"小河"相当于个人目标。组织目标反映了组织成员的共同利益，而个人目标则是组织成员之所以愿意在该组织中工作的主要原因。组织目标的实现是个人目标得以实现的基本前提。

**【思考题】** 一位职工要参加公司举办的“客户俱乐部活动”，被断然拒绝了，理由是：如果每个人都提出这个要求，都答应的话，“客户俱乐部活动”就变成“联欢”了。那么，他应该怎么说？他应该说：“老总，公司举办的客户俱乐部活动要不要服务人员？如果需要的话，我愿意参加。”你看，通过为公的服务来达到个人私利的满足。老总就说：“需要呀！”如果很多人都想参加，老总就说：“谢谢，我们只要三个服务生，你，你，加上你，就够了。”

## 三、管理者的角色描述

角色，是处于一定社会地位的个体，依据社会客观期望，借助自己的主观能力适应社会环境所表现出的行为模式。

1. 操作者和管理者的定义

（1）操作者，指在组织中直接从事具体的业务，且对他人的工作不负有监督职责的人。他的任务是做好组织所分派的具体的操作性事务，对自己所从事的工作结果负责。很多人只对工作负责，不对工作结果负责，做到哪里算哪里。如人事部的培训主管通知开会，很多人没有来；如果他对工作结果负责，除了通知培训时间、地点外，就要把培训主讲人、培训内容、上级的重视程度、培训意义等讲清楚；来的话会怎么样，不来的话又会怎么样。

（2）管理者，指在组织上指挥他人完成具体任务的人，其主要职责是指挥下属工作，在组织中提出价值导向和共同目标，营造环境和激发动力，对组织目标实现程度负最终责任。管理者与操作者的区别：管理者有下属向其汇报工作。组织工作类别如图 2-4 所示。

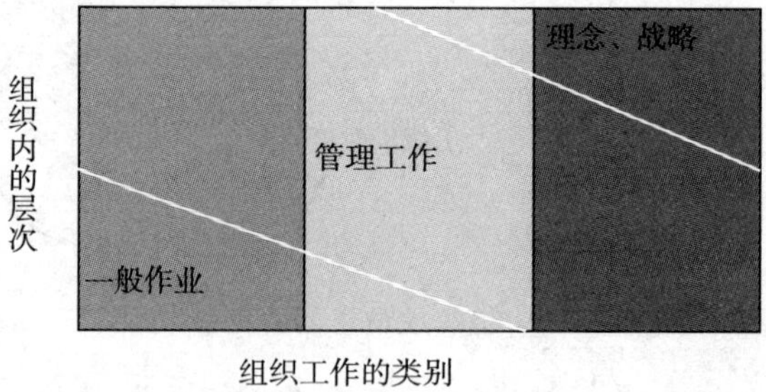


图 2-4　组织工作类别

2. 管理者的特征

（1）在一个组织之中的，是组织中的一种角色。

（2）从事管理工作，履行管理五大职能。

（3）有直接下属，负责指挥下属开展各项工作。

（4）一个人在组织中是不是管理者，关键在于他是否有直接下属。管理者在现实中的表现是：一个领导带着一帮肯干活的人。

3. 管理者的责任

管理者拥有指挥他人的特权，也有对下属工作负责的责任。下属在工作中出现任何问题，管理者都负有不可推卸的领导责任。管理者要负哪些领导责任？①对本部门主要职能的运作效果负责。②对下属的工作行为负责。③对本部门所提供信息的及时性和准确性负责。

**【思考题】**大学班级里的班长、大学教师、辅导员是不是管理者？大学生的主要任务是学习，而班长不对每个人的学习行为负责，别人学习成绩好坏跟他没有关系，学生也不用向班长汇报他的学习情况，所以班长是领导者，不是管理者。大学教师有课就上，下课就走了；学生不是教师的下属，不用向教师汇报他的学习情况，学生的期末考试成绩好坏与大学教师也没有关系，大学教师不用对学生的学习结果负责，大学教师只是一个“裁判”。试想，如果大学教师要对学生期末考试成绩负责，他只要试题出简单点，考前把试题透露给学生，改卷时松一些，学生都考 90 分以上，岂不皆大欢喜，可事实却不是这样的，所以大学教师也是领导者，不是管理者。大学教育具有教化功能（80％）和服务功能（20％）。从教化功能看，学生是教师的产品；从服务功能看，学生是教师的顾客。研究生导师是管理者，研究生可以看作是导师的下属，所以有的研究生私底下称导师为“老板”。辅导员是管理者，其直接下属是各班的班长。不同于大学的目标是培养学生“成才”，中学阶段是培养学生“成长”的，中学教师要对学生的学习结果负责，所以中学教师可看作是管理者。

4. 在一个组织中，管理者充当着什么角色

管理者在履行 10 种不同的角色和行为，可分为三种类型：人际关系方面（挂名首脑、领导者、联络者）；信息传递方面（信息监听者、信息传播者、组织发言人）；决策制定方面（企业家、混乱驾驭者、资源分配者、谈判者）。

● 挂名首脑：作为组织的首脑发挥象征作用。

● 领导者：通过运用组织所赋予的权力，把各种分散的因素结合成一个整体，激励群体齐心协力实现共同目标。

● 联络者：代表组织建立和保持与外界其他组织之间的联系，以取得外部各方面对本组织的理解和支持。

● 信息监听者：通过对外联系者和对内领导者的身份，收集组织外部和内部各种有用的信息。

● 信息传播者：将组织或外界的有关信息通过会议等形式及时向下属传

递，以便下属清楚地开展工作。

● 组织发言人：代表所在组织，向上级组织或社会公众传递本组织的有关信息。

● 企业家：按其意志在上级组织或法律规章允许范围内，自主地在组织内部进行变革，以适应环境的变化。

● 混乱驾驭者：在组织内部出现各种矛盾时，管理者出面排除各种冲突。

● 资源分配者：根据组织工作需要和本人的意志进行各种组织资源的分配，包括自己时间的安排、组织工作的安排和重要行动的审批。

● 谈判者：在本组织与其他组织发生冲突时，管理者带领其队伍参加各种正式或非正式的谈判以协调纷争。

**【思考题】**管理小企业的工作是否不同于管理大企业的工作？小企业管理者最重要的角色是“组织发言人”，即处理外部事务；大企业管理者最重要的角色是“资源分配者”，即主要关心企业的内部事务。

## 四、管理者的分类

1. 按所处的地位分：高层、中层、基层

高层管理者，如学校的校长、医院的院长、机关行政首脑、公司总经理。主要职责是：对组织负有全面责任。他们主要侧重于决定组织的大政方针和沟通组织与外界的交往联系，为组织创造良好的内外部环境。关注点：决策、判断、安排上；全局性或战略性问题的考虑上；决策的正确性和良好的组织环境的塑造。

中层管理者，如工厂里的车间主任、学校里的院长、机关里的处长。主要职责是：承上启下；正确理解高层的指示精神，创造性地结合本部门的实际情况，贯彻落实高层所确定的大政方针，指挥各基层管理者开展工作。他们的主要管理对象是基层管理者。关注点：把任务具体分配给各个基层单位并帮助其解决困难；检查并监督他们的工作；注重日常管理事务。

基层管理者，如工厂里的班组长、运动队里的教练、学校里的系主任、机关里的科长。主要职责是：直接指挥和监督现场作业人员，保证完成上级下达的各项计划和指令。关注点：每天都要和下属打交道；关心的是具体任务的完成。

**【思考题】**从职能角度看，随着管理者在组织中地位的上升，其管理工作有何异同？例如，一个人从成本核算组组长，升为财务部经理，再到财务总监。他将从事更少的直接领导工作和更多的计划工作，他花在每项职能上的时间也有所不同。

**【思考题】**当您认为上级的指示不正确时，您该怎么办？如果情况紧急，就一切行动听指挥，出了问题，由上级负责；如果情况不紧急，应与上级沟通，甚至越级报告。有时候，一件事的对或错，从上面看与从下面看，是不一样的。“我是你的下级，我爱怎么做就怎么做，当然，出了事情，要你负责”，有这种事情吗？

**【思考题】**老总陪客人参观工厂，发现“6S管理”中存在着3个操作性问题，该不该制止？应该怎么处理？应该及时予以制止，行使的是“监督权”，但不应该具体教导工人怎么做。如果不予制止，就传递了一个错误信号：“老总都不说，我就这样做。”老总打电话给车间主任：“我在参观时，发现工人在基础作业中存在几个操作性问题，请你们整改一下，明天上午向我汇报。”然后，你就不用管它了。第二天，车间主任打电话来了：“老总，昨天您让我们整改一下，现在整改好了，您要不要过来看看？”你正在开会，就说：“我在开会，两个小时后打给我。”然后，你就不用记着这件事了，老总很忙的嘛，有车间主任替你记着了，他不敢忘的嘛。两个小时后，车间主任又打电话过来了：“老总，两个小时过去了，您开会完了吗？”你说：“我在陪客人吃饭，你一点半钟打给我。”一点半到了，车间主任又打电话给你，刚好你吃饭完了，就可以到车间去看看了。最后，你发现，车间主任整改了“6S管理”中的8个问题。所以刚开始的时候，你不要说发现3个操作性问题，如果你说3个问题，车间主任就去问：“刚才老总看了哪里？”“你怎么这么倒霉呀，被老总看到了！”工人就只整改老总看到的3个问题。卓越管理的特征如表2-1所列。

**表2-1 卓越管理的特征**

| 未上轨道的管理 | 卓越的管理 |
|---|---|
| • 艺术<br>• 混乱、随意性大<br>• 不确定、计划性差<br>• 神奇、人为性强<br>• 片面 | • 科学（系统、可学习）<br>• 稳定、变动性小<br>• 可掌握<br>• 平庸、制度化<br>• 全面 |

2. 按所起的作用分：业务、财务、人事、行政、其他

业务管理者：对组织目标的实现负有直接责任，负责计划、组织和控制组织内部日常业务活动的开展。在一个企业中，业务管理者一般指主管或分管生产制造、产品销售等工作的管理者；在一个学校中，指主管或分管各类教学、科研工作的管理者。酒店的四大业务部门是前厅部、客房部、餐饮部、

康乐部；旅行社的三大业务部门是外联部、计调部、接待部。

财务管理者：任何一个组织的运转都离不开资金的有效运作，财务管理者主要从事与资金的筹措、运算、核算和投资、使用等有关活动的管理，并对此承担责任。

人事管理者：主要从事人力资源管理，保证组织所需的各类人员和组织中人力资源的合理使用，负责员工招聘、选择、培训、使用、评估、奖惩等的管理工作。

行政管理者：主要负责后勤保障工作。任何组织都少不了行政管理人员和行政工作人员。没有他们，其他专业管理人员和操作者都难以专心致志地工作。

其他管理者：由于各组织的目标、任务相差甚远，很难按管理者的作用统一分类。除了上述几类管理者外，不同的组织中还有其他各种管理者，均归入此类，如技术管理者、公共关系管理者、信息管理者等。

### 五、管理者的职权

#### 1. 职权的概念和类型

所谓职权是指组织成员为了达到组织目标而拥有的开展活动或指挥他人行动的权力。员工开展活动的权力，叫岗位权力。你们学生有没有权力？有的，你们有权来听课，有权参加考试，有权要求教师给你成绩。管理者的权力来自上级的授予。组织正式授予管理者的职权一般包括支配权、强制权和奖赏权。

（1）支配权：命令。下属必须服从，因为工作需要。适用范围：在管理者本职工作范围内。

（2）强制权：威胁。迫使下属服从，因为下属惧怕。适用范围：要求下属履行应尽职责。

（3）奖赏权：奖励。诱使下属服从，因为交换原则。适用范围：要求下属从事额外工作。

管理者行使职权，就是“威逼利诱”：你不好好干，我就怎么样；你好好干，我就怎么样。有时，你用支配权，说“我命令你”，下属说：“你撤我的职好了”；你用强制权，说：“我处罚你”，下属说：“你罚好了”；你用奖赏权，说：“我奖励你”，下属说：“懒得理你”。下属软硬不吃，管理者的职权就失效了，所以管理者不要太自以为是。越有权力，越有能力，就要越谦虚，这会越让人尊敬。所以，应该“多用奖赏权，少用强制权，巧用支配权”，即“多赞扬，少批评，多引导，常请求”。为什么要这样，知道吧？

第一，多赞扬。赞扬给人以愉快的情绪体验，满足人们自我尊重、自我实现需求，从而激发人形成奋发向上的工作热情。要学会表扬人，首先学会表扬自己身边的人。会表扬人，别人就会说你“嘴巴比较甜”，你会在身边聚集一帮人，因为跟你在一起，愉悦呀！他们有事没事就走到你面前，“看你今天还能说我什么，让我高兴。”以前，我上培训课时，给学员布置了一次作业，即每天表扬一次自己身边的人。结果，有个学员打电话反映：“老师呀，不能做呀！做了会出问题的呀！”我问他为什么，他说，他老婆一个劲地追问他：“你在外面干什么坏事了?”我们只有在干错事、喝醉酒、说胡话的时候，才表扬别人，这很不正常嘛！如果你不会表扬别人，就学会表扬自己。“怎么这次作业我又拖拉了呢？这样的行为，不应该是像我这样好的人做出来的嘛！你看，我还是不错的，能及时认识到自己的错误。”常常表扬别人，你会发现，你看人的眼光都发生了质的变化，你用的是一种欣赏的眼光，而不是求全责备。第二，少批评。批评和惩罚给人带来的是不快的情绪体验，会引起怨恨和敌意，要因人而异，注意方式方法。批评也是要的，就像毛泽东同志说的“表扬和批评相结合，以表扬为主”。不批评，坏的行为得不到阻止，就会蔓延。管理者是“老好人”，行吗？老好人没有原则，没有魄力，实际上是得罪了所有的人。做事既要讲原则，又要学会妥协。方式方法可以妥协。第三，多引导，通过提问方式，引导他人行为，可带来更多的认同感，从而增加可接受度。第四，常请求。对于日常性的工作分配，管理者通过合法的请求方式来行使支配权，比用命令或强制方式更有效。即使你是上级，分配任务时也要客气一点，会提高下属的接受度。“麻烦你……”“请你……”别人就想，“本来就应该是我做的，何况你又这么客气，挺不好意思的。”不要居高临下地指挥。

**【思考题】**在管理实践中，是否存在光有责任没有权力的现象？若有，会导致什么结果？有责无权，会导致完不成任务。你找别人帮忙，别人说“你没有支配我的权力”；别人不做，你也不能拿他怎么样；别人做了，你也不能给他什么好处。

**【思考题】**如果下属不服从管理者的支配，管理者可以怎么办？支配权失效，可以用强制权，即处罚别人；还可以用奖赏权，即拿利益诱使。

**【思考题】**如果下属并不在乎或不知道这种可能的惩罚，结果会怎么样？惩罚必须是大家所惧怕的。你通知大家，“下午5点开会，不来的话，罚款5元。”你会发现很多人都不来，因为这不是他们所惧怕的。如果你说“不来的话，罚款500元”，别人就想“罚得有点多啊，还是来吧”。惩罚必须是“动真格”的。就好像你拿一把手枪，说“举起手来。”别人说“开什么玩笑!”

你对着他的耳朵“呼”的一枪，表示“我来真的哦”，他就要乖乖举起手来。很多时候，别人以为你“只是说说的”，所以并不惧怕。

**【思考题】** 在某些组织中，员工只要完成本职工作就可拿奖金，这合理吗？不合理。奖赏权的适用范围是要求下属从事额外的工作。如果完成额外的工作，提成加倍，很多人就愿意加班加点。

2. 职权的有效性

管理者的职权来自工作需要，任何一个组织成员都可以拒绝执行管理者以权谋私、假公济私的指令。任何一个管理者的权力，一方面要受高一级权力的限制，即使是组织的最高权力也要受到法律和官方权力的制约。法律面前人人平等。即使是国家主席，也受到全国人民代表大会权力的制约。另一方面，也受同级其他权力范围和下级权力范围的制约，管理者不能随意干涉他人权限范围之内的事情。你是销售部经理，不能插手人事部方面的事情。即使是在组织规定的权力范围之内，管理者权力的充分行使也受到权力重叠交叉的冲击。

管理者权力的有效性，一方面要看其运用是否与组织目标相一致，另一方面还要看下属接受权力支配的情况。

3. 影响管理者职权大小的因素

(1) 职位：岗位职责。地位越高，责任越大，权力也越大。以总经理为例，一般拥有以下权力：有权根据公司定位，提出企业经营方案和所需资金预算；根据企业经营计划，提出组织机构设置和人员定编方案，决定部门以下机构设置方案的权力；对企业日常经营管理活动的决策权；对董事会任命人员的提议权和对其他管理人员的任免权；现代很多国有企业由“行政任命制”改为“总经理组阁制”，董事会提名总经理，总经理提名副总经理；总经理有对企业内部人员进行工作监督检查和对下属工作进行调配、检查、考核和奖惩的权力；总经理有根据工作需要，按管理权限指派人员负责某些临时性工作的权力；总经理有权代表公司签署公司制度中规定的有关协议、合同、意向书等；在董事会批准的预算范围内，总经理有审批各项费用开支的权力，如100万元以内的开支由总经理审批，100万元至1000万元的开支由董事会审批，1000万元以上的开支由股东大会审批；总经理有对企业资本运作等重大问题的建议权和列席董事会会议的权力；董事会授予的其他职权。

(2) 能力：个人素质。既能干又肯干的，充分授权；适合干但能力有所欠缺，或能力强但可能滥用权力的，要适当保留决策权。例如，银行贷款是不是每个人都可以办下来的？不一定，有时还要有关系。某个人有关系，但谈判能力不行，可以授予“与银行建立关系”的权利，谈判另外派人去；这个人谈判能力很强，但私心很强，授予他谈判的权利，但不授予任何决策权；人品好、能力又强的人，授予全权。

(3) 其他：历史影响。资历较深的管理者容易获得别人的尊敬；每一个岗位权力大小还受到前任管理者从组织中所获得的实际权力大小的影响，这叫“路径依赖”或“初始条件的敏感性依赖”。

## 六、管理者的领导责任

1. 权、责、利遵循“等边三角形”原理

权力、责任、利益的关系遵循“等边三角形”原理，如图 2－5 所示。职位越高的人，权力越大，以保证完成更多、更难、更全面的任务；权力越大的人，责任越大，以约束其权力的行使；责任越大的人，利益越多，以保障其承担相应的责任；能力是三角形的高，“高”比“边”短一些，这样可以激发管理者的主动性、积极性和创造性，满足其自我实现的需要。法约尔早在1916 年就提出了“权责对等”的原则，权力和责任就像鸟儿的两个翅膀，要保持平衡。

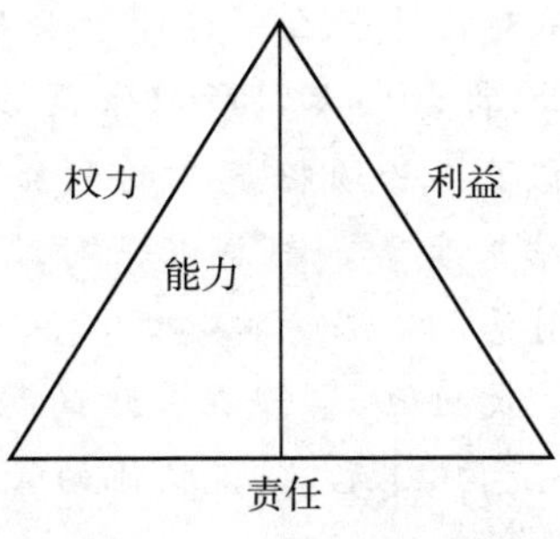


图 2－5　权、责、利、能力之间的关系

2. 管理者不仅要对自己的工作负责，还要对下属的工作负责

选择适用的员工和调动员工的积极性本身就是管理者的工作职责之一；管理者没有识人之明，在工作中用人之短，下属即表现为笨；只管分配任务，不对下属加以培训和指导，以致下属空有一身本事却用不上，也是管理者的失职，即“问题出在下属身上，根子在管理者身上”。“子不教，父之过”是说，儿女有过错，作为父母，难辞其咎。

**【思考题】**有的管理者认为部门工作没有做好，主要是因为下属又懒又笨，是下属的责任，不应该由管理者来承担。请问这理由是否成立？懒不是人的本性，是由于环境所造成的。下属之所以懒，是由于管理者没有激发和鼓励下属的积极性所导致的。你会发现有的人在单位里很懒，回家去很勤快的。大家都知道“龟兔赛跑”的故事吧？最后是乌龟赢了，有人说是兔子骄傲了，睡觉去了。兔子为什么去睡觉呢？我采访了一下，兔子说：“管理者安排了一场不合理的比赛。谁不知道兔子跑得比乌龟快，这是对我的污辱，我表示抗议。懒得理你，睡觉去！”乌龟为什么要拼命爬呢？我采访了一下，乌龟说：“我天生比较笨，只有用忠诚和听话，来表现我的素质，否则早就‘咔嚓’了。虽然我赢了比赛，但并不表示我比兔子善跑。”笨是相对而言的，天生我材必有用。人人都是材，关键在于怎么用。管理者没有“识人之明、用人之长”，下属就表现为“笨”。请问：你们班上，一只手长六个手指头的人，有没有？没有啊，我们都是平凡的人，不是“异人”。一个组织成员的行为取决于管理者所创造的组织环境，如营商环境、制度环境、文化环境等，要让一群平凡的人创造出不平凡的业绩。

3. 无论管理者在组织中地位如何，其所担负的基本职责是一样的

即设计和维护一种环境，使身处其间的人们能在组织内协调地开展工作，以充分发挥组织的力量；克服各种困难，以有效地实现组织的目标。

**【思考题】**在某个组织中规定，当下属犯错误被处以 20 元罚款时，其直接上级要加倍罚款，这对不对，为什么？这叫“加倍原则”，海尔集团就有这样的规定。因为，上级承担的责任大，所以拿得多；现在，职责没有完成，即“拿得多”的前提不成立了，必须把多拿的利益退回来。这个原则只适用于副总以下，因为老总对结果负责，副总以下对过程负责。五年前，培训班里有个学员，在企业里当副总，下课时聊起来，说他一年的酬金扣了 2 万元。前几天，他打电话问候我，我问他：“现在，你的薪酬一年扣多少了？”他说：“现在不一样了，去年只扣了 5000 元。”说明他的管理水平有了质的提高。

## 七、管理者的素质

1. 一个合格的管理者应具备什么样的素质

（1）高层管理者的具体任务：建立雄伟目标，达成群体共识；制订战略计划，调整组织分工；汇集各项资源，进行合理配置；提出核心理念，塑造企业文化。

一个合格的高层管理者应具备的素质：判断能力；事业心、上进心、自信；勿事必躬亲、越级指挥。高层又称为决策层，所以判断能力最重要。所谓判断，就是选择对或错、是或否、用或不用、做或不做。高层管理者对组织负有全面责任，如果判断错误，危害是深远的和全局性的。对高层来说，事业心和上进心很重要。如果高层管理者不想怎么的，下级就不可能怎么的。此外，自信也是重要的。如果高层管理者朝令夕改，下级就不知所措，影响

执行的坚定性。高层管理者的错位现象是：事必躬亲、越级指挥。事必躬亲，总经理就变成了“总干事”；“懒人”才当管理者；越级指挥会造成中层管理者的被动，也会造成基层管理者不服从指令，他会给你“两边倒”，用这个上级来对抗那个上级，挑拨矛盾。

（2）中层管理者的具体任务：建立工作团队，明确人员分工；规范工作程序，建立管理标准；加强计划管理，实施日常考核；激发下属动力，培育下属能力。

一个合格的中层管理者应具备的素质：责任心、事业心；理解能力、沟通能力；勿上传下达。中层又称为控制层，所以责任心和事业心最重要。上级的意图，需要中层管理者贯彻、执行下去，所以中层管理者的责任心是第一位的。作为中层管理者，你没有事业心，上级也会失望的；你事业心太强，上级也会害怕的；所以事业心只能排在第二位。此外，理解能力也是重要的。例如，老总说：“叫我说吗，不行的，如果不要我签字，你自己看着办。”中层做还是不做？老总的意思是：如果要我承担责任，就不做；如果你自己承担责任，就可以做。再如，老总说：“你们再考虑考虑”，中层做还是不做？老总的意思是：现在不要做，等条件成熟了、时机成熟了，再做不迟。中层管理者在组织中起着“承上启下”的作用，沟通能力也是重要的。中层管理者的错位现象是：上传下达。所以，在互联网时代，很多企业提出了“去中层化”。

（3）基层管理者的具体任务：建立工作关系，明确下属任务；制订作业方法，明确岗位工作标准；进行工作指导，加强巡视培训；实施工作改善，不断创新发展。

一个合格的基层管理者应具备的素质：体质和精力；忠诚；理解能力、领导能力、业务能力；勿按自己的判断行事。基层又称为操作层，所以体质和忠诚心最重要。如果基层管理者三天两头请假，就没有人现场指挥和监督作业人员，所以体质和精力最重要。基层要保证完成上级下达的各种指令，如果基层提供虚假信息，上级就成了聋子、瞎子，所以忠诚心很重要。此外，基层要能正确理解上级的意图。基层的领导能力和业务能力也是重要的，因为他要教导和帮助员工完成任务，“这个地方应该怎么做，那个地方还要改一下”。基层管理者的错位现象是：按自己的判断行事。“我认为是对的，就做；认为是不对的，就不做。”如侦察兵发现“一切正常”，就不赶快回来汇报，大部队在得不到信息的情况下，就不敢贸然行动。所以“一切正常”也是重要信息，但基层管理者往往意识不到。

（4）操作者的具体任务：接受上级指示，明确任务与要求；完成自身任务，履行岗位职责；实现自我超越，不断晋升发展。彼得原理认为：组织中，总是倾向于把一个人提拔到他不能胜任的岗位。一个人由于在本职工作上干得好，被提拔到上一级岗位；刚开始时，努力学习，逐渐胜任了新的岗位，并在新岗位上干得出色，又被提拔到更高一级岗位……就这样，不断地提升，直到被提拔到这样一个岗位，即无论他如何努力学习，都不能胜任这个岗位的能力要求。于是，他就停留在这个不能胜任的岗位上。彼得原理告诉我们，一个人要有自知之明。

一个合格的操作者应具备的素质：全局观，即善于从组织整体的角度来看待自己的岗位工作。如一个酒店大堂清洁工，不能在别人上下电梯时，你去擦电梯；不能在别人进出时，你去拖地板。应该意识到，大堂是一个迎来送往的地方，让别人看得到你的清扫结果，看不到你的清扫过程。再如，销售员是组织中的一个员工，不是一个“个体户”。大客户来了，请老板、技术员陪着吃个饭，可不可以？可以的，很多老板正想了解市场情况，很多技术员正想了解顾客的反馈意见。一个院士来海南大学旅游学院应聘，请校长出来接待一下，可不可以？可以的。

2. 一个优秀的管理者应具备什么样的素质

我国不缺人才，缺的是高素质人才。同样的行业或环境里，有的人业绩做得好，有的人业绩做得不好；做得好的管理者就是优秀的管理者。一个优秀的管理者除主动性、责任心以外，还要有全局观、系统性、创新性。

（1）全局观：指覆盖的面，不是部门主义和本位主义。要善于从全局的角度来看待本部门的工作。例如，这边加工资了，那边怎么办？一个具有全局观的销售部经理在要求上级涨工资时，已经考虑到了其他部门的反映，所以，他提的建议，上级容易通过。

（2）系统性：指相互之间的关联性，不就事论事，要统筹兼顾，突出重点。

第一，以小见大、一叶知秋的洞察能力。电视剧《延安颂》里讲到一个故事：抗日战争时期，解放区里的一个农村干部被雷劈死了，一个农妇说：“老天爷怎么不长眼睛，怎么没把毛泽东劈死呀！”毛泽东了解情况后非常震动，他没有处罚农妇，而是具备了“责任在我”的思维方式，认识到农民的征粮负担太重了，于是在解放区开展了“大生产运动”，采取了“精兵简政”的措施。

第二，举一反三、吐故纳新的学习能力。“失败是成功的妈妈，成功是失败的陷阱。”管理者要善于触类旁通，善于从经验中吸取教训，避免犯两次同样的错误。国民党败退台湾后，痛定思痛，认为其在大陆政权失败的原因主要是没有处理好农民问题，于是国民党政府提出了“土地改革”措施：政府将地主的土地和平赎买下来，分配给无地、少地的雇农。政府购买地主的土地，不是使用现金，而是政府发行的一种“代金券”，该代金券不能用来购买消费品，只能用来购买机器设备。这样原来的地主成了工业企业的所有者，贫下中农也有了自己的土地。社会实现了转型，如今台湾的农民人数只占全社会人口的20%，台湾的中小企业非常普遍，而且人口的贫富差距很小，实现了“均富”现象。

第三，将复杂问题简单化的概念能力。香港回归问题非常复杂，邓小平就提出了“一国两制”的概念，非常简单。组织的性质不仅仅取决于组织的构成要素，更重要的是，取决于各构成要素之间的相互关系。《亮剑》电视剧中，在别人手里的一盘散沙，在李云龙手里，一帮土匪变成了一支战无不胜的军队，因为他改变了人与人之间的关系。为什么我们采取了种种措施，却常常起不到应有的效果？是因为我们缺乏系统观：你改了这个，是不是引发了那个？你改了这个，上面的没改，下面改了也没用，你知不知道？你去抓住那三个点，那三个点与另外两个点是什么关系呢，你能为培训而培训、为考核而考核、为奖惩而奖惩吗？

（3）创新性：不满足于现状，致力于做得更好更多，不断地持续改进、持续完善。管理者经常要问自己：还能不能做得更好？还可以做什么？著名的质量管理专家戴明，提出了“PDCA循环”，就是强调计划（Plan）、执行（Do）、检查（Check）、处理（Action）四个环节的反复循环，大环套小环，一环扣一环，从而达到质量持续改善的目的。如果每天进步1%，一百天后，质量就提高了2.7倍（1.01的100次方）。

**【案例讨论题】**宋某是某建筑公司安装部经理，林某是安装部下属的管道安装队队长。上个月，宋某吩咐林某带领一班人马去某工地安装一套管道系统。在工程验收时，发现这套管道存在着严重的渗漏现象。公司总经理认为宋某应该对此事负责，哪怕管道安装时宋某正在出差。同样，宋某认为林某必须对此负责，哪怕林某已不拿扳手干活。

请问：宋某和林某为什么要对这一失误负责，他们究竟该负什么责任？从管理职能的角度考虑，如果你是宋某或林某，你会怎么做？

评析：（1）宋某和林某都应对工程质量问题承担责任。宋某是中层管理者，出差在外不是借口，他计划不周，组织不力，监控不严，应承担最终责任。林某是基层管理者，不拿扳手干活不是借口，他玩忽职守，应承担直接责任。

（2）如果我是宋某，我会从计划、组织、领导、控制四个方面采取措施：

计划方面，要制定合理的计划方案和严格的规章制度；组织方面，选用忠诚、可靠、有能力的人，或者采用制约式授权，即把工程施工权授给两个以上的人，起互相牵制的作用；领导方面，我会采取一些激励措施，奖惩分明、公正而及时；控制方面，我在出差期间，要和林某保持联系，采用前馈控制、同期控制、反馈控制，保证工程质量与计划标准相一致。

如果我是林某，我会明确每一个操作者的职责，职责界限要清楚；职责内容要具体，并要做出明文规定；职责中要包括横向联系的内容；职责一定要落实到每一个人，做到事事有人负责。我会做好领导工作，现场指导、协调和激励下属。我会做好控制工作，在施工现场，及时地检查和纠正下属工作中的纰漏。

**【案例讨论题】**蒋某是某新华书店邮购部经理。该邮购部每天要处理大量的邮购业务，在一般情况下，登记订单、按单备货、发送货物等都是由部门中的业务人员承担的。但在前一段时间里，接连发生了多起 A 要的书发给了 B，B 要的书却发给了 A 之类的事，引起了顾客极大的不满。今天又有一大批书要发送，蒋某不想让这种事情再次发生。

请问：他应该亲自核对这些书，还是仍由业务员们来处理？为什么？

评析：很难说。蒋某是基层管理者，要从计划、组织、领导和控制四个方面来改进工作。计划方面：制定邮购业务处理流程和规范。组织方面：安排一个专职核查员，全面检查业务人员的工作，同时召集上次出差错的人员进行培训。领导方面：规定谁要出差错，按出差错成本的三倍罚款。控制方面：蒋某亲自抽检业务人员的工作。

**【作业三】**商务决策模拟练习。甲乙两家公司，经过多次谈判，达成了一个一揽子交易合同，这一合同分六笔交易。在实施合同的过程中，双方遵循以下的市场规则（以出红黑牌为例）：六笔交易一笔一笔做，做完一笔再做下一笔；每一次交易双方同时出牌，若双方均为红牌，则各得利润 30 万元；若双方均为黑牌，则双方各亏 20 万元；若一方为红、一方为黑，则红方亏 50 万元，黑方得 50 万元；其中第三轮和第六轮损益值加倍；各方每一次出什么牌，由各方董事会集体决策。

模拟练习决策目标：为股东赢得最大利润。游戏目标：在模拟比赛中胜出（在参加模拟的各小组中，获得利润最大的组，奖励一套书）；在各小组中，“赢利最少的组”的组员，每人加做一篇 1000 字的“管理随笔”。

决策模拟练习步骤：①选择决策模拟练习对象小组。②各自画好表格，以便记录交易过程和结果。③交易双方各自写下决策思维过程。④明确决策结果明示方法，或在第三方的协助和公证下进行交易，做完一笔再做下一笔，各自记录下每一笔交易结果。⑤整个交易结束后，双方先各自总结经验教训，然后双方进行交流，再各自形成一份实验报告上交。决策模拟记录表单如表2-2所列。

**表2-2 决策模拟记录表单**

| 第一笔 | 第二笔 | 第三笔（加倍） | 第四笔 | 第五笔 | 第六笔（加倍） |
|---|---|---|---|---|---|
| 红 +30 | 黑 −20 | 红 −100 | | | |
| 红 +30 | 黑 −20 | 黑 +100 | | | |

作业内容（总结）：①决策结果和过程。②经验教训，即总结过去。③所得启示，即指导将来。评析见第三章第二节。

# 第三章 决 策

美国管理学家西蒙说："管理就是决策，决策就是选择，选择需要预测，预测需要数据，数据只有通过调查研究才能获得。"决策的重要性，我们可以从这句话得知：决定"我们是什么"的，不是我们的能力，而是我们的选择。在决策过程中，"理性"与"直觉"同等重要，"科学决策"与"民主决策"同等重要，不可偏废。决策的正确性，在很大程度上依赖于决策时所依据的信息量，包括信息数量和质量。这在战争片中可以得到印证，信息情报工作往往对战争胜败起决定性作用。《孙子兵法》中说："知彼知己，百战不殆"。

## 一、科学决策的基本观点

1. 定义

决策是为了达到某一特定目的，而从若干个可行方案中，选择一个满意方案的分析判断过程。

2. 定义的要点

(1) 决策的前提：要有明确的目的。没有目标就无从决策，没有问题则无须决策。商务决策模拟练习中，目标有几个：一是为股东赢得最大利润，从而在"职业经理人市场"上赢得最大身价，如果你是第一名，你就是"打工皇帝"；二是从各小组中胜出，做第一名，赢得一套丛书；三是不做最后一名，不至于罚写 1000 字的管理随笔。还可以有其他目标，如"我要做好人"、寻求刺激等。当决策有多个目标时，要善于协调多个目标之间的优先顺序，这取决于你的价值判断准则。

(2) 决策的条件：要有若干个可行方案供选择。多少个可行方案？经验数字是 2 至 3 个，理论数字是 2 至 5 个；超过 5 个，人的分析能力就不行了。"多方案决策"是科学决策的重要原则。我们在商务决策模拟练习中，每轮出牌，有三个选择：出红、出黑、不出。

**【思考题】**有比较的决策与无比较的决策对决策实施结果有何影响？"多方案决策"可以增强我们实施方案时的坚定性。一个方案容易"摇摆"。我们要将方案实施中的"试错成本"，转变为方案选择中的"试错成本"。如果只有一个方案，我们在执行过程中遇到挫折，就会怀疑，“当初我有没有搞错呀?”如果是多个方案，遇到挫折时，就想，“方案应该是没有问题的，当初我们还是进行了认真的分析比较。要有问题，肯定是执行中的问题。”我们在做管理咨询时，一般不推荐1个方案，否则，委托方就说：“这个方案好是好，你们再看看，还有没有更合适的方案?”如果推荐2至3个方案，告诉他：“我们是经过分析比较后，才选择了这个理想方案。”他就会说：“这个方案是好一些，就选择这个方案作为实施方案。”

(3) 决策的重点：要进行方案的分析比较。分析是对每一个方案，分析其利弊；比较是方案之间，比较其优劣。确定各方案对目标的贡献程度和所带来的潜在问题，以比较各方案的优劣、利弊。分析与比较要做到怎样的程度才能满足方案选择的需要呢？做到“心中有数”。所以分析比较做到最后，都要定量化。“优”的方案，优多少？“劣”的方案，劣多少？哈佛决策和兰德决策都认为要把定性的东西定量化。商务决策模拟练习中，出红的“利”是：树立了信誉，如果对方也出红的话，可以赢利30万；“弊”是：如果遇人不良的话，要亏损50万。出黑的“利”是：如果对方出红，我方赢利50万；“弊”是：如果对方出黑的话，亏损50万，而且不利于长期合作。不出，可以最大限度地规避风险，但也失去了从比赛中胜出的可能。

(4) 决策的结果：选择一个满意的方案。最优方案既不经济，又不现实，这是可遇不可求的！最优方案往往要求从诸多方面满足各种苛刻的条件，只要其中有一个条件稍有差异，最优目标便难以实现。科学决策追求的是诸多方案中，在现实条件下，能够使主要目标100%实现，其他次要目标也足够好的合理方案，能够打70分、80分就可以了。就像数学中的求极大值和极小值，在一定区域内，这个数字是极大值，但只要区域偏离一点点，原来的极大值就不是极大值了，可能又出现一个新的高峰。就像我们找工作，今天这个工作是最好的岗位空缺，但到了明天，可能又出现一个新的、更好的岗位空缺了。

(5) 决策是一个过程。我经常听到“我做了一个决定”“我做了一个选择”。决定、选择、决策是什么关系呢？决策是一个过程；而决定、选择是一个动作，是决策中的一个环节。有时，我们其他步骤进行得很快，直接进入决定或选择环节，这时决策就等于决定或选择。所有的优势都是比较出来的，所有的决策都是选择出来的。

**【思考题】**这是否就意味着在现实中最优方案并不存在？客观来讲，最优方案还是存在的。就像商务决策模拟练习中，最优方案是“我方全部是黑黑黑，对方全部是红红红”。最后我方赢利400万，对方亏损400万。这种情况有没有可能？只有三种情况：第一种，对方是个傻蛋。第二种，对方坚守诚信。我就见到过这样的人，我问他："你明知道对方是个骗子，你为什么还要出红红红呢?"他说："我做人就是这样的，既然签了合同，就要信守承诺，亏了的400万全当广告费。"第三种，我方与对方合谋，即彼此配合，我方红红红，你方黑黑黑，最后你方为股东赢得最大利润，成了第一名，但奖励的一套书归我方。这叫"战略性的、主动性失误"。我们在决策模拟练习中，就遇到过这样的情况。国有资产就是这么流失的，有的人为了拿自己的10万回扣，不惜损害企业的100万。这是一种犯罪行为，很多人坐牢房，就是这个原因。

(6) 决策的实质：主观判断过程。决策为什么难？因为它既要遵循一定的程序和规则，有"科学"的成分，但目标的选择又要受到个性特征、价值观念、过去经验的影响，有"艺术"的成分。

**【思考题】**决策是一个分析判断过程，这是否就意味着决策没有科学性？科学决策＝遵循理性的决策程序＋采用科学的决策方法。我们经常听说科学决策和正确决策。什么是科学决策？它的"科学性"，体现在决策程序的理性化和决策方法的科学性。科学决策不一定会导致正确决策，如果我们决策错了，一定可以在决策程序和决策方法上，找到错误的原因。

3. 决策贯穿于管理过程的始终

决策贯穿于管理各职能。如计划方面：什么是组织的长远目标？采取什么策略来实现组织目标？组织的短期目标应该是什么？组织资源如何配置？组织方面：需要招聘多少人员？工作如何分配？权力如何分配？采用何种组织形式？领导方面：如何对待积极性不高的员工？在一定环境中采用何种领导方式为好？如何解决所出现的纷争？如何贯彻某项新措施？控制方面：组织中哪些活动需要控制？如何控制这些活动？偏差多大时才采取纠偏措施？出现重大失误时怎么办？所以，美国管理学家西蒙说："管理就是决策。"

**【思考题】**怎样才能提高自己的决策能力？①在理性分析的基础上，依据直觉来做出最终的决策。决策的正确性，取决于决策时所拥有的信息量。什么时候我们说"我们有100%的把握"？当你对信息了如指掌的时候。所谓"知彼知己，百战不殆"。考研、选导师找谁咨询？已经考上的在读研究生。因为他们刚刚经历过，最清楚。②愿意并且善于听取各方的意见。信息是正确决策的基础，包括信息的数量和质量。比如，有位企业老总谈到，"以前我做决策时，十个有九个是正确的。现在做决策，十个有九个是错误的。每次我想征求一下别人意见，总问不出什么。"于是，我到他们企业去，当时老总正在开会，讨论薪资改革的问题，老总说："薪资改革问题非常重要，牵涉到每个员工的利益。我考虑了很久，制订了一个方案。"袁老师说："要多听取各方的意见，所以这次呢，我把方案发给大家，想征求一下大家的意见。"结果鸦雀无声，老总就指指旁边的人，大家知道了，老总要大家轮流发言。王副总说："老总的这个方案考虑得很全面，什么也考虑到了……"大家都说了一些歌功颂德的话。为什么会这样呢？因为企业员工都坚持两条原则：第一条原则，老总永远是对的；第二条原则，如果老总是错的，也请参照第一条。老总对我说："你看，他们就这样，问不出什么问题。"我觉得很奇怪，我是第一次到这个企业去，就觉得这个方案有问题。于是散会后，我找到王副总谈心，王副总说："他的这个方案根本就行不通，比如说加班工资问题……"我说："那你在开会的时候怎么不提出来呢?"他说："提出来有什么用？每次都这样，老总会和你吵架的，最后听谁的?"我又找到其他几个人，他们也提出了异议。最后，我跟老总说："我让你听取各方的意见，但没有提醒你，要注意征求意见的方式方法，这是我的不对。"应该怎么说？老总不应该先抛出自己的方案，应该说："有这么个问题，我也考虑了很久，一直都没有找到合适的方案。今天开这个会，就是'群策群力'，希望大家对此提出意见。"王副总一看表现的机会到了，就会说："对这个问题，我还是进行了一定的思考，我觉得哪些东西是应该改的……"李秘书听了后，心想，也不能让你把风头都抢去了，让你一个人表演，马上站起来说："刚才王副总讲得很好，我也有一点小小的看法……"大家一看，表现的机会到了，就会抢着发言。老总应该一边听，一边记，听完大家的发言后，说："今天大家的发言很好，我把大家的意见汇总了一下，看是不是这样的。"总结时，老总应该把自己的意见加进去。最后，老总说："我认为，今天这个会开得很有成效，大家讲得都很对，就照这个办。"每个人都听到自己的意见在里面，就会很高兴。这样，开会的时候100个声音，出去的时候1个声音。所以，做出正确的决策，领导者要愿意并且善于听取他人意见。征求专家意见时，老总要把自己的方案先拿出来，让专家审批。如果内部征求不到意见，专家也提不出什么意见，是一个全新的问题，可以通过"尝试"来获取决策所需的信息。例如，有人明知道今年评教授职称不够条件，仍然在今年申报，为明年评上打下基础，这叫"迎评促建"。此外，企业还可以建立相应的治理结构和决策制度。"群体决策"不等于"基于群体信息的个人决策"。

**【思考题】**一般组织中的重大决策有哪些？方向和目标决策；重大项目、预算和投资决策；组织结构调整和关键岗位上的人事决策；重要事项的决策程序和规则决策；涉及利益调整等方面的决策。

## 二、商务决策模拟练习的启示

(1) 目标清楚是决策的前提。目标不明，决策难定。目标错误，一错百错。竞争的目的是发展自己，而不是打败对手。多目标时要善于协调。模拟练习中，竞争的对手是其他的组，不是你同组中对决的那一方，他是你的合作伙伴，题目讲得很清楚了，“和则两利，斗则两败”。为什么那么多的人出黑牌，就是因为他们没有搞清楚这一点。很多人用到博弈论，博弈论用错了地方，这不是“囚徒困境”，囚徒困境是一轮对决，我们这个游戏是六轮。第三轮和第六轮加倍，大家最容易出黑牌。有人说：“你黑我，我也黑你。你让我不好过，我也让你不好过。”互相黑黑黑，这就偏离了游戏目标。不能拿股东的利益来发泄，股东会追诉你的，这样也会损害自己在“职业经理人市场”上的身价。

(2) 信息是决策的基础，正确决策的关键在于了解信息，获取信息的有效手段是沟通。我们有些小组做得很好，在与其他小组对决之前，先在内部分成两个更小的组，进行“沙盘演习”或“兵棋推演”；对决时，要求与对方签订协议；找第三方公证，每个组出 100 元押金或把眼镜作为抵押物，甚至互相参股，彼此派 3 个人，交叉到对方的组里参与决策。现实中，就有这种情况，上下游供应商之间相互参股，甚至互相派人员到合作的企业中去。比如海南大学旅游学院与新宏兴教育投资公司，刚开始合作办学时就是这样，旅游学院的后勤副院长、财务人员、办公室秘书等都是公司派来的。有人说，这个游戏又没说，可以签订合作协议。这就是你的理解问题，“规则讲到的，才可以做”与“规则没有禁止的，都可以做”是两种不同的思维方式。

(3) 合作才能共赢，不要把成功的希望寄托在别人的失误上，诚信则是成功合作的关键。短期的成效看结果，长期的成效看过程。我们要诚信，从现在开始做起；我们学生讲信誉从守时开始，上课不要迟到。

(4) 竞争制胜需要创意和毅力，善于创新和打破思维定式，特别是在陷入困境时。做事既要讲原则，又要学会妥协；方式方法都可以妥协。有人见对方出黑牌，非常气愤，一下子“崩溃了”，甚至中止交易，游戏玩不下去了。对方出黑牌，你早该想到了！有的人就很聪明，赶紧签订补充协议，加大对方违约成本，所以，刚开始时黑黑黑，但后面都是红红红。因为出红牌或者黑牌，是由董事会集体投票决定的，所以如果你认为自己是正确的，不仅要坚持自己的观点，而且还要说服你的小组其他成员。在这个游戏中真正的问题是：如何使对方出红牌。

(5) 真正的对手是自己，而不是别人；只注重眼前的人，常失去长远；而注重长远的人，也会注重眼前。眼前应该怎么做，取决于将来要到哪里去。真正的对手是自己，如自己的胆怯、懦弱、贪婪，不能超越自我。有人想，我第六轮黑你一把。如果这样想，干脆第五轮就黑，干脆你四轮就黑……最后，干脆第一轮就黑。

(6) 不能因为社会上存在不守信用的人，而首先把自己变成不守信用的人。有人说："万一对方黑我，怎么办？所以我先黑你。"这个道理是讲不通的，不能因为别人可能是小人，而首先把自己变成小人。我们要"丑话说在前面"，"先做小人，后做君子"。

(7) 决策的过程也是展现人们道德观念的过程，不同的价值观会引发不同的决策方案，并导致不同的结果。比如，有人说："我要做好人，我要做一个诚信的人"，所以他会出红牌；有的人出黑牌，是寻求刺激。

(8) 利令智昏：为了个人利益（个人目标）而损害组织利益（组织目标），导致"国有资产的主动性流失或主动性的战略性失误"，这就是"拿回扣"现象。有的人把个人利益看得太重了，就与对方达成协议：我红红红，你黑黑黑，我让你为股东赢得最大利润，获得一套书的奖励，但私底下，按照协议，你再把这套书送给我。这样，就违背了伦理道德和法律规章的底线。有人说："这只是个游戏"。我告诉你，你在游戏中脑子没有这根弦，在现实生活中也没有这根弦。很多时候，我们对自己并不是很了解的，好好正视一下你自己吧！正视一下现实吧！

(9) 往理想的方向努力，把风险控制在可承受范围内。如果你与对方签订了协议，但对方仍然黑你，怎么办？那就要看你的风险承受能力。如果你的风险承受能力只有50万元可以亏损，第一轮对方黑你，你就不要做下去，及时地止损。如果你的风险承受能力是100万元可以亏损，你还可以再做一轮。"财大气粗"，是因为财大，抗风险能力强。如果不顾自己的风险承受能力，我们叫他"冒死鬼"。

## 三、常见的决策类型

### 1. 按重要程度分类（战略、管理、业务）

战略决策是指直接关系到组织的生存发展的全局性、长远性、根本性问题的决策；一般由高层管理者做出。涉及战略的问题，一般都有这三个性质，如邓小平提出"教育要面向现代化，面向世界，面向未来"。面向现代化，就是根本性；面向世界，就是全局性；面向未来，就是长远性。管理决策是属于执行战略决策过程中的基本战术决策，一般由中层管理者进行。业务决策是指在日常业务活动中为了提高效率所做的决策，一般由基层管理者进行。

2. 按是否具有重复性分类（常规、非常规）

常规决策，是指经常发生的，能按规定的程序和标准进行的决策，多指对例行公事所做的决策。如酒店客人用毛巾擦鞋，把毛巾弄脏了，退房时，服务员要不要求客人赔偿？按规章来，就行了。常规决策的处理原则是：有律按律，无律按例。即规章制度里写到的，就按规章制度办；规章制度没有提到的，就按以前的先例办。非常规决策，它所要解决的是不易确定、错综复杂且前所未有的新问题。非常规决策的处理原则是：早请求，晚汇报。即事情一旦发生，就向上级请示怎么处理；处理完了，就向上级汇报情况。如导游带团，发现酒店里很多客人食物中毒，该怎么处理？应向上级汇报。

**【思考题】**为什么要进行常规决策与非常规决策这样的分类？常规决策与非常规决策处理问题的方式不同，管理者可以进行分工，提高管理效率。

3. 按性质分类（确定型、风险型、不确定型）

确定型决策是指可供选择的方案只有一种自然状态时的决策，即各备择方案所需的条件是已知的，并能预先准确了解各方案的必然后果的决策。如银行存款是完全信息。风险型决策是指可供选择的方案中存在着两种以上的自然状态，哪种状态可能发生是不确定的，但可估计其发生的客观概率的决策。如用1万元钱投资股市，“牛市”时，赢利5000元；“平市”时，赢利1000元；“熊市”时，亏损2000元。已知牛市、平市、熊市的概率分析是：0.1、0.5、0.4，可以算出期望收益：$5000\times0.1+1000\times0.5-2000\times0.4=200$元。把钱投股市还是存银行，很容易判断。“量本利分析法”也是确定性决策。不确定型决策是指各备择方案可能出现的后果是未知的，或只能靠主观概率判断时的决策。决策者个人的价值观是如何影响最终决策的？按风险倾向不同，决策者可分为三种类型：风险规避型（保守型），即对于获利的反应比较迟钝，对损失的反应比较敏感，按悲观原则；风险追求型（进取型），即对于损失的反应比较迟钝，对获利的反应比较敏感，按乐观原则；风险中立型（稳妥型），即既不愿冒大风险，也不愿循规蹈矩，按最小后悔值原则。

## 四、理性决策过程

理性决策过程，指从问题提出到定案所经历的过程。决策是一项复杂的活动，有其自身的工作规律性，需要遵循一定的科学程序。

1. 判断问题——认识和分析问题

决策是为了解决现实中提出的需要解决的问题。所谓问题就是应有现象（或目标）和实际现象（或现实）之间所存在的差距。没有问题，不需要决策；问题不明，则难以做出正确的决策。怎样才能抓住问题的实质？我们要进行一系列的调查研究。①确定是否存在需要解决的问题。方法是将现状与理想的状况或期望目标进行比较。问题可以分类为：结构良好的问题和结构不良的问题；经常性的问题和例外问题；紧急的问题（时间性、敏感性问题）和重要的问题。结构不良的问题是指信息不充分、关系不明确、非程序化决策等问题，一般应用于模糊环境，采用“渐进型”的决策方式。先做重要的事情，还是先做紧急的事情？要事优先。很多人是“手机控”，即为手机所控制，来了短信就回，来了微信就看，先做紧急的问题，而不是先做重要的事情。②确定问题是否需要解决。方法是看差异的大小是否在管理者的容忍范围之内。比如，我们能够容忍的学生到课率是 90%，低于 90%，就要采取纠偏措施。如果要求学生到课率是 100%，可能有的学生就需要在课堂挂盐水了。③确定问题出在何处，明确真正的问题及其可能的原因。找出妨碍目标实现的阻力或出现差异的原因到底是什么。④确定问题是否能够解决。有时由于客观条件的限制，管理者尽管知道存在某些需要解决的问题，也无能为力。问题判断思路如图 3-1 所示。

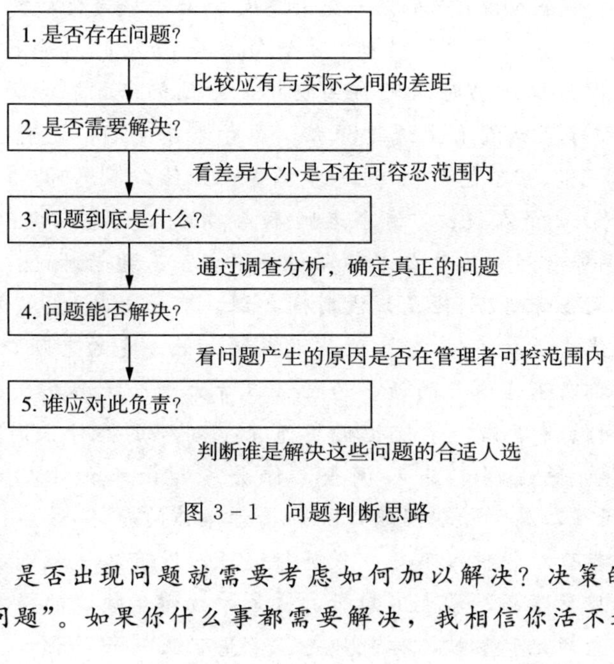


图 3-1　问题判断思路

**【思考题】** 是否出现问题就需要考虑如何加以解决？决策的起点是存在“需要解决的问题”。如果你什么事都需要解决，我相信你活不过今晚。我们人为什么能够好好地活着？就是因为我们对许多事情是“睁一只眼，闭一只眼”。

**【思考题】**现象与实质之间是怎样的关系？哲学上的表里关系。我们通常看到的都是表面现象，在科学研究中这叫“实际管理问题”。我们需要调查研究，去把握问题的实质，在科学研究中这叫“待研究的科学问题”。我们要“去粗取精，去伪存真，由此及彼，由表及里”。决策的正确与否，在很大程度上取决于决策所依据的信息数量和质量。不要轻易放弃互相矛盾或截然相反的意见。既然有不同意见，就必然存在着一些问题，要注意深入调查、搞清事实。要注意信息的时间性和获取信息的代价，不要指望在搜集到所有的信息后再做决策。对专家的意见要避免盲从，应根据专家的信息做出自己的结论。如果你炒股票全听专家的，那你是送钱的，关己则乱嘛。不做调查研究，凭主观判断做决策，我们叫这种人“三拍干部”：一拍脑门，“就这么干吧”；二拍胸脯，“凭经验，应该没问题的”；三拍大腿，“哎呀，怎么又错了”。

**【思考题】**假如你是教学管理人员，请按照上述思路找到导致学生缺课的真正原因。假如缺课 20 人，通过对学生的调查，得出了结论。2 个人说：“忘了”；2 个人说：“生病了”；3 个人说：“搞活动”；2 个人说：“睡过头了”；还有 11 个人说：“不想听”。进一步调查，为什么忘了？因为 2 个人都不想听。为什么生病了？1 个人说：“我呢，先天不足，天气一变化，就生病”；1 个人说：“昨晚吃多了”。为什么搞活动？2 个人说：“活动时间是上级定的”；1 个人是不想听，因为搞活动时间可自由安排，他偏偏安排在今天。为什么睡过头了？1 个人脑子里就没有上课这根弦，属于思想问题；还有 1 个人不想听。这样一共有 15 个人“不想听”。进一步调查，为什么不想听？10 个人说：“老师课讲得不好”；2 个人说：“这个老师不点名的”；3 个人说：“这门课不重要”。进一步调查教师，为什么老师课讲得不好？有的老师说：“天天叫上课、上课，哪有时间备课呀！”他是说没时间备课。有的老师说：“就这么两个钱，还能怎么的，能去上就不错了。”他是说报酬太低。有的老师口音太重，班上绝大多数同学都听不懂他说的话。为什么口音太重？经调查，管理人员反映：“这个老师学问做得不错，学校把他留下来搞科研的，什么时候让他去上课了?!”通过不断地追问和深入调查，你会发现，正如 ISO 9000 中说的，“80％的质量问题，属于管理问题，20％属于操作问题。”最后调查的结论是：由于我们国家教育经费投入不足，教师待遇低，没有钱送教师去培训、进修，以致课堂教学质量不高，学生不想听，这是导致学生缺课的根本原因。所以，我们国家引导老师无私奉献，称教师是“崇高职业”。

**【思考题】**交通拥堵是不是问题？这个问题的描述是不清晰的。交通拥堵到什么程度？每个车辆经过这个路口平均需要30分钟吗？需要解决到什么程度？你会发现，到了后面，这个题目就做不下去了。

2. 确定决策目标

决策目标是指在一定的环境和条件下，根据预测，所能希望得到的结果。即确定问题应当解决到什么程度，明确预期的结果是什么，所追求的目标必须可衡量、可检验的。

**【思考题】**期望目标与决策目标有何异同？期望目标是从主观出发的，可能根本无法实现；决策目标是从现实出发的，经过努力，有可能实现。

3. 拟定可供选择的行动方案

要充分发挥积极性、创造性和丰富的想象力。①头脑风暴法。“推迟判断并不断完善”，有时一个行动方案刚提出来，可能是幼稚的、可笑的，就像一个新生儿，没有什么用，但不要马上否定它，而是在它的基础上不断完善；战争时，如果能出其不意、攻其不备，往往能起到出奇制胜的效果。②多角度思维。就像开门，先是正面推，即正向思维；然后是拉，即逆向思维；然后是侧面推推看，即侧向思维；最后，一脚把门踹开，即破坏性思维。③不要拘泥于经验和实际。④不要忘记不采取任何行动也是备择方案之一。

**【思考题】**我们是否要找出所有的可行方案？不是。受个人知识和经验的影响，我们不可能找出所有的可行方案。

**【思考题】**3天内，身上只有500元钱从海口到北京的可行方案有哪些？坐飞机，好像钱不够；坐火车，是可以的；坐汽车，有可能；坐轮船，没有班船；走到北京，时间不够；骑自行车，时间也不够……如果你有朋友在航空公司，飞机票可以打3折，坐飞机也是可行的，所以我们要推迟判断。

4. 分析评价各行动方案

做到“心中有数”，即数量化。①建立一套决策准则。一般包括目标达成度、成本（或代价）、可行性等。②衡量每一个方案的可行性，并据此列出各方案的限制因素。③确定每一个方案对于解决问题所能达到的程度，及采用这些方案后可能带来的后果。④根据可行性、满意程度和可能产生的后果，比较哪一个方案更有利。分析评价各行动方案举例见表3-1，最后选择了应聘者C，因为他在综合评价中得分最高。有关分析评价的方法可参见《条理性思维》一书。

表 3－1　分析评价各行动方案举例

| 决策标准 | 学历 | 学习能力 | 交际能力 | 行业知识 | 态度 | 分析 | 综合评价 |
|---|---|---|---|---|---|---|---|
| 衡量标准 | 大专 1<br>本科 2<br>研究生 3 | 弱 1<br>中 2<br>强 3 | 弱 1<br>中 2<br>强 3 | 弱 1<br>中 2<br>强 3 | 一般 1<br>中 2<br>好 3 | | |
| 权重 V | 1 | 2 | 2 | 1 | 3 | | |
| 应聘者 A | 3 | 2 | 1 | 2 | 2 | 学历理想，交际能力弱 | 17 |
| 应聘者 B | 3 | 1 | 2 | 3 | 2 | 学历和行业知识都理想，学习能力弱 | 18 |
| 应聘者 C | 2 | 3 | 1 | 2 | 3 | 学习能力和态度很好，交际能力弱 | 21 |
| 比较 | ABC | CAB | BAC | BAC | CAB | 应聘者 C | |

5. 选择满意方案并付诸实施

西蒙认为人们不可能做出“最优决策”，你同意吗？为什么？①任何方案均有风险。因素的不确定性只能减少到最低限度而不可能完全消除。②环境的不断变化，今天是最优方案，随着时间的推移，明天可能就不是最优方案。③决策者预测能力的局限性。④备选方案的数量和质量受到不充分信息的影响。所以选择方案时，常见的问题是：求全求美、急于求成、优柔寡断。我们之所以犹豫不决、优柔寡断是因为对目标的迷茫，如脱产读书好呢还是不脱产好，要不要离开眼前的单位。既不要急于求成，也不要优柔寡断。“简洁是美”，最简单的方案可能是最好的方案，正如最复杂的会计制度最容易作假，因为别人看不懂。实施决策，应当制定一个实施方案，包括宣布决策、解释决策、分配实施决策所涉及的资源和任务等。咨询公司提供的，一般是理想方案。实施决策时，注意要争取别人的理解和支持。

**【思考题】**选择时是不是就选经过分析比较后最好的那个推荐方案，为什么？很难说。如果我们经过理性的分析，认为选 A 方案好，但直觉认为 B 方案好，我们究竟选择哪个方案？应该选 B 方案，因为选 B 方案所依据的信息量更大。人的大脑分左脑和右脑，左脑管“理性思维”，数学、物理、化学成绩好的人，左脑比较发达；右脑管“形象思维”，文学、历史、哲学、艺术成绩好的人，右脑比较发达。这里介绍一下“冰山理论”：冰山只露出海面上的一角，但其水底下的基座非常庞大，基础打扎实了，顶端才能露头。一般认为，冰山露出海面的部分占八分之一，留在海水中的部分占八分之七。理性思维是人的“显性”思维，相当于冰山的水上部分；形象思维是人的“隐性”思维，相当于冰山的水下部分。在理性分析的基础上，依据直觉来做出最终的决策，比单纯依据直觉或单纯依据理性，所依据的信息量更大。就像找对象，别人觉得你们两个门当户对，但你跟他在一起，就是觉得“不爽”，说不清，道不明，你们两个最好不要结合；有时别人觉得你们两个人是“鲜花插在牛粪上”，但你们可能很恩爱。

6. 监督与反馈

在决策实施过程中，建立信息反馈渠道，直到解决问题、实现目标或做出新的决策为止。按这六个步骤做出的决策是否就是正确的决策？很难说。决策有它的科学性，也有它的艺术性。

**【案例讨论题】**一个农民和他年轻的儿子到离村 12 里地的城镇去赶集。开始时老农骑着骡，儿子跟在骡后面走。没走多远，就碰到一位年轻的母亲，她指责农夫虐待他的儿子。农夫不好意思地下了骡，让给儿子骑。走了 2 里，他们遇到一位老和尚，老和尚见年轻人骑着骡，而让老者走路，就骂年轻人不孝顺。儿子马上跳下骡，看着他父亲。两人决定谁也不骑。两人又走了 4 里路，碰到一学者，学者见两人放着骡不骑，走得气喘吁吁的，就笑话他们放着骡不骑，自找苦吃。农夫听学者这么说，就把儿子托上骡，自己也翻身上骡。两人一起骑着骡又走了 3 里地，碰到一位外国人，这位外国人见他们两人合骑一头骡，就指责他们虐待牲口！

请问：你若是那位老农，你会怎么做？

评析：首先，识别需要解决的问题。例如，他们要到集市上去买卖一些物品。其次，确定决策目标。例如，以最快的速度赶到集市。再次，拟定若干个备选方案。儿子骑骡，农夫骑，两个人合骑，两个人都不骑，轮流骑，还可以是两个人抬着骡子。然后，分析评价每个方案，看哪一个方案，能以最快的速度赶到集市。选择一个满意方案并实施。当然，如果农夫病了，他们到集市上去给农夫看病，选择方案就会不一样。可见，决策问题和决策目标，决定了农夫对方案的选择。由于此案例中，问题和目标不清楚，所以需要调查研究，具体问题具体分析。

**【案例讨论题】**在一个高校中，导师和研究生主要从事科技项目的研究和开发。一般情况是：导师在申请到课题后，由导师统一制定方案，确定研究人员，决策经费的使用，学生负责具体执行，一切运行中出现的问题由导师决定如何解决。在导师项目较少的情况下，由于学生技术水平低，经验也不足，这种模式保证了科研任务的有效完成。但随着项目数量的增加，导师开始顾此失彼，学生在研究过程中碰到一些问题时，时常不能及时得到导师的指点，从而使研究效率大大降低，项目延期现象增多。

请问：怎样才能改变这种状况？

评析：首先，把导师的研究项目分为常规决策和非常规决策。导师的项目成员中既要有教授，也要有副教授、讲师或助教，在项目数量多的情况下，要分工完成。即把常规决策交给副教授或讲师来负责，导师自己负责那些非常规决策。这样，既能让学生得到有效指点，导师的项目又能保质保量地完成。

**【作业四】**读研究生、就业还是出国，怎么做决策？这是小组作业，需要小组讨论。提示：既要有定性分析，分析每个方案的利弊，这就是“直觉”；又要有定量分析，比较各方案的优劣，“优的方案”优多少，“劣的方案”劣多少，做到心中有“数”，这就是“理性思维”。

# 第四章　管理思想的演变

管理思想史主要是指西方管理思想的发展历史。它就像一个丛林，每一棵新树苗的生成，并不否定、排斥原来存在的树木，而是在它的基础上兼容并蓄，所以管理理论的丛林越来越枝繁叶茂了。中国古代的管理思想可谓“繁星点点”，但没有“月亮”和“太阳”，缺乏“系统化的整理”和“条理化的梳理”。

## 一、西方管理思想的整体图像

### 1. 管理思想的缘起和概念

管理思想是在一定的历史条件和一定的民族文化背景之下产生和发展起来的，并随着社会经济的发展而发展。系统化的管理思想，一直到1911年，才随着生产力的高度发展和科学技术的进步，在西方形成并蓬勃发展起来。1911年泰勒发表《科学管理原理》一书，其中，提到“1911年”，而这一年刚好是中国发动辛亥革命的年份。管理思想是人们对管理过程中发生的各种关系的认识总和，是由一系列观念或观点构成的知识体系，是指导管理人员从事各项管理活动的路标和蓝图。

### 2. 工业化以前的组织主要有四类

- 教会：按照教义，依靠信徒的虔诚，来组织和管理它的财产。
- 政府：依据国家法规，依靠军队力量，来实施其统治。
- 军队：通过严格的等级纪律和权力结构管理大批的官兵。
- 家庭：通过家庭血缘关系（亲情）和家法来管理家庭事务。

早期贡献者主要有：①罗伯特·欧文。他是“空想社会主义”的三个代表人物之一。欧文提出了“工人是人”的观点，被同时代人称为“疯子”，因为当时的观点是“工人是机器的附属物”。有一次，他对一些企业主说，你们对机器都有三级保养制度，使你们获得15%的报酬，而如果你们对活机器（即工人）进行保养，可获得50%至100%的报酬。对待活机器的经济学是使他干净清洁，用和善的态度对待他，使他的精神不至于受到太多的挫折和刺激。他改善工人的工作条件和生活条件，建职工宿舍、澡堂、幼儿园，拒绝使用童工，被称为“人事管理之父”。②亚当·斯密。1776 年，他写的《国富论》奠定了西方经济学的理论基础。一是提出了分工理论，认为分工是提高劳动生产率的因素之一。他以一个制针厂为例，如果不分工，10 个工人一天可生产 2400 枚针，而如果分工的话，有的人拉直铁丝，有的人剪成一截一截的，有的人给针磨尖，有的人给针打孔……10 个工人一天可生产 48000 枚针。二是提出了“经济人”观点，即人是“自利的”，人们在经济活动中追求的是个人利益，社会利益是由于个人利益之间的相互牵制而产生的。人又是“理性的”，每个人都追求自身利益的最大化。③巴贝奇。他提出了“利润分享计划”等，是一个具有远见卓识的人，被称为“管理学的祖父”。巴贝奇被同时代人称为天才，欧文被人称为疯子，人与人的待遇就是不一样，这叫“领先一步是先进，领先三步是先烈”。

3. 管理思想流派概述

“你是武林人士，是吧？你倒说说看，当今武林有哪几大门派？”如果你说不知道，别人就说“你连这个都不知道，肯定是假冒的。”正如金庸武侠小说中说的，武林中存在着许多门派，每个门派都有自己的武学原理和方法。管理学界也存在着许多门派：

(1) 经验管理思想。促发事件是工业革命。形成基础是：新的组织——工厂的出现。着眼点是“经验”。基本观点：管理的有效性取决于管理者的经验；通过研究经验（案例），可学会有效管理。代表学派或理论：经验学派。

(2) 科学管理思想。促发事件是发明热。形成基础是：产品的供过于求，竞争的加剧——要求提高效率。着眼点是“科学”。基本观点：管理的有效性不仅取决于管理者的经验，更重要的是依据一定的科学方法或原则。代表学派或理论：泰勒的科学管理理论、法约尔的一般管理理论、韦伯的官僚组织理论。

(3) 行为管理思想。促发事件是霍桑试验。形成基础是：科学管理的不足，劳资矛盾的激化——关注人的因素。着眼点是“人”。基本观点：人是组织中最宝贵的资源，管理应以人为本。代表学派或理论：人际关系学派、行为科学学派。

(4) 定量管理思想。促发事件是第二次世界大战。形成基础是：战争中运筹方法的成功运用，战后组织的巨型化所带来的精细化管理要求——关注准确及时。着眼点是“数字”。基本观点：只有致力于定量化，才能真正提高管理的效率与效益。代表学派或理论：管理科学学派。

(5) 权变管理思想。促发事件是石油危机。形成基础是：环境的日趋动荡，经济的全球化——注重环境影响。着眼点是“环境”。基本观点：不存在普遍适用的管理理论与方法。代表学派或理论：权变理论学派、过程理论学派。

**【思考题】**经验管理思想认为，组织管理的有效性取决于管理者个人的素质。经验管理思想在当今中国是否仍然流行？经验管理思想代表人物："管理大师"德鲁克，著有《管理的实践》《卓有成效的管理者》；明茨伯格，著有《经理工作的性质》《管理者而非 MBA》。经验管理思想在当今中国仍然流行。改革开放初期，我们提出了"能人办厂"的概念。企业能办成功，是因为它有一个"能人"。

**【思考题】**在西方管理思想的发展过程中，新理论的出现是否有一定的规律性？①理论好比是地图，实践好比是地形。先有管理实践，后有管理理论，但理论走在大多数人实践的前面。②通过促发事件，由"实际管理问题"，提出"待研究的科学问题"。③每一个新理论的提出都没有否定前人的理论，而是"兼容并蓄"；孔茨把管理思想的流派看作是"丛林"。

## 二、科学管理思想简介

### 1. 科学管理理论

泰勒（Taylor，1856—1915），美国人，他父亲是一个律师，母亲是一个清教徒，从小痛恨浪费。他在美国哈佛大学读法律，才读了一年，因为太用功，得了眼疾，辍学了。他父亲送他到米德维尔钢铁工厂当学徒，他从学徒到总工程师，只用了 8 年时间，可见这个人非常聪明。泰勒从"工人为什么磨洋工"现象出发，研究管理问题，大家知道什么叫"磨洋工"吧？就是"出工不出力"，有人监督就干一阵子，没人监督就偷懒。

你们知道，钢铁是怎样炼成的吗？矿山里生产铁矿石，被运送到炼铁厂，铁矿石和焦炭混在一起，放在炉子里，炉子底下用煤燃烧，把铁矿石熔化为铁水，铁水冷却后，上面轻的部分就是铁渣，下面重的部分就是生铁。所以，钢铁公司需要有人铲煤，需要有人搬运铁块。泰勒就是从铲煤和搬运铁块着手研究管理问题的。

当时，工人铲煤用的铲子都是从自己家里带去的，铲煤的时候，感觉很轻；铲铁砂的时候，感觉很重。泰勒就想：怎么样让工人不停地铲，又不觉得累？这是一个科学问题吧？他研究后，认为每铲铲 3 磅物体，可以不停地铲，又不觉得累。他根据煤的比重，算出煤的体积，再算出铲煤铲子的大小。以后，他要求工人铲煤时，就用这种标准化的铲煤专用铲子。同样，他根据铁砂的比重，算出铁砂的体积，再算出铲铁砂铲子的大小。以后，他要求工人铲铁砂时，就用这种标准化的铲铁砂专用铲子。这就是生产工具的标准化。

搬运铁块需要什么样的工人？头脑简单，四肢发达的人。泰勒就专门挑选出这种“头脑简单、四肢发达”的工人，并对他们搬运铁块的动作进行研究。泰勒说过，每个人都可能成为“头等工人”，但一个工厂里只有三分之一的人是“头等工人”。当时，搬运铁块最累的动作就是弯腰，工人一天下来，腰酸背疼。泰勒研究后发现，如果捡起铁块和放下铁块时，先屈腿，而不是先弯腰，可以不腰酸背疼。这是动作研究。泰勒后来还发明了升降台，让工人不用屈腿和弯腰，而是通过平行位移来搬运铁块。这样就大大提高了生产率。以前，一个工人一天只能搬运生铁 16 吨，现在一天可以搬运 48 吨，效率提高了 3 倍。

当时，工人和资本家就“盈余”分配问题产生了很大的分歧。工人说，“你不给我增加工资，我就罢工。”资本家更牛，“你罢工，我就开除你。”马克思看到这个问题，认为通过公有制，通过阶级斗争，无产阶级将取得最终的胜利。泰勒同样看到了这个问题，认为，无论盈余怎么分配，双方都是不满意的。只有把“蛋糕”做大了，即使按照以前的分法，工人也可以多拿工资，资本家也可以多得利润。所以劳资双方需要来一场深刻的“心理革命”。

泰勒于 1911 年发表的《科学管理原理》，提出了通过对工作方法的科学研究来提高工人劳动效率的基本理论与方法。他被称为“科学管理之父”。他提出了四条科学管理原则：

（1）科学地研究工作的每一个方面，制定出最佳的操作方法，以科学来替代工人的个人判断。传统的做法：工人们按各自的经验来开展工作。

（2）细致地挑选工人，并进行培训和教育，使之成长。传统的做法：由工人任意挑选自己的工作，并根据各自可能进行自我培训。

（3）真诚地与工人们合作，以确保工人按正确的方法工作。

（4）明确管理者和工人各自的工作和责任。管理者负责按科学原理制定工作方法，工人负责按此完成相应的工作。传统的做法：几乎所有的工作和大部分责任都是由工人承担的。

科学管理思想的核心是应该通过科学研究来决定工作方法，而不是凭每一个工人自己过去的经验。提高效率是工人能取得更多工资、资本家能获得更多利润的前提，科学管理所要做的一切就是提高劳动生产率。

**【思考题】**在我们身边的组织中，有哪些做法是符合科学管理理论的？军训时，教官教大家“齐步走”“正步走”“跑步走”，就是动作的规范化。科学管理的“科学”，就是求同、求真、求共性。所以，规范化是科学管理和经验管理的分水岭。通过军训，士兵们不仅步伐一致，而且说的话都是一致的，如“同志们好”“首长好”“同志们辛苦了”“为人民服务”。酒店里服务员要先培训、再上岗，他们摆台、斟酒水、端盘子、叠被子等动作都规范化了，求同了，甚至酒店服务员的服务用语，都规范化了，说的话都是一样的。奥运会里的体育运动员，游泳、跳水、举重、自由体操等基本动作都规范化了，演示出来的动作一模一样，求同了。考驾照时，教练教你“入库”“出库”的动作，非常规范化，简直有点机械，求同了。因为这些规范化的动作和规范化的语言，都是经过研究出来的，被认为是最有效率的。

**【思考题】**为什么说中国人在科学管理思维方面还需要补课？以做菜为例，西餐的菜谱非常规范，每种菜品原料加多少克，烘烤多少秒，都规定得一清二楚。但中餐的菜谱里，“味精少许”“小火慢煎”“烤到微黄”，“少许”是多少，“小火”是多大的火，“微黄”是什么黄，就随意性比较大，让人难以准确把握。肯德基、麦当劳的每个汉堡包的口味都是一样的，这是因为它们是由机器控制，通过规范化的作业程序制作出来的。再比如，家政公司清洗刚装修好的房屋，什么样的污渍、什么样的家具，用什么样的洗洁精，都可以通过科学研究来提高效率。中国被称为“世界工厂”，许多企业是劳动密集型企业，需要进行动作研究、时间研究、制度研究等，可以通过科学规范的作业来提高劳动生产率。

2. 一般管理理论

法约尔（Henri Fayol，1841—1925），法国人，他是“科班”出身，大学毕业后，在一家矿冶公司当了30年的总经理，退休后到大学任教。他注重于管理者协调组织内部各项活动的基本原则的研究。1916年出版了《工业管理和一般管理》一书，他提出了适用于一切组织的管理五大职能和有效管理的14条原则。法约尔认为，经营与管理是两个不同的概念。经营包括六种活动，即商业活动、会计活动、财务活动、安全活动、技术活动和管理活动。他被称为“现代经营管理之父”。

（1）管理的五大要素。这五大职能至今仍然适用，只不过现代管理学中，把指挥延伸为领导，协调作为管理的核心内容。

● 计划：是最重要也是最难的管理职能，可简述为对未来的预测、目标和行动计划的制定。有时管理就一个职能，那就是计划，因为通过计划预测后，认为这件事不值得做下去。

● 组织：可看成是物力和人力的组织问题，可简述为：为完成已确定的目标，而进行的各种资源的有效配置和组合。

● 指挥：为使组织行动起来，指挥是必要的，可简述为：使组织能充分发挥作用的有效领导的艺术。

● 协调：就是让事情和行动都有合适的比例，就是方法适应于目的。让大家“心往一处想，力往一处使”。

● 控制：核定情况的进行是不是与既定的计划、发出的指示以及确定的原则相符合，以便加以纠正和避免重犯。

(2) 有效管理的14条原则：

● 劳动分工：劳动分工属于自然规律，其目的是用同样的努力生产出更多更好的事物。但劳动分工有一定的限度，经验和尺度感告诉我们不应超出这些限度。如酒店餐厅服务员分为迎宾员、盯台员、跑菜员、酒水员、收银员、划菜员。公交车的7路车司机只开7路车，每次都是固定路线。医院里挂号、上电梯、排队、诊断、化验、收费、领药都有专职人员。美国农民仅占人口的1%，他们怎么种田的？机械化，是吗？主要是分工。要耕地了，找耕地公司；要播种了，找播种公司；要施肥了，找施肥公司；要收割了，找收割公司。美国沃尔玛在全球有7000家店，他们怎么经营的？买货、存货、卖货都是由不同的分公司承担的。

● 权责相当：权力是指挥和要求别人服从的权利。管理者必须拥有权力以发布命令，但权力必须与责任相当。

● 纪律严明：雇员必须服从和尊重组织规定，领导以身作则，管理者和雇员对规章有明确理解和公平的奖惩，对于保证纪律的有效性是非常重要的。

● 统一指挥：组织中的每一个人应该只接受一个上级的指挥，并向这个上级汇报自己的工作。双重指挥经常是冲突的根源。有个民营企业，妻子当董事长，丈夫当总经理，一般情况下，下属有事情，既向董事长汇报，又向总经理汇报。一天，下属请求一件事情，董事长批示“向左”，总经理批示“向右”，下属就不知道该怎么办了。

● 统一领导：从事同样工作的任何部门，应该由同一个领导者按一个统一的计划来加以领导。这是统一行动、协调力量和一致努力的必要条件。即一个负责人对一个计划。

● 个人利益服从整体利益：个人和小集体的利益不能超越组织整体的利益。成功的方法是：领导者的坚定性和好的榜样；尽可能签订公平的协定；认真监督。

● 报酬：必须给工作和服务以公平合理的报酬，并尽量使企业与其所属人员都满意。

● 集权：集权反映的是下属参与决策的程度，决策是集中（由管理者做出）还是不集中（由下属做出），这是一个恰当比例的问题，集中和分散应允许有弹性，可根据组织具体情况而定。

● 等级制度：从高层到基层应建立关系明确的等级链，信息的传递应按等级链进行，但如果顺着这条链会造成延误，那么应允许越级报告和交叉通告，以保证重要信息的畅通无阻。军队里，军长、师长、旅长、团长、营长、连长、排长、班长就是一个等级链；政府里，总理、部长、厅长、局长、处长、科长也是一个等级链。

● 秩序：建立秩序是为了避免损失物资和时间，为此，无论是物品还是人员，都应该在正确的位置上。"各有其位，各得其所"。海尔集团基础作业中的"6S现场管理"，就是由日本企业的5S扩展而来，是现代工厂行之有效的现场管理理念和方法，其作用是：提高效率，保证质量，使工作环境整洁有序，预防为主，保证安全。6S即整理、整顿、清扫、清洁、素养、安全。因前5个内容的日文罗马标注发音和安全（Security）的英文单词都以"S"开头，所以简称6S现场管理。

● 公平：管理者应该友善和公正地对待下属，以鼓励其所属人员，能全心全意地和无限忠诚地履行他的职责。"一碗水要端平"。管理者不能凭自己的个人喜好对待下属，一定程度上要"牺牲自己的个人态度"。中国人对公正的要求还特别高。什么样的管理者最让人尊敬？公正而严厉的人。

● 人员的稳定：每个人适应自己的工作需要一定的时间。高级雇员不要轻易变动，以免影响管理工作的连续性和稳定性。管理应制定规范化的人事计划，以保证组织所需人员的供应。因为，高层管理者换了，原来制定的企业战略难以实施，而且"一朝君主一朝臣"；技术人员走了，出了技术问题无法解决；营销人员走了，就会把客户带走。

● 主动性：鼓励员工发表意见和主动工作。这种全体人员的主动性对于企业是一股巨大的力量，特别是在困难的时刻更是这样。

● 团队精神：强调团队精神可加强组织内部的融洽和统一。

法约尔认为，管理上的成功不完全取决于管理者个人的管理能力，更重要的是要灵活地贯彻管理的一系列原则。他从理论上概括出了一般管理的理论、要素和原则，在学术上把管理科学提高到了一个新的高度。他的书名叫《工业管理和一般管理》，即他的理论不仅适用于工业管理，而且适用于事业单位、国家机关、政治党派、学术团体、宗教组织等，具有一般性。

**【思考题】**法约尔提出的有效管理14条原则在今天是否依然有效？是的，仍然有效。只不过原来的解释还要改动一下，以适应于今天的管理情景。

3. 官僚组织理论

韦伯（Max Weber，1864—1920），是德国柏林大学的一位教授，他反对当时盛行的靠传统的封建制和世袭制来管理的思想。"帝王将相，宁有种乎？"凭什么皇帝的儿子也当皇帝？他认为，既不合理，又不合法。他设计了一个理想的“官僚”组织模式，这是一个具有明确的劳动分工、清晰的等级关系、详尽的规章制度和非人格化的相互关系的系统。他著有《社会和经济组织的理论》，被称为“行政管理之父”。韦伯是管理思想史上最博学多才的两个人之一，另一个是西蒙。

韦伯理想的官僚组织的主要特征：

● 劳动分工：把各种工作分解成简单、常规化，并且明确的各项任务，明确规定每一个人的权力和责任。

● 权力体系：各种公职或职位按权力等级排列，上一级的人指挥和控制下一级。

● 正规选择：根据通过教育和训练所获得的技术资格，或通过正式考试，来挑选组织中的所有成员。现在实行的公务员资格考试、教师资格考试、律师资格考试、程序员资格考试、注册会计师资格考试、审计师资格考试、导游员资格考试等职业资格考试都发源于韦伯的思想。

● 规章制度：制定明确的规章制度以规范管理者和员工的行为，确保统一性。

● 非人格化：组织的规章制度是组织中的每一个人都必须遵守的，它不受个人情感和个人背景的影响。法律面前，人人平等。

● 职业导向：组织中的管理者是专业的公职人员，而不是该组织的所有者，他们领取固定的薪金，并在组织中谋求他们的发展。

由于该组织模式强调规则而不是个人，强调能力而不是偏爱，所以有助于组织提高工作效率，有利于杜绝任人唯亲、组织涣散、人浮于事等现象，至今仍然是许多大型组织的设计样板。

**【思考题】**韦伯提出的“官僚组织”模式与今天我们所讲的官僚机构有何区别？今天讲的“官僚机构”是贬义词，指高高在上、脱离群众、机构臃肿、人浮于事、办事拖拉等现象。韦伯的“官僚组织模式”是中性词，又称为“科层制”。

4. 科学管理思想的特点

(1) 研究的重点是如何提高效率。泰勒是为了提高一个人的效率，被称为“科学管理之父”；法约尔是为了提高一个组织的效率，被称为“经营管理之父”；韦伯是为了提高整个社会的效率，被称为“行政管理之父”。就像少林派武功分为“南少林”和“北少林”一样，虽然一个是美国人、一个是法国人、一个是德国人，但都属于一个管理学派。

(2) 用科学管理来代替单纯的经验管理。科学管理＝标准化＋程序化＋定量化＋制度化＋规范化。标准化：企业产品如果符合国际标准，就可以卖到国际市场去，零配件在国际上是通用的。比如我的戴尔电脑是美国生产的，一旦鼠标坏了，可以在中国市场上买一个新的鼠标，插口刚好匹配，因为它们遵循的是同一个标准；我的电子教鞭用的是 7 号电池，在任何国家买一个 7 号电池，都刚好装上去，因为电池生产遵循的是同一个标准。国际标准中，最有名的是国际质量标准体系 ISO 9000 和国际环境管理体系 ISO 14000。此外，还有国家标准（GB）、行业标准（HB）、地方标准（DB）、企业标准（QB）。程序化是指做事有一定的先后顺序，第一步做什么，第二步做什么，第三步做什么……最后一步做什么，如酒店客房服务员整理客房时要遵循一定的程序。定量化是指要精确到数字，用数字来表述，如每节课 45 分钟，课间休息 10 分钟；评教授职称，要求任职期间发表 7 篇核心期刊论文，出版 10 万字以上的专著等。制度化是指按规章制度来处理事情，不是人治，而是法治，酒店业是一个劳动密集型行业，制度管理就显得更为必要。规范化指动作、语言、作业都符合一定的科学规范，不能随心所欲，不能凭自己过去的经验，而是要求按照培训中所规定的那样做，如军训中“齐步走”动作规范、酒店餐饮部服务员斟酒水操作规范、餐厅摆台操作规范、酒店前厅服务员用语规范 100 条等。按照服务规范来操作，每个员工所提供的服务都相同了，与员工过去经验和习惯没有关系。标准化与规范化有何区别呢？标准化强调一个体系，规范化强调一个环节或要素，如饭店星级评定标准是一个体系，里面包含着餐厅摆台、斟酒水、员工用语等服务规范。

（3）管理作为一个专业为社会所承认，如“职业经理人”阶层。

**【思考题】**酒店中的制度管理观念有哪些？酒店中的制度观念有：①制度是火炉，制度是高压线。离火炉远一点，可以感受到它的温暖；太近了，就会烫伤你。触碰到高压线，就会受到伤害。所以要遵守规章制度，不要以身试法。②酒店发展的初期是人管人，然后是制度管人，最后是人管人。发展初期是经验管理，人管人；然后是制度管理；最后是自律，即自己管自己。再如幼儿园和小学是人管人；中学是制度管人；大学强调“‘学生会’管理学生、自己管理自己”。一个大学辅导员要管 500 个学生，有的大学生称自己是“三不管”：警察不管、家长不管、老师不管。

**【思考题】**如何理解酒店经营管理理念：销售是龙头，品牌是生命，组织是保障，制度是基础，领导是核心，人才是关键，效益是根本。

（1）龙头一舞动，龙身子、尾巴才能动；水龙头一打开，水就哗啦啦地流出来了。酒店销售部门把客人招徕了，前厅部才有客人登记，客房部才有客人睡觉，餐饮部才有客人吃喝，康乐部才有客人娱乐；而且销售部门招徕客人的数量和质量，直接决定了各业务部门接待客人的数量和营业收入。

(2) 品牌是一个名称、术语、标记、符号、图案，或者是这些因素的组合，其目的是借以识别销售者所出卖的产品与服务，并使之与竞争者的产品和服务相区别。酒店的客人有45%是根据品牌和形象来入住的，如果品牌和形象不好，顾客“口碑”差了，酒店的客人数量就锐减，企业营业收入、利润就会锐减，酒店就要关门倒闭了。一个客人遇到一件高兴的事，平均会对3个人讲，而遇到一件不高兴的事，会对11个人讲，这叫“好事不出门，坏事传千里”。

(3) 组织是由人和结构组成的。只有选择合适的人，用对好合适的人，以人为本，酒店的经营管理才有保障。著名的遵义会议解决的就是一个组织问题，会议改变了原来的三人团（博古、李德、周恩来）领导，形成了张闻天、周恩来、毛泽东等人的新领导集体。

(4) 基础，即地基也。楼房要盖得高，地基就要夯实。基础不牢，地动山摇。没有地基不行，光有地基也不行。制度就是基础，没有制度不行，光有制度也不行。酒店是劳动密集型企业，其人工成本占经营成本的绝大比重。没有制度化和规范化，酒店秩序就会混乱，效率就会低下，所以许多酒店开业前，组织员工进行军训。光有制度化和规范化也不行，所以酒店提出，“在规范化服务的基础上，实行个性化服务”，“标准化加个性化”。

(5) 领导是组织的核心。领导者主要起指引大方向、协调各方面关系和调动员工积极性的作用。“一头狮子带领的一群羊，能够战胜一头羊带领的一群狮子”，“火车跑得快，全靠车头带”。领导者要发挥榜样作用和表率作用，榜样的力量是无穷的，否则会“上梁不正下梁歪，中梁不正倒下来”。对于一个劳动密集型企业，没有领导者这个核心，就会形成部门主义、本位主义，山头林立，甚至各行其是。像中国这么大的一个国家，如果没有中国共产党这个领导核心，就会四分五裂、军阀混战、社会动荡。

(6) 什么叫组织的核心能力（core competency）、竞争优势（competitive advantage）？如果组织的任何能力和资源是与众不同的，那么这种能力和资源就被称为组织的核心能力，如组织文化和人力资源。核心能力是组织主要的价值创造技能，它决定了组织的竞争武器。竞争优势是组织有别于竞争对手的地方，是它的竞争特色。所以，人才是一个企业资源和能力的主要因素，是企业核心竞争力的来源，即人才是关键。酒店的人才应该是：认同组织理念、遵循群体规范、做出自己贡献和对工作结果负责的人。

(7) 效益是指目标的达成度。酒店归根结底是一个企业，要以赢利为目的。没有利润，酒店就会倒闭破产。所以效益是根本，就像一棵树，没有根，树再大，都会死掉。酒店没有效益，一切都是空谈。

## 三、行为管理思想简介

科学管理思想片面强调对工人进行严格的控制和动作的规范化，忽视了工人的社会需要和感情需要，从而引起了工人的不满（如捣毁机器、焚烧厂房、罢工等）和社会的责难（如马克思说："资本自从来到人间，从头到脚，每一个毛孔都流着血和肮脏的东西"）。行为管理思想强调管理的重点是理解人的行为。早期的行为学家有："工业心理学之父"雨果·芒斯特伯格（Hugo Munsterberg，1863—1916）、社会学家玛丽·福莱特（Mary P. Follett，1868—1933）。

1. 梅奥与霍桑试验

（1）在众多的管理类书籍中，都会谈到"霍桑试验"。何为"霍桑试验"？"霍桑"是芝加哥附近的西方电器公司所属的霍桑工厂的名字。有人在霍桑工厂做"照明实验"，想了解工作环境与劳动生产率的关系，但实验结果出乎所有人的意料。梅奥（Elton Mayo，1880—1949）是美国哈佛大学的一位心理学教授，学生中有一位西方电器公司的人事副总，下课的时候，这个人事副总就与他的老师梅奥谈起了这件事情，引起了梅奥的极大兴趣，于是他带着助手们，在1927年，在霍桑电话机工厂进行了一系列试验，称为霍桑试验。梅奥在1933年发表了《工业文明中的人的问题》。

霍桑工厂，是一家制造电话交换机的工厂，当时工厂内有2万多人。工厂内有较完善的娱乐设施、医疗制度和养老金制度，但是工人们仍然愤愤不平，怨气很多，生产效率不高。进行"霍桑试验"的目的，就是为了通过改善工作条件和环境等外在因素，找到提高劳动生产率的途径。该试验持续了9年。

①照明试验。在工厂选出一些工人，分为试验组和控制组，前者在不同照明度下工作，后者在不变的照明条件下工作。结果发现，无论照明度是否发生变化，无论照明度是增加还是减少，试验组与控制组的产量均不受其直接影响，而是逐步随熟练程度的提高而提高。证明了照明条件对生产效率的影响很少！说明照明度改变不是生产效率变化的决定性因素，而是另有未掌握的因素在起作用。什么因素？士气。②福利试验。挑选了5名有经验的工人组成工作组，在一个单独的房间从事工作。第一步：逐步缩短工作日，延长工人休息时间，免费提供茶点等福利。第二步：几个月后，取消了已增加的福利待遇。取消了相应的福利待遇后，生产产量仍不下降，继续上升。证明了福利待遇对生产效率的影响很少！说明影响生产效率最关键的因素不是工作条件。什么因素？士气。③群体试验。挑选14名工人在单独房间工作，

实行计件工资制。结果，产量只维持在中等水平，每个工人的日产量相差不大。焊接工人如果单独做，一天可以焊接6000个焊接点，但在群体试验里，他只做5000个焊接点，就不做了，即使多做的，也要藏起来。进一步研究表明，这个生产小组自发地形成了一些规范，大部分工人有意地限制自己的产量，既不能生产得太多，以突出自己，也不能生产得太少，影响整个小组的产量，否则就会受到小组成员的冷遇和排斥。如果有人不遵守群体规范，就会发现，或者腰被人撞了一下，或者脑袋被人敲了一下，总有那么多的事故。如果一个检验工特别认真仔细的话，就会被孤立。如果一个检验工不是那么认真履行自己的职责，而是与大家打成一片，就会被看作“哥们”。证明了计件制工资方式不能够使工人最大限度地提高生产效率，有时工人为了维护班组内部的团结，可以放弃自身的额外利益。说明存在“非正式组织”。④访谈试验。开始试验时，研究人员寻问工人一些问题，但发现工人往往答非所问。在试验后期，研究人员对员工做了2万多人次访谈，员工可以任意发表意见，访谈者的任务就是耐心听讲，即使不正确的想法也不能予以驳斥和劝说，然后就是将工人的不满和意见进行详细记录。研究人员发现，工人吹完牛，再回去干活，就完成不一样了。该项访谈计划持续了两年多，工厂的生产效率得到了大幅度提升。证明了为工人们提供一个发泄的机会，不良的情绪一旦发泄出来，就会使人感到心情舒畅，提高士气，从而大幅提高产量。说明工人对研究人员能虚心倾听他们心中的想法，反应极佳。他们感觉受到尊重，觉得研究人员把他们当“人”看待，因而士气高涨。

(2) 霍桑试验对传统观点的挑战。传统管理把人假设为“经济人”，认为金钱是刺激积极性的唯一动力。“有钱能使鬼推磨”是其主要观点，因为鬼也是人变的。传统管理认为，生产效率单纯受工作方法和工作条件的制约。传统管理只注意“正式组织”，例如组织结构、职权划分、规章制度等。霍桑试验对企业领导人提出新的要求：要求善于倾听和沟通职工的意见，要使正式组织的经济目标与非正式组织的社会需要取得平衡。非正式组织就是各种各样的“小团体”，如大学生中的老乡经常聚在一起，爱好围棋的人经常聚在一起，爱好交谊舞的人经常聚在一起。古人说：“物以类聚，人以群分”，所以人们形成各种小团体是一种自然现象。

(3) 霍桑试验的结果。①人的行为与人的情感有密切的关系。人在士气高涨时，生产效率就高；士气低落时，生产效率就低。②社会关系对个体的行为有重大的影响。有个工人对“计件工资率”不满意，进一步的调查发现，因为他妻子生病了，他担心负担不起医药费，希望能提高计件工资率，从而提高工资。他对工作条件不满，不是工作因素本身，而是社会关系因素。有个工人整天神思恍惚的，进一步的调查发现，他弟弟前几天因为得肺癌，死去了，他弟弟和他从事的是同一种性质的工作，所以他整天担心，自己会不会也得肺癌。③群体规范控制着每一个工人的产出。如果不遵循群体规范，多干活的话，虽然可以多拿“计件工资”，但会导致老板提高工作定额，并导致干得少的人解雇。谁也不愿意为了自己多得一点利益，而得罪所有的人，被群体孤立。④金钱不是决定产出的唯一因素，群体规范、士气和安全感对产出的影响更大。

**【思考题】**梅奥的这些结论与科学管理思想有何区别？梅奥的四点结论，每一点都和人有关系，如人的行为、人的情感、社会关系、群体规范、士气等；科学管理思想强调标准化、程序化、定量化、制度化和规范化，都和人没有关系。

2. 人际关系运动

亚伯拉罕·马斯洛（Abraham Maslow，1908—1970）于1943年在《人的动机理论》中提出了人的需要层次理论，这个理论将在第十三章第七节详述。道格拉斯·麦格雷戈（Douglas McGregor，1906—1964）在1957年发表的《企业的人性面》一文中提出了著名的“X－Y理论”。X理论假设：人生来就是懒惰的；普通人都没有什么抱负，也不喜欢负什么责任，所以应该通过严格的规章制度、严密的控制体系来管理。Y理论假设：人愿意实行自我管理和自我控制来达到目标。对目标执着追求而取得成功本身就是一种报酬。人是有责任心的，逃避责任、缺乏抱负和强调安全感通常是经验的结果，而不是人的本性，所以应该通过人性化、自我激励、自我约束的管理方式。超Y理论认为，用X理论为指导，管理一个工厂和一个研究所，工厂的效率较高，研究所的效率较低，而用Y理论为指导，工厂的效率较低，研究所的效率较高。

3. 行为科学学派

强调通过科学研究来形成关于组织中人的行为理论，并要求能据此指导管理者的管理实践。他们运用心理学、社会学、人类学、管理学、人机工程等学科知识，从个人、群体及组织的各个方面来分析人的工作行为。行为科学学派不仅关心人的需要、动机和激励因素，而且研究环境的压力、沟通、组织的变革、纷争的解决、领导的方式等。它的最终目的是：要形成管理者能据此评价各处情境，并采取合适行动的科学理论。具体详见第十三章。个体行为和他在群体中的行为是不一样的，如一个胆小的人，别人认为他不可能打架的，但有一天，他被发现在街上打“群架”。他说：“我好怕呀！但哥们、姐们都上了，我能不上吗?”这是从众心理。再如，一个人做简单的事情，无人打扰效率低，有人打扰效率高；一个人做复杂的事情，无人打扰效率高，有人打扰效率低。

4. 行为管理思想的特点

（1）改变了人们对管理的思考方法，把人看作是宝贵的资源。

（2）强调从人的作用、需要、动机、相互关系和社会环境等方面研究其对管理活动及其结果的影响。

（3）研究如何处理好人与人之间的关系、做好人的工作、协调人的目标、激励人的主动性和积极性，以提高工作效率。

**【思考题】**酒店中的行为管理观念有哪些？人本管理＝尊重人＋依靠人＋发展人＋为了人。以制度管理为基础，情感管理为主导，结成一个命运共同体。

**【思考题】**行为管理思想有哪些新的发展趋势？大脑中“神经元”有三层结构：内部是生理的东西，外部是大脑皮层，中间是神经网络，称为“桥”。通过核磁共振、脑电波、眼动仪等，研究生理机制对人的行为的影响，称为神经心理学和神经管理学，是一个全新的研究领域。国内许多重点大学的管理学院都设有这方面的实验室。

## 四、定量管理思想简介

（1）二战时，英国召集了一批数学家到部队里，研究后勤补给问题、雷达配置问题，如数学家建立的最优分配模型，有效地解决了如何以有限的皇家空军力量来抵抗庞大的德国空军的问题。当时，许多飞机都损坏了，数学家认为，只要能飞的，就继续飞，而被击落的概率符合“泊松分布”，大大提高了飞机的飞行架次。后来，美国军方也借鉴了英国的做法，吸引数学家到部队里，在诺曼底登陆中发挥了重要作用。这些人退伍以后，到企业去，就用战争中使用的方法解决企业管理问题。

定量管理思想是把科学的知识和方法用于研究复杂的管理问题，以便确定正确的目标和合理的行动方案，其核心是把数学、统计学和计算机用于管理决策和提高组织效率。如许多跨国公司的汽车零配件生产分布在 20 多个国家，而汽车组装在本国，如何保证所需要的零配件能及时、准确地到达，这就需要高效的管理。跨国公司的设计、生产、营销是全球化的，如衬衣设计在日本，制造在中国，营销在欧美，如何保证全球各地的企业之间协调配合问题，就需要高效的管理。麦当劳在全球有 3 万多家连锁店，沃尔玛在全球有 7000 多家连锁店，而且买、存、卖是由不同的公司来分工协作完成的，如何保证众多企业之间的协调配合，都需要精准、高效的管理。准时制（JIT）

库存系统，就是一种在生产过程需要时，存货才到达，而不是将货物存放在仓库中的系统。

我的博士学位论文《旅游系统管理及其与旅游可持续发展的关系研究》，就用到数学、统计学和计算机的许多知识。我设计了300份游客调查问卷、200份旅游企业员工调查问卷、200份旅游专家调查问卷，问卷回收后，用到了SPSS统计软件和LISREL、AMOS统计软件。用游客调查问卷数据，研究旅游产品供给系统的内在构成，及其对旅游经历质量的影响；用企业员工调查问卷数据，研究旅游价值链系统管理对旅游可持续发展目标的影响机理；用旅游专家调查问卷研究旅游目的地系统管理对旅游可持续发展目标的影响机理。数据处理时，用到了描述性统计分析、因素分析、相关分析、回归分析、方差分析和结构方程模型。我还带过“管理经济学”这门课，就是把经济学、数学的知识应用于企业管理决策，如生产决策、定价决策、产量决策等。上课时，我大部分时间都是讲解习题。我读博时，学过“管理理论与实践”这门课，每个教授讲解两次课，教授们都要拷贝一些计算机应用软件给我们，如数据包络分析软件。管理学研究生，尤其是管理学博士，他们的博士学位论文都要用到数学、统计学和计算机应用软件，进行“实证研究”，仅仅做“规范研究”的博士论文是很难通过答辩的。

（2）定量管理思想包括三个分支：①管理科学。就是让大家又晕又愁的“运筹学”，目的是通过具体的数学模型和统计模型的应用，来提高决策的有效性。如线性规划法。②作业管理。什么叫作业管理（operation management）？指将劳动力、原材料等资源变成销售给顾客的最终产品和服务的转换过程中的设计、作业和控制。产品链管理是对整个价值链上的产品流所发生的，一系列完整的活动和信息的经营管理过程。作业管理包括库存管理、工作安排、计划编制、设备安装和设计、质量控制等方面，常要用到预测技术、库存分析、物资供应系统、网络图、质量控制统计技术、项目计划评审技术等定量化方法。③计算机在管理中的运用。用计算机建立管理信息系统。把原始资料转化为各个层次的管理者决策所需要的信息，使管理者迅速了解情况、分析对策，从而大大促进了管理效率的提高。

中国国家自然科学基金委有“管理科学部”，下面设有管理科学与工程、工商管理、宏观管理与政策三个处，主要支持实验研究和理论研究。管理科学部鼓励通过实验、观察、测量等手段获取“数据”，从而观察和发现新的管理现象的“实验研究”项目，也鼓励通过建模、计算、归纳、演绎等手段来分析和解释管理现象，从而为管理问题的解决方案提供科学依据的“理论研究”项目。管理学科的学者，既可以申报国家自然科学基金项目，又可以申报国家社会科学基金项目。管理学科是唯一的可以两边申报的一门学科。

我们通常用线性函数形式来描述事物：$y=a+bx$，抓住事物的一般特征，忽视事物之间的个体差异性。就像让你到火车站去接一个人，这个人长着两只眼睛、一个鼻子、一张嘴巴，你当然接不到。但随着科学技术的发展，我们可以描述事物的个体差异了。事物的实际情况是非线性的：$y=a+bx+\varepsilon_i$，$\varepsilon_i$叫随机干扰，事物的个体差异信息就包含在这个随机干扰里面。

(3) 定量管理思想的特点。力求减少决策中的个人艺术成分，依靠建立一套决策程序和数学模型来寻求最优方案。各种可行方案均是以效益作为评判的依据。广泛使用计算机作为辅助管理手段。

**【思考题】**定量管理思想与科学管理思想有区别吗？科学管理思想包括定量化，是相对于定性描述而言的，要求尽量用数字来描述，而定量管理思想，是把数学、统计学和计算机应用软件的知识运用到管理领域，强调管理的科学性。

## 五、权变管理思想简介

### 1. 系统理论

巴纳德（Chester I. Barnard，1886—1961）是系统理论的主要代表人物之一。1938 年他出版了《经理的职能》一书，被认为是“现代组织理论的创始人”。1970 年卡斯特出版了《组织与管理：系统方法与权变方法》，这本书是系统管理理论的代表作。

系统是指相互依赖的各部分，以一定的形式组合而成的一个整体。每一个系统都包括四个方面：①从周围环境中获得这个系统所需要的资源，即系统输入。②通过技术和管理等过程促进输入物的转化，即系统转换。③向环境提供产品或劳务，即系统输出。④环境对组织所提供的产品或劳务做出反馈，即系统反馈。比如海南大学可以看作是一个由人、财、物等组成的系统。系统输入的主要是通过高考后录取的高中毕业生；系统转换就是四年的本科培育过程；系统输出的主要是大学毕业生，即高级专门人才；系统反馈就是根据社会各界和用人单位的反馈意见，学校修订大学本科培养计划，使我们的学生更好地满足社会需要。

系统管理理论的要点：①组织是一个系统。组织是由相互依存的众多因素所组成的。局部最优不等于整体最优，管理的作用在于确保组织中各部分之间的协调，以实现组织的整体目标。②组织是一个开放的系统。一个组织的成败，往往取决于管理者能否及时觉察环境的变化，并适时做出正确的反应。③组织的性质，不仅仅取决于组织的构成要素，更重要的是取决于各构成要素之间的相互关系。如石墨和金刚石都是碳六（$C_6$）组成的，一个非常软，一个非常硬。也不是什么东西都可以看作是一个系统，假日海滩里一群游泳的人、棋盒里摆放整齐的一盒棋子，就不是一个系统，因为要素之间没有相互关联性。关系的集合比要素的集合更重要。关系的集合叫“系统结构”。系统结构决定系统行为。

任何一个组织都可以看作是一个系统，具有整体性、动态性、开放性、环境适应性和综合性。整体性，指系统作为一个整体发挥作用；动态性，指系统状态和系统结构随着时间的变化而变化；开放性，指系统要与外界环境发生物质交换、能量交换和信息交换；环境适应性，指系统对外界环境的刺激会做出反应，通过改变自身的结构和行为方式适应外界环境的变化；综合性，指系统整体功能大于部分功能之和，即“1＋1＞2”。例如一个球队，也是一个互相配合的有机系统，如果队员个个球艺精湛，但相互配合不默契，不能形成一个整体，这肯定不能成为优秀的球队。

普朗克说：“科学是内在的整体，它被分解为独立的部分，不是取决于事物本身，而是取决于人类认识能力的局限性，实际上存在着，从物理学到化学，通过生物学、人类学到社会学的连续的链条，这是任何一处都不能被打断的链条。”系统工程和系统科学就是把握这根链条的。系统工程，即用系统的观念来考虑问题，用工程的方法来解决问题。系统的观念是“道”，工程的方法是“术”，所以系统工程也是关于“道”和“术”的一门学科。马克思说：“自然科学往后，将会把人类的科学，总括在自己的下面，正如同，关于人类的科学，把自然科学总括在自己下面一样，正将成为一门科学。”这就是自然科学与社会科学的一体化。

2. 权变理论

(1) 权变，即权宜应变。权变观是关于管理组织活动的一种思维方式。它便于进行情境诊断，使管理行动适合特定情境。该理论认为，组织的管理应根据其所处的内外部环境的变化而变化，世界上没有一成不变的、普遍适用的“最佳的”管理理论和方法。

(2) 公式：管理理论与方法＝$f$（环境），$f$ 是表示函数关系，环境是自变量，管理理论与方法是因变量。

(3) 表达式：假如 $X$，那么 $Y$，但只有在 $Z$ 的情况下，其中 $Z$ 为环境变量。以前理论的表达式是：If $X$，then $Y$。例如，如果要提高劳动生产率，就必须进行分工。权变理论的表达式是：If $X$，then $Y$，only $Z$。例如，如果要提高劳动生产率，就必须进行分工，只有在一个人做不了的时候。

有个故事很好地说明了权变思想。有一个国王问他的大臣，“鱼身上，什么部位最好吃?”众多大臣各抒己见、莫衷一是。国王说:“这样吧，我们去找一个渔民，看渔民怎么回答。”于是，他们找来了一个渔民。渔民说:“当春天来的时候，鱼要吃水里的浮游生物，嘴巴的活动量最大，鱼嘴巴最好吃;夏天来的时候，鱼在水里游来游去，尾巴的活动量最大，鱼尾巴最好吃;冬天来的时候，鱼的活动量很小，鱼身子最好吃。”这个渔民的回答就具有权变思想。

**【思考题】**权变理论认为管理要根据环境的变化而变化，是否意味着不存在什么能够指导实践的管理理论?不对。每个理论都有它的前提、假设，都有它的适用范围。哥白尼说:“理论是月亮的光辉，事实是太阳的光辉。”爱因斯坦说:“理论决定了你能看到什么。”所以，我们在应用管理理论之前，要具体问题具体分析，看实践情景与理论前提是否一致，不能照抄照搬。

3. 过程理论

该学派把管理看作是一个过程，认为管理是由许多相互关联的职能所组成的，通过对这些职能的分析，可以归纳出一系列的管理原则，从而形成系统的管理理论。代表人物是孔茨(Harold Koontz)和奥·唐奈(Cyril O. Donnell)，代表作是他们合著的《管理学》。此外，孔茨还著有《论管理理论的丛林》《再论管理理论的丛林》。“丛林”的比喻非常贴切，每一个新管理理论的产生就像新生长的树苗，都不否定原来存在的树木。孔茨发现，管理理论“丛林”越来越枝繁叶茂了。现今，大学里流行的“管理学”教材，一般都是按照过程理论的逻辑顺序编排的。

4. 权变管理思想的特点

它在继承以前的各种管理思想的基础上，把管理研究的重点转移到了对管理有重大影响的环境因素的研究上，希望通过对环境因素的研究，找到各种管理原则和理论的具体适用场合。它与20世纪70年代以来经济活动的国际化、组织的大规模化和环境的复杂多变相适应。

**【思考题】**旅游学中的系统权变思想有哪些?①团体观念。旅游业是一个从需求方角度定义的产业，涉及面广、从业人员多、服务环节多。旅游从业人员之间的团结协作、互相补台对于成功完成接待任务尤为重要。②酒店业通行的服务质量公式是“100－1＝0”，以强调全过程服务质量管理和服务细节的重要性。关键细节是成功的关键。例如客人对酒店100个服务环节都很满意，就是在用餐时发现了半只苍蝇，另外半只苍蝇被他吃下去了，他感觉很恶心，以后再也不到这个酒店来了。③目的地管理组织、目的地营销组织、旅游区域联合、地区旅游一体化、旅游联合促销的兴起，更是从宏观方面强调了旅游业的整体观、团体观、整合观、混沌观，以建立兼容并蓄、目标导向的思维方式。

**【思考题】**21世纪与20世纪相比较，经营管理环境有何不同？若用1至3个字来表达两个世纪间的不同，你会用什么字？变、创新、个性化、全球化、信息化、数字化、互联网、竞争、模糊、复杂……我用“乱（messes）”字来表达，21世纪是一个变幻莫测的世纪。①谁是你的顾客？用互联网思维来看一个企业价值，不是看它的账户上有多少钱，而是看它所拥有的顾客数量和顾客价值。可能它账面上没有钱，但如果卖的话，它可以卖很多钱。一个人可能今天没有钱，但明天他很有钱，因为他的公司上市了；一个人可能今天很有钱，但明天他没钱，因为他给别人抵押担保了。有钱人并不可怕，可能他的钱就是你的钱，但对又有钱又谦虚的人一定要小心，最好你跟他合作，因为他的财富还会往上涨的。②谁是你的竞争对手？任何一个有钱、看中你这个行业的人都可能是你的竞争对手。假如你是从事建筑行业的，想办一个医院，马上有人告诉你，“办医院，一靠技术，二靠服务”，“技术嘛，一靠专家，二靠设备”，很快你就可以利用资本的优势，长驱直入。昨天这个专家还在国有医院上班，今天他就被私立医院“挖”过来了。国有医院一直舍不得花1000万元买一台医疗设备，但私立医院很快就可以批下来。③企业价值怎么看？有形的东西越来越贬值，你去买一张沙发，当你决定购买时，已经贬值了5%，当你拉回家时，已经贬值了10%；你再坐一坐，已经贬值了20%，如果想卖的话，只能打8折处理。无形的东西和具有稀缺性的东西会升值。例如，你在超市买一包咖啡，回家冲着喝，一杯只要1元钱，价值提供物是有形的商品。你在餐馆喝杯咖啡，一杯要20元，另外19元价值提供物是无形的服务。你在五星级酒店“雅间”喝杯咖啡，一杯50元，另外30元价值提供物是难忘的体验和卓有成效的转型。这件事情，你一辈子都记得，而且喝咖啡前，你们可能只是普通朋友，喝完咖啡后你们就可能成为男女朋友了。你说：“你们的咖啡怎么卖这么贵呀？”她会告诉你：“你喝的，哪里是咖啡呀？你喝的是服务、档次、环境、面子。这些都要收费的。”此外，具有稀缺性的东西，如红木家具，是会升值的；智能的东西，如大学文凭，也会升值的。④你准备好了吗？21世纪最不缺乏的是机会，最缺乏的是有所准备。如果你错过了一次机会，不要懊悔；做好准备，迎接下一次机会。过去，你可以说“英雄无用武之地”，到了21世纪，你不能说这句话了。

### 六、国外管理发展趋势

21世纪管理的三大主题：顾客满意——经营客户化；可持续发展——组织学习化；组织变革——管理信息化。

1. 企业再造理论——管理革命的宣言书

亚当·斯密提出劳动分工理论以来，分工理论统治了200多年。1985年，哈默和钱皮写了《企业再造理论——管理革命的宣言书》，革谁的命？革亚当·斯密关于劳动分工的命。该书认为，由于信息技术的发展和人们素质的全面提高，劳动分工理论走到头了。现在不再是单纯的分工，而是流程再造。例如，一个人借助计算机“专家系统”，可以做以前几个人干的活；有了教务管理系统，海南大学的期末考试流程全变了，以前期末考试，“教研办”需要5个人才能干完，现在只要一个就行了。

业务流程再造（BPR），即对企业业务处理的核心过程，从根本上进行重新思考和彻底的重新设计，使企业的多项关键性能，如成本、质量、服务及速度同时获得显著改善，从而满足当今不同顾客对质量、速度、服务的需要。不是20％、30％的改善，而是100％、200％的改善。具体地说，就是先确定顾客的需要，然后再设计出能最好地满足这一需要的工作流程。工作方法由“职能导向型”变革为“流程导向型”。它需要由高层管理者发动，需要参与式决策。流程再造与“变革”有关，因为它涉及对组织工作过程彻底地重新设计，这些活动导致了结构、技术和人力资源的变革。组织变革要选择合适的时机，走下坡路时变革可能会加速组织的死亡。

价值链就是从“原材料加工”到“产成品到达最终用户手中”的过程中，所有增加价值的步骤所组成的全部有组织的一系列活动。价值链管理是管理，关于“在价值链上流动的产品”的、有序的、相互关联的活动和信息的全部过程，其目的是建立价值链战略，来满足和超越顾客的需要和欲望，并使价值链上的相关群体达到无缝的整合。

2. 第五项修炼——学习型组织的艺术

学习型组织（learning organization）是指由于所有组织成员都积极参与到与工作有关问题的识别与解决中，从而使组织形成了持续学习和适应变革的能力。知识管理包括培育一种学习文化，在这种文化中，组织成员能够系统地收集知识，和与其他组织成员共享它，以便取得更好的绩效。学习型组织的特征表现在组织设计、信息共享、领导力、组织文化四个方面。彼得·圣吉在《第五项修炼——学习型组织的艺术》中提出了五项修炼的内容：超越自我、改善心智模式、建立共同愿景、团队学习、系统思考。他认为，第五项修炼是“系统思考”，可以用增强反馈圈、调节反馈圈和时间滞延三个专用术语来描述。过去企业之间竞争的结果是“大鱼吃小鱼”，即规模大的企业吃掉规模小的企业，而现在是“快鱼吃慢鱼”，即学习得快、创新得快的企业吃掉那些学习得慢、创新得慢的企业，而且是“赢家通吃”。那么，怎么样学习得最快呢？彼得·圣吉认为，团队学习得最快，由此推导出要建立共同愿景。而建立共同愿景的话，就要改善个体的心智模式，保持开放的心灵，同时要超越自我。

知识改变命运，学习成就未来。这里讲的“学习”，不仅仅是指坐在教室里听老师讲课，老师给个分，这样意义并不大，而是在于改善工作绩效。这就是“干中学”，我们叫“行动学习”。国外有人曾统计分析，认为在学校学到的知识，5 年后已有 50%过时了。大学学到的知识仅为实际工作中要求的 10%，其余 90%需要在工作以后不断补充。我认为，学习型组织就是两句话：工作学习化和学习工作化。工作学习化有五个动作：第一个动作是总结反思，形成个人知识。做一件事情，总结一件。你会发现，善于总结反思的人，肯定比不总结反思的人绩效更好。第二个动作是共享交流，形成团队知识。你今天讲的经验教训，我在明天就可能遇到。第三个动作是记录保存，形成组织知识。第四个动作是培训传承，保持知识的连续性。新员工进来时，都要接受组织培训。第五个动作是把以上四个动作形成制度，保证组织具备持续创新和学习的能力。学习工作化，就是把学习纳入时间安排、资源投入、绩效考核之中。一个组织只有具备持续学习的能力，淘汰那些曾经有用的知识，才能够基业长青。

有一次，我到企业去，看到墙上贴着标语“今天工作不努力，明天努力找工作”，我对企业老总讲：“光写这一条，好像对员工不负责任。应该加上一条‘今天学习不努力，明天下岗等着你’。”后来，企业员工反映，每天看到这两条，感觉压力太大了。我说：“那么再加一条：工作学习两不误，美好明天等着你。”大家说，这样心理比较平衡一点。跨国公司的员工：三分之一时间做计划，三分之一时间做操作，三分之一时间做文档和总结。我们中国人崇尚实干，“你坐在这里，写这么多东西干吗？出去跑呀！”

兰德公司（RAND）是美国著名的战略咨询公司。1950 年，美国出兵朝鲜半岛，兰德公司就研究中国会不会出兵，咨询结果要以 200 万美元卖给美国军方。美国军方认为，中国经过了八年抗日战争和三年解放战争，人力、物力都不具备出兵的条件，所以拒绝购买。后来中国出兵了没有？美国赢了没有？中国出兵了，美帝国主义夹着尾巴逃跑了。后来，美国在野党抓住这个事件，证明执行党的决策失误，购买了兰德公司的咨询结果——“中国将出兵朝鲜”。美国人说：“我们舍得花几十万士兵的生命和几千亿美元打一场战争，却舍不得花 200 万元的咨询费。”他们还评价说：“我们在错误的时间、错误的地点，与错误的对手，发生了一场错误的战争。”2003 年，美国攻打伊拉克时，兰德公司也进行了研究，美国军方这次没有不听话，购买了兰德公司的咨询结果，即“谁将赢得这场战争，取决于谁比对手学习得更快。”美国军方想，要在短时间内提高自己的学习能力，几乎不可能，只能打断伊拉克的学习能力。战争一开始，就发动了信息战，让伊拉克没法学习，而美方还可以正常学习。萨达姆一下子蒙了，找不到他的手下了，稀里糊涂怎么就没了。

我有个亲戚是修手机的，技术非常好。他认为，“一个人只要掌握一门技术，就衣食无忧了。”一夜之间，模拟机变成了数字机。他不会修数字机，就失业了，现在他只有重新学习了。一个销售员具备终身学习能力的话，一边工作，一边总结，可以写一本书《怎么做一个优秀的销售员》。因为业绩突出，他被提拔为销售部经理，边工作边总结，又写一本书《怎么做一个优秀的销售部经理》。年龄大了，他被聘为销售顾问，边工作边总结反思，再写一本书《怎么做一个优秀的销售顾问》。最后他退休了，凭三本书的稿费就可以活了。所以，学习不再是一种休闲、一种兴趣，而是生存的基础、发展的前提。只有像婴儿一样地“无知”，才能像海绵一样地吸取。

3. 顾客满意，即CS管理

企业要明白：谁是你的利润客户？谁是你的规模客户？谁是你的品牌客户？这样，要利润，应该找什么样的顾客；要规模，应该找什么样的顾客；要品牌，应该找什么样的顾客。顾客满不满意，是完全个性化的。比如对我课堂讲课的评价，有的学生非常满意，有的学生比较满意，有的学生满意，有的学生比较不满意，有的学生非常不满意。

经营管理思想的演变：以生产为中心，生产部门是老大，生产部经理往往是总经理的候选人；以销售为中心，销售部门是老大；以利润为中心，如目标责任制和绩效考核，财务部门是老大；以市场为中心，营销部门是老大；以顾客为中心，服务部门是老大；以顾客满意为中心，信息部门是老大。顾客满意，说起来容易，做起来难。如你到服装店买衣服，销售员会围着你转，说：“这件衣服穿在你身上正合适，好像是专门为你做的。”你说：“衣服好是好，就是扣子太亮，能不能把扣子改一下。”她说：“这个，不行的。你可以拿回家，把扣子剪下来，自己换扣子。”你说：“自己换扣子？那你把它当半成品卖给我。两折。”她说：“不行的。”这样，你满不满意？还是不满意嘛。为什么裤子比较好卖？因为厂家认识到，人的个子有长短，所以裤子可以现场缝裤脚，是“大规模定制”。既大规模生产，降低成本，又量体裁衣，个性化定制，满足顾客的个性化需求。

4. 管理软件的发展，如客户关系管理软件CRM

按照CRM的三层次定义法：CRM是一种现代的经营管理理念；CRM包

含的是一整套解决方案；CRM 意味着一套应用软件系统。内涵：保持企业与客户之间的良好合作关系；CRM 是利用 IT 技术和互联网技术对客户进行整合营销的过程；CRM 视客户资源为现代企业的重要资源。现代服务企业 CRM 的实施流程包括收集客户信息并发现市场机遇、制定客户方案并实施定制服务、实现互动反馈并追踪需求变化、评估活动绩效并改善客户关系这四个环节，继而上升到新一轮循环。如果把大学生看作是“客户”的话，我们可以把海南大学的“教务管理系统”看作是 CRM：学生可以上“教务管理系统”选课、下载每周课程安排表、查看期末考试成绩、对任课教师进行评价；教师可以上“教务管理系统”下载每周课程安排表、下载学生点名册、登录期末考试成绩、查看学生对教师的评估；学院教研办可以上“教务管理系统”打印学生期末成绩、决定哪些学生补考、决定哪些学生评奖学金、决定哪些学生可以保送研究生；学校教务处可以上“教务管理系统”对课堂教学质量进行监控、对教师评职称时的教学业绩情况进行监控、对学生在四年本科期间的学生效果进行监控。

什么叫云计算？云计算是一系列基于 Web 的服务，其目的是让用户以按需付费的方式获得多种实用的功能，而这些功能在以前是需要巨大硬件或软件投资和对专业技能的掌握才能得到。采用云计算本身就是把信息化管理的大部分业务外包出去，省去了花高昂代价建立自己的信息中心，从而大大降低固定成本，只要付出很少的可变成本就能得到高质量的计算力资源服务。用户无须知道形成自己所需计算力资源的硬件和软件的物理位置，也无须知道相关的专业知识，只知道这些计算力资源从云计算的“某处”来的，云计算的“云”便是对“某处”的比喻。什么叫智慧旅游？智慧旅游就是把大数据、云计算、物联网、移动互联网、人工智能运用于旅游业中。

**【思考题】**数据、信息、知识三者是什么关系？数据是信息的原材料，数据要经过加工后才能成为信息。信息是未经整理的知识。知识是经过整理的信息。

## 七、中国管理现状

1. 理论界

(1) 同步跟踪引进西方国家先进的管理理论和方法。

(2) 着手系统整理中国古代管理思想。中国古代管理思想可谓“繁星点点”，散布在浩瀚的政论、军事著作、史记、文学著作、诗歌中，缺乏系统化整理和条理化梳理。如日本人研究“三国演义与管理”，我们也写一部《水煮三国》。再比如，管子就说过“仓廪实而知礼节”，与马斯洛的需要层次理论有异曲同工之妙。

(3) 开始总结中国管理实践中的成功或失败经验。中华人民共和国成立后，我们学习、借鉴苏联管理模式，后来又学习匈牙利模式、罗马尼亚模式……最后还是邓小平说的“中国特色”，十八届三中全会通过的《中共中央关于全面深化改革若干重大问题的决定》中讲：“不走封闭僵化的老路，不走改旗易帜的邪路，走有中国特色的社会主义道路。”

(4) 开始探索中国特色的管理理论和方法的建立。例如，国家自然科学基金委员会重点支持建立“管理科学中国学派”，强调要洋为中用、古为今用、近为今用。

● 西方人崇尚理性，崇拜科学，习惯于按规则行事；中国人崇尚实干，崇拜个人能力，习惯于按自己的判断行事。西方人写文章，通常是“证据表明”“事实表明”“数据表明”，而中国人写文章通常是“我认为”。

● 美国人、日本人、中国人对“是非”的判断不同，如图4-1所示：美国人崇尚“理性”，一是一，二是二，你到美国人家里，他问你“Tea or coffee?”你只能选择其一，类同于美国国旗是星条旗；日本人强调“同一性”，你到日本人家里去，他不会问你喝什么，而是问你的上级“茶还是咖啡”，然后做法是，“上级在，与上级相同；主人在，与主人相同”，类同于日本国旗是太阳旗；中国人强调“是中有非，非中有是”，你到中国人家里去，他问你：“茶还是咖啡”，你说：“随便”，所以中国的本土教“道教”，教徽用阴阳鱼构成的太极图。美国人的“理性”适合于稳定环境，中国人的“随便”适合于复杂环境。随着社会经济结构越来越复杂多变，中国人的优势就会体现出来，可以乱中取胜。

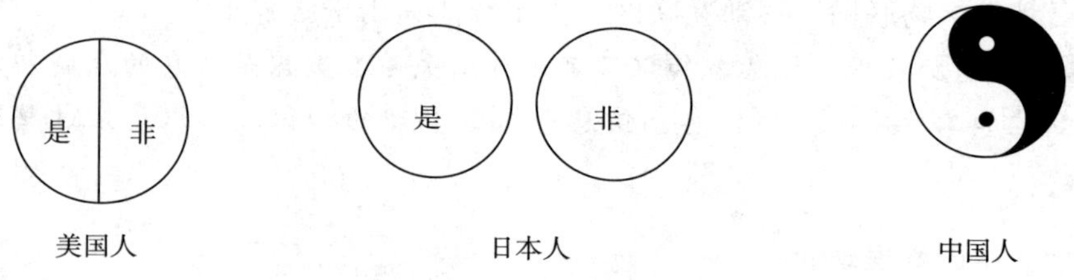


图4-1 美国人、日本人、中国人对是非的判断

● 西方研究主题：从规范到高效，从有序到柔性，从管理到领导；而中国研究主题：从不规范到规范，从规范到高效，规范化管理—精细化管理—精益化管理。

2. 实践界

(1) 水平参差不齐，整体上还处于经验管理阶段（80%）。

（2）科学管理思想还需要补课（20%）。通用电气公司总裁韦尔奇说过一句很有名的话，“让管理一边去吧。”我们也说：“让管理一边去吧”，能行吗？人家已经很规范、很有序了，现在需要从规范到高效，从有序到柔性，从管理到领导，而我们规范还没有建立。如隧道灯光的照明度控制在多少是合适的？太亮了浪费电，太暗了影响行车安全。

（3）行为管理思想需要发扬光大（70%）。

（4）定量管理思想缺乏基础（35%）。高等数学、统计学、计算机应用软件的知识都是西方传过来的，中国人还需要引进、消化、吸收、应用、创新，这有一个过程。

（5）权变管理思想还需要学习（50%）。深圳一家企业内部有争论：到底是实行事业部制好呢，还是产品部制好？有两个部门赞成事业部制，两个部门赞成产品部制，争论不休。最后，管理咨询公司给出了答案，这两个部门实行事业部制，那两个部门实行产品部制。

（6）创新管理思想还有待于建立。

**【思考题】**在管理思想发展史上，对组织的比喻有哪些？机器、有机体、大脑、变迁与转换、文化、政治系统、心灵监狱、统治工具、狂欢节。

**【思考题】**系统管理思想有哪四种范式？功能主义范式、诠释范式、解放型范式（保障公平性）、后现代主义范式（促进多样化）。

**【案例讨论题】**王某是一个冷冻食品厂厂长，该厂专门生产一种奶油特别多的冰激凌。在过去的4年中，每年的销售量都稳步递增。但是，今年的情况发生了较大的变化，到8月份，累计销售量比去年同期下降17%，生产量比所计划的少15%，缺勤率比去年高20%，迟到早退现象也有所增加。王某认为这种情况的发生，很可能与管理有关，但他不能确定发生这些问题的原因，也不知道应该怎样去改变这种情境。他决定去请教管理专家。

请问：具有不同管理思想（科学、行为、定量、权变）的管理专家，会认为该厂的问题出在哪里，并提出怎样的解决方法？

评析：（1）科学管理思想的专家会认为：销售量减少、生产量减少、缺勤率高了是因为制度问题。应使我们的冰激凌符合国家标准，以便卖到全国去；应该制定“从严治厂，依法治厂”的战略目标和方案；制定和执行严格的职工考勤制度、销售员激励制度、生产现场管理制度、员工业绩考核制度、计件工资制度、岗位责任制度、员工培训制度等一系列制度；对工厂内部员工进行规范化作业的培训，以提高他们的作业效率；对缺勤、迟到早退的员工按制度规定进行惩罚。

（2）行为管理思想专家会认为：销售量减少、生产量减少、缺勤率增加，说明我们的员工工作积极性降低了，可能是因为厂里待遇不好，福利不好，领导者对员工关怀不够，因此各级管理者应该找员工进行访谈，了解员工的疾苦，帮助员工解决困难；集体聚餐；组织工会活动。

（3）定量管理思想专家会认为：我们的冰激凌价格决策和产量决策可能有问题，应该请数学基础好的大学毕业生进行计算，求出最优价格和最优产量水平；缺勤率高可能是因为我们的岗位设计不合理，忙的人忙得要死，闲的人闲得要死，应该科学地进行工作分析和岗位设计；对员工发放调查问卷，进行统计分析，找出员工缺勤原因的分布情况，根据统计软件分析结果，采取相应对策。总之，要用好和引进数学、统计学、计算机专业的人才，让他们进行科学的运算，解决工厂中出现的销售量减少、生产量减少、缺勤率增加等问题。

（4）权变管理思想专家会认为：工厂出现的问题是由于消费者的口味变了（如人们怕胖，奶油特别多的冰激凌不合时宜），竞争者多了（如人们现在都吃“旺旺啐冰冰”“脆脆冰风味饮料”，用自家的冰箱来冰冻；吃“果汁炒冰”，自主配料，现炒现卖），供应商没有按时供货。工厂应该设立信息管理部、政策研究室、战略规划部等部门，调查研究国家政治、经济、社会、技术等一般环境因素，调查研究顾客、竞争者、供应商和新闻媒体等任务环境因素，收集相关环境变化的信息，使我们企业积极地适应外部环境的变化。

**【案例讨论题】**在一个管理经验交流会上，有两个厂的厂长分别论述了他们各自对如何进行管理的看法。

A厂长认为，企业首要的资产是员工，只有员工们都把企业当成自己的家，都把个人的命运与企业的命运紧密联系在一起，才能充分发挥他们的智慧和力量为企业服务。因此，管理者有什么问题，都应该与员工们商量解决；平时要十分注重对员工需求的分析，有针对性地给员工提供学习、娱乐的机会和条件；每月的黑板报上应公布出当月过生日的员工的姓名，并祝他们生日快乐；如果哪位员工生儿育女了，厂里应派车接送，厂长应亲自送上贺礼。在A厂长厂里，员工们都普遍地把企业当作自己的家，全心全意地为企业服务，工厂日益兴旺发达。

B厂长则认为，只有实行严格的管理才能保证实现企业目标所必须开展的各项活动的顺利进行。因此，企业要制定严格的规章制度和岗位责任制，建立严密的控制体系；注重上岗培训；实行计件工资制等。在B厂长厂里，员工们都非常注意遵守规章制度，努力工作以完成任务，工厂发展迅速。

请问：这两个厂长谁的观点正确，为什么？

评析：（1）A厂长厂里实行的是行为管理思想，B厂长厂里实行的是科学管理思想。

(2) 两个厂长的观点都正确，因为衡量管理绩效的标准是效率和效益，A厂日益兴旺发达，B厂发展迅速，事实表明他们的管理理念都正确。

(3) 按照“超Y理论”，对工厂而言，应用科学管理思想，更为有效，所以B厂长的观点更符合工厂情景。

(4) 按照我的观点，应该把两个厂长的观点结合起来，效果更好，即“以制度管理为基础，以情感管理为主导，结成一个命运共同体”。

**【作业五】**临死前三天，我的反思是什么？这是个人作业，但要以小组的名义提交。

提示：

(1) 我的价值观：我最看重什么？我主张什么？我反对什么？我坚持什么？

(2) 我的能力结构：我擅长做什么？不擅长做什么？

(3) 我的兴趣爱好：我喜欢什么？不喜欢什么？

(4) 我的所作所为与我想要的东西是否一致？评析见第五章第二节。

# 第五章　管理与环境

赫胥黎在《天演论》中提出“物竞天择，适者生存”的观点。生物要适应环境的变化，才能生存下来。不管恐龙灭绝的原因是什么，终究是不能适应环境的变化。组织与生物一样，也需要适应环境的变化，包括外部环境的变化和内部环境的变化。组织应搜集内外部环境的变化信息，积极地、主动地适应内外部环境的变化，不断地改变自身的结构和行为方式，趋利避害，化危为机，才能够基业长青；组织可以设立专门的部门，如政策研究室、战略规划部、投资发展部、信息管理部、研究与开发部、统计部门、审计部门、情报部门等来从事搜集信息情报工作。

## 一、管理环境的构成

管理环境是指存在于一个组织内部和外部的，影响组织业绩的各种力量和条件因素的总和。管理环境的分类如表 5-1 所示。

**表 5-1　管理环境的构成**

<table>
<tr><td rowspan="4">某一组织管理环境因素</td><td rowspan="2">外部环境因素</td><td>间接影响组织业绩的外部因素：一般环境因素</td></tr>
<tr><td>直接影响组织业绩的外部因素：任务环境因素</td></tr>
<tr><td rowspan="2">内部环境因素</td><td>间接影响组织业绩的内部因素：组织文化（组织内部气氛）</td></tr>
<tr><td>直接影响组织业绩的内部因素：经营条件（组织实力）</td></tr>
</table>

1. 外部环境（一般环境因素、任务环境因素）

决定了一个组织可以做什么和不可以做什么。

（1）一般环境是指可能对这个组织的活动产生影响，但其影响的相关性却不清楚的各种因素，一般包括政治、法律、经济、文化和科学技术等，可以简记为“PEST”，即政治（Politics）、经济（Economy）、社会（Society）、技术（Technology）。

**【思考题】**各个组织的一般环境因素是不是都是一样的？不是，因为一般环境因素对每个组织的影响不同，所以，每个组织的一般环境具体内容不同。

（2）任务环境是指对某一具体组织的组织目标的实现有直接影响的那些

外部环境因素。比较典型的，一个组织的任务环境包括资源供应者、竞争者、服务对象（顾客）、政府管理部门及社会上的各种利益代表组织。如图 5－1 所示，与一个组织同级的，是竞争者；资源输入端是资源供应商；产品输出端是服务对象或顾客；上面有上级主管部门；下面有社会特殊利益代表组织。可简记为“上下左右中”。

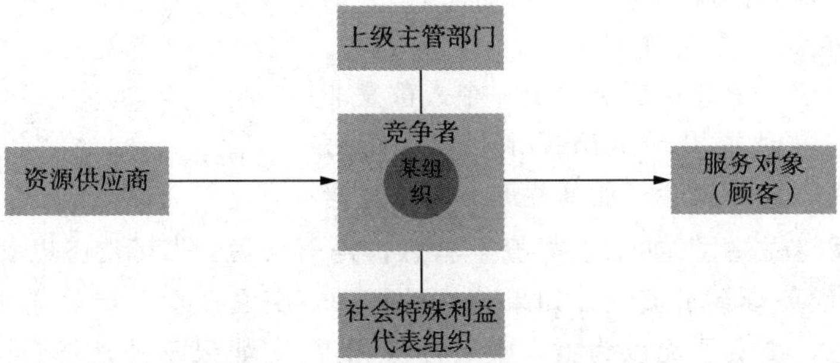


图 5－1　一个组织的任务环境因素

对一个组织而言，组织外部哪些是环境因素，是一般环境因素还是任务环境因素，取决于组织的目标定位。如两家饮料生产企业，一家专业生产儿童饮料，一家生产保健饮料。关于儿童健康方面的法律规章就是儿童饮料生产企业的一般环境因素，对于生产中老年人保健饮料的企业就不是。“高等教育法”对一所大学就是一般环境因素，对一所中学就不是。

2. 内部环境（组织文化、经营条件）

决定了该组织中的管理者能够做什么，以及可以怎么做，做到何种程度等。

（1）组织文化：处于一定经济社会文化背景下的组织，在长期的发展过程中逐步形成和发展起来的，日趋稳定的、独特的价值观，以及以此为核心而形成的行为规范、道德准则、群体意识、风俗习惯、思维模式等。

企业有企业文化，学校有校园文化，国家有民族文化……组织文化是客观存在的，而且每个组织都不完全相同。它就像一个人的脾气性格，一个人的脾气性格也是一个人在长期的成长过程中，逐步形成和发展起来的，日趋稳定的、独特的价值观念、团体意识、行为规范和思维模式等，而且每个人的脾气性格都不完全相同。组织文化可分为三个层次：理念识别（Mind Identity，MI），主要由文化理念构成，相当于一个人的“心”；行为识别（Behavior Identity，BI），主要由规章制度构成，相当于一个人的“手”；视觉识别（Visual Identity，VI），主要由标识口号构成，相当于一个人的“脸”；如图 5－2 所示。从心到手，再到脸的美丽，是一个人由内而外的美丽。

● MI（文化理念）：我们是这样认为的。

● BI（规章制度）：所以我们会这样做。

● VI（标识口号）：从而在社会上形成了这样的形象。

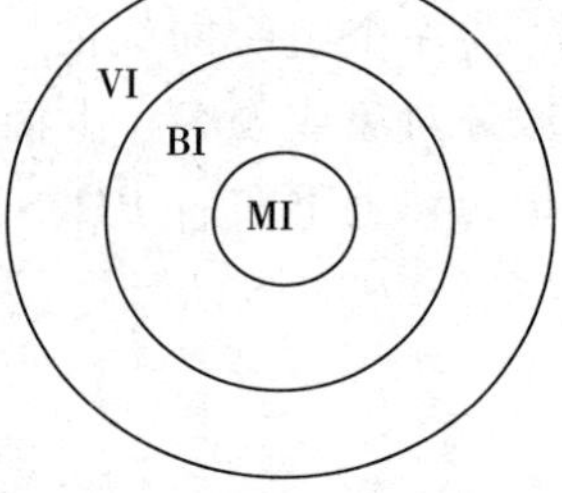


图 5－2 企业文化的构成

从文化理念到规章制度，再到标识口号的企业形象策划，称为企业形象系统（CIS）。形象无论对于一个企业还是对于一个人都是非常重要的。古时候男子上门提亲，若长得好看，姑娘满意，她就会一脸娇羞地说："终身大事全凭父母做主。"如果长得丑不满意，她就会说："女儿还想孝敬父母两年。"古时候英雄救了美女，如果英雄长得帅，美女就会一脸娇羞地说："英雄救命之恩，小女子无以为报，唯有以身相许。"如果不帅她就会说："英雄救命之恩，小女子无以为报，唯有来世做牛做马，报此大恩。"但如果女的好看，英雄就会说："姑娘此话当真?"如果女的难看，英雄会说："姑娘万万不可……"从古至今，全都是套路。所以说形象一变，市场一片！人性从未改变！

举一个企业文化对新员工影响的例子。一个大学毕业生到一个企业的投资发展部工作。他拿一个项目请上级审批，上级说"回收期太长了"，他就知道了，投资回收期太长的项目不行。后来，他拿一个项目找上级审批，上级说："投资额太大了"，他就知道了，投资额太大的项目不行。再后来，他又拿一个项目找上级审批，上级说："回报率太低了"，他就知道，内部利润率太低的项目不行。通过不断地尝试，他就适应了这个企业的文化。

举一个企业文化不良的例子：一个房地产公司有两个销售员。小伙子认为：要对顾客有所挑选，这样以后的物业管理比较顺当。小姑娘认为：顾客是上帝，我们要让顾客满意。一天，买房的"侦察兵"来了，小姑娘非常热情地接待他，给顾客介绍户型、价格、付款方式、房子的优点和缺点，顾客非常满意地走了。第二天，买房的"决策者"来了，小姑娘请假了，小伙子接待了他，决策者仔细询问房子的情况，小伙子不耐烦地说："你爱买就买。不买的话，啰嗦什么?"决策者非常生气地走了。小姑娘度假回来后，小伙子说："我帮你打发了一个令人讨厌的顾客。"小姑娘了解情况后，非常生气，说："你怎么能这样呢?"小伙子与小姑娘吵了一架，从此不再说话。

**【思考题】**组织文化如何制约着管理者的行为？它像一个过滤器，左右着管理者的判断、思想及感觉，并影响着管理者所做的一切。强文化传递"哪种选择是可取的，哪种选择是不可取的”信息，在很大程度上制约着管理者的决策。比如，什么样的钱，我们不赚——没良心的钱，我们不赚；我要做一个好人。

（2）经营条件：组织所拥有的各种资源的数量和质量情况，包括人员素质、资金实力、科研力量、信誉等。

**【思考题】**人才市场中营销人员短缺对于一般企业属于什么因素？是资源供应商，属于企业外部的任务环境因素。

**【思考题】**企业营销人员素质低下对于该企业管理者而言属于什么因素？是人员素质，属于企业内部经营条件。

## 二、一般环境因素

1. 政治环境因素

政治力量的对比、政治形势，会影响地区政局的稳定性，从而影响一个组织的经营风险和不确定性大小。执政党的路线方针、政治体制，会影响政府对各类组织或活动的态度，从而影响一个组织可以做什么，可以做到何种程度。

1999 年，海尔集团在美国投资办厂，向银行贷款 300 万美元，但因为美国轰炸中国驻南斯拉夫大使馆，许多银行不敢放贷，最终，海尔集团以全部资产做抵押，才从中国银行山东省分行贷到了钱，并在美国成功办厂。20 世纪 90 年代，有个私营企业主问我：“你认为，民营企业做多大才合适？”我觉得很奇怪，说：“有本事，你做得越大越好。”他说：“不是这样的，不少民营企业做大了，但都倒霉了，如牟其中。”当时，我们的宪法中没有明文规定“私有财产神圣不可侵犯”，许多民营企业做大了之后，把资产转移到国外。后来，为了防止这种情况继续发生，就在宪法中加了这一条。

**【思考题】**近年来中国政治环境的主要变化有哪些？《中共中央关于全面深化改革若干重大问题的决定》中提出：“形成系统完备、科学规范、运行有效的制度体系。总目标是：完善和发展中国特色社会主义制度，推进国家治理体系和治理能力的现代化。”可见，以习近平同志为核心的党中央领导集体要建立一个“法治国家”。

2. 经济环境因素

经济制度，会影响资源获得方式，从而影响企业可获得的资源及其成本的高低。经济结构、物质资源状况、国民消费水平会影响价格水准、人均可支配收入，从而影响企业可获得的资源及其成本高低、需求品种、数量和价格可承受力。经济发展水平会影响需求结构，从而影响市场上需求品种、数量和价格可承受力。例如，利率上扬，对银行来说，就是利好消息；对需要贷款的企业来说，就是利坏消息。

**【思考题】**市场经济与计划经济的区别是什么？对你有什么影响？①资源配置方式。市场经济是市场配置，搞效率优先、奖勤罚懒，是锦上添花；计划经济是行政配置，搞抽肥补瘦、平均主义，是雪中送炭。②找工作。市场经济是自主选择；计划经济是行政分配。计划经济时，“党叫干啥就干啥。”“叫你去当螺丝钉，你要去当火车头”是反党、反社会主义的。③规则。市场经济是公平竞争；计划经济是论资排辈，就像幼儿园老师叫小朋友“排排坐，分果果”。④结果。市场经济是优胜劣汰、两极分化，因为资源是配置给优者的。优者本来就优，现在又得到了人、财、物等资源，就会越来越优；劣者本来就劣，现在又得不到人、财、物等资源，就会越来越劣。计划经济是旱涝保收、平均主义，资源是配置给劣者的。⑤对人的要求。市场经济是自我认知、敬业专业；计划经济是忠诚老实、敬业爱岗。正如《中共中央关于全面深化改革若干重大问题的决定》中说：“企业自主经营、公平竞争；消费者自由选择、自主消费；商品和要素自由流动、平等交换。”所以在社会主义市场经济条件下，我们要“自我认知”，使你更好地适应市场经济环境。

临死前三天，我的反思是什么？这个作业是让大家“自我认知”，类似于古人说的“慎独”“面壁”，最好每隔五年做一次。作业中许多人把父母亲情，放在了第一位，作为父母，希望子女：一是平平安安地活着，如果父母健在，儿女连自杀的权利都没有，否则，白发人送黑发人，真是人间悲剧。什么让你快乐？因为你爱的人和爱你的人快乐，才让你快乐。什么让你心痛？因为他们心痛，所以才让你心痛。二是“记得我”，每周给家里打个电话，向父母报个平安。三是如果你能为社会做贡献，他们感到无比的荣耀。“这个儿子或女儿没有白养!”感恩其实很简单，就是说“谢谢”两个字。如果你的所作所为与你想要的东西是一致的，人生没什么缺憾，甚至临死前，你做的都是平时的事，那就可以安详地闭上双眼。

**【思考题】**“旅游经理人”要具备什么样的商品意识？服务是商品，同样具有价值和使用价值，而且服务的价值实现是同时间结合在一起的，具有不可储存性。无论是饭店客房的床位，还是航空公司飞机的舱位，只要有一天闲置，这一天的价值就永远地消失了，明天卖出去，是明天的价值。所以，旅游经理人应树立“闲置就是浪费”这样一种新型的商品价值观念，提高设施、设备、人员、信息、时间的利用率。

**【习题】**请问下列事件对产品 B 的需求会产生什么影响？

(1) 产品 B 变得更为时行。需求量会增加。

(2) 产品C（产品B的替代品）的价格下降。C的价格下降，需求量增加，从而B的需求量减少。

(3) 预计居民收入将下降。需求量会减少。

(4) 预计人口将有一个较大的增长。需求量将增加。

**【习题】**请问下列事件对产品B的供给有什么影响？

(1) 生产产品B的技术有了重大革新。B的供给量会增加。

(2) 在产品B的行业内，企业的数目减少了。B的供给量会减少。

(3) 预计将来产品B的价格会下跌。B的供给量将减少。

**【习题】**请用需求一供给分析法分析下列事件对需求量、供给量和产品价格各有什么影响？

(1) 鞋：制鞋工人工资普遍提高了。劳动成本增加，从而鞋子供给量减少，在需求量不变的情况下，鞋子价格将上升。

(2) 汽车：从国外进口汽车受到了限制。汽车供给量减少，在需求量不变的情况下，汽车价格将上升。

(3) 租房：有更多青年人要成家立业，同时政府规定了房租的最高限额。租房需求量增加，在供给量不变的情况下，租房价格将上升，但由于政府规定了房租的最高限额，所以价格上升到最高限。同时，会出现排队、托关系、黑市、“寻租”等现象。

(4) 苹果：政府开始对橘子征营业税。橘子价格上升，需求量下降；苹果的需求量将增加，在苹果供给量不变的情况下，苹果价格将上升。

3. 社会环境因素

风俗习惯、道德与法律会影响人们的行为规范，从而影响组织业绩。人口状况会影响人口结构，从而影响一个组织可获得的劳动力的数量与质量。文化教育水平会影响人们的生活方式，从而影响市场所需商品和服务的数量与类型。例如，儿童口味的变化，对食品企业是外部的社会环境因素，但对服装企业就不是。在中国大陆，赌博是不行的，但买彩票是可以的，所以中国大陆的赌徒都到澳门地区去，使澳门地区成为全球最大的赌城，博彩收入超过了美国的拉斯维加斯。随着中国人口的老年化越来越严重，在中国办“老年大学”将有很好的发展前景。老年大学就像幼儿园，不是普通高校。如果你们大学毕业后想自主创业，我建议你们办老年大学，发了财以后别忘了袁老师啊！

**【思考题】**人们生活方式的改变对于消费品生产企业有何影响？①随着上网的人越来越多，网上购物越来越流行，所以现代物流企业将有一个很好的发展前景。②随着人们可自由支配收入和闲暇时间的增多，外出旅游将成为人们一种必需的生活方式，在发达国家，旅游已经成为仅次于餐饮、住房之后的第三大需求。③随着环境保护和可持续发展观念的深入人心，绿色营销、绿色食品、绿色消费将会成为一种潮流。

**【思考题】** 说明社会责任与经济绩效的关系。大量研究表明，在公司的社会参与和经济绩效之间，存在一种正相关关系。现有的证据并未表明对社会负责的行动，会显著降低一个公司的长期经济绩效。社会责任与社会响应是不同的。社会责任是指工商企业对有利于社会的长远目标的追求，它寻求基本道德真理，而社会响应是指企业对社会压力做出反应的能力，它是由社会准则引导的。

4. 技术进步

产业结构、技术政策、科研潜力、技术水平、信息设施会影响劳动力素质、劳动资料、劳动对象、管理方式和方法。

**【思考题】** 根据技术发展特点，管理者在组织管理中应采取什么对策？随着远程技术的发展，美国晚上的保安可以委托中国人来做，因为美国晚上刚好是中国的白天，中国人白天通过视频监控，就可以做好美国晚上的保安工作。随着互联网技术的发展，可以在海口开一个“全球中医室”，中医诊断主要就是“望闻问切”，可不可以做到？可以的。拿起你的手机，对着你的舌苔，就可以“望”；用手机微信，就可以“闻”和“问”；通过心电图，就可以“切”。然后，通过现代物流业，把中药配好后，快递寄过去，就可以实现全球中医治疗了。

### 三、任务环境因素

（1）资源供应者，是向该组织提供其所需资源的人或单位。例如股东、银行，职业介绍所、人才市场，新闻机构、情报机构，科研机构、技术市场，原辅材料供应商。对组织的影响：一旦主要的资源供应者发生问题，就会导致整个组织运转的减缓或中止。

（2）服务对象，是一个组织为其提供产品或劳务的人或单位。例如企业的客户或企业产品消费者。对组织的影响：拥有一定量的服务对象，是一个组织生存发展的前提。

（3）竞争者，是与该组织争夺资源、服务对象的人或组织。例如同行、替代品生产者、同样需要该组织所需资源的组织。对组织的影响：竞争者的多少直接影响组织获得一定的业绩所需付出的代价。

（4）政府主管部门，是国务院、各部委及地方政府的经济管理部门或机构。例如工商行政管理局、税收部门、物价局、劳动管理部门、技术监督局等。对组织的影响：其政策和权力对一个组织可以做什么和不可以做什么，以及能取得多大的收益都会产生直接的影响。

（5）社会特殊利益代表组织，是代表着社会上某一部分人的特殊利益的群众组织。例如工会、消费者协会、环境保护组织、新闻媒体等。对组织的影响：通过直接向政府主管部门反映情况，或通过各种舆论宣传工具对各类组织施加影响。

**【思考题】**怎样才能保证你所在组织所需资源的及时稳定供应？海南大学的目标是培养人才，因而所需资源供应主要是大学新生。海南大学设有“招生办”，并与各省的考试招生办公室保持联系，保证合适的高中毕业生的及时稳定供应。

**【思考题】**你所在组织的服务对象是谁？他们的需求有什么特点？海南大学的目标是培养人才，因而服务对象是用人单位和社会各界，主要是企业单位。用人单位要求大学毕业生知识、能力和素质协调发展。

**【思考题】**作为一个政府部门，也有竞争者吗？如有，就列举出几个？政府是为纳税人提供公共服务的。行业协会作为连接政府和企业之间的桥梁，可以承担政府的部分职能，如海南省旅游协会、三亚市饭店业协会、海口市旅行社协会等。日本等发达国家都是“小政府、大社会”，就是由行业协会等中介组织承担了政府的许多公共服务职能。

**【思考题】**既然每一个组织都会面临竞争，那么我们应采取怎样的竞争策略？①竞争的基本法则是优胜劣汰。优者胜出，劣者淘汰。②竞争的本质是创新、创优。竞争各方为了从比赛中胜出，绞尽脑汁、想方设法去创新创优。③竞争的功能是调节功能、刺激功能和分配功能。调节功能就是通过竞争，自动调节供需之间的动态平衡；刺激功能就是各方为了在竞争中获胜，想方设法把潜力都发挥出来；分配功能就是资源分配给优者，使优者更优。④竞争的基本前提是自由和规则的结合。如体育比赛中的110米跨栏，每个运动员都可以自由地跑，但不能吃兴奋剂。有个“脑筋急拐弯”说，青蛙和兔子比赛游泳，结果是兔子赢了，为什么？因为比赛规则是“禁止蛙泳”；兔子可以自由泳、仰泳、蝶泳、狗爬式等，而青蛙只会一种方式。⑤竞争的表现形式是由市场供求状况决定的，有买方之间的竞争、卖方之间的竞争、买卖双方之间的竞争。买方之间竞争的结果是价格越抬越高，如古董拍卖会；卖方之间竞争的结果是价格越压越低，如低价竞销；买卖双方之间的竞争就是讨价还价。“谁稀缺，谁在竞争中就居于支配地位，就是谁的市场。”买方稀缺，买方在竞争中就居于支配地位，就是买方市场；卖方稀缺，卖方在竞争中就居于支配地位，就是卖方市场，如春节时期的火车票。在婚姻市场中，如果女性稀缺，男方就要向女方“送彩礼”；如果男性稀缺，女方就要向男方“送嫁妆”。⑥竞争的层次依次是价格竞争、质量竞争和品牌竞争。价格竞争是最原始、最残酷的竞争手段。有篇新闻报道说，“我们不能再打价格战了”，对不对？这不对，应该说“我们不能仅仅打价格战了”。肯德基与麦当劳通常建在一起，它们从不打“价格战”，而是品牌竞争。⑦竞争的战略有战略目标、战略部署、战略手段、战略步骤、战略决战等。在商业竞争领域，战略手段有低成本、差别化、专一化。我国在解放战争中，共产党与国民党竞争的战略决战有辽沈战役、淮海战役、平津战役。

**【思考题】** 什么叫特色竞争、合作竞争、恶性竞争？特色就是竞争力。合作竞争是指两家经营同类产品或技术、互相竞争的公司意识到，双方合作会有更多收益后，转竞争为合作的情况，双方销售额都会因此有所增加。恶性竞争，是公司运用远低于行业平均价格，甚至低于成本的价格提供产品或服务，或使用非商业、不正当手段来获取市场份额的竞争方式。容易出现恶性竞争的行业多是进入门槛低、生产企业众多、行业集中度不强，同时需求又巨大的行业。

**【思考题】** 如果某些政府管理部门中的人员到你所在的组织，凭借其手中的权力，故意刁难或以权谋私时，该如何对待？任何政府管理部门都有“上级主管部门”，我们可以向它的“上级主管部门”举报，也可以通过新闻媒体披露出去，让其受到舆论的谴责，还可以向其他的社会特殊利益代表组织求助。

**【思考题】** 有哪些社会特殊利益代表组织会对你所在组织的工作产生影响？新闻媒体、工会、消费者协会、大学生联合会、环保组织等。

**【思考题】** 学校商店经营好坏主要与什么环境因素有关？地理位置。这一点在一般环境因素和任务环境因素中都没有提及。酒店经营成功有三个重要因素：第一是地理位置，第二是地理位置，第三还是地理位置。

### 四、管理无能论和管理万能论

(1) 管理无能论。管理者对组织的业绩几乎没有什么影响，一个组织的成败完全取决于管理者无法控制的环境因素。前提假设：管理者影响结果的能力，受制于组织内外各种环境因素，如中国足球。中国足协前主席谢亚龙说：“你们把我撤下来，又怎么样？换一个人，照样不行的。”有意思的是，有一个火腿商标名称就叫“中国足球”。2003 年因为“非典型性肺炎”流行的影响，某公司的销售额没有完成，销售部经理说：“销售任务没完成，完全是因为没有预料到，外部环境的突变……总的一句话，奖金还是兑现的。”老总该怎么办？2003 年奖金照发，不过是从明年的奖金里借的，明年要还的。第二年，由于大家比较悲观，销售指标定得低，实际销售额大大超过了预定指标。老总很高兴，就从 2004 年奖金里扣掉了上一年发的。

（2）管理万能论。不论环境条件如何，管理者对组织的成败负有直接的责任；管理者要善于审时度势。前提假设：一个组织中管理者的素质决定了这一组织本身的素质。如一个组织经营不善时就换领导。

（3）管理者既不是无能的，也不是万能的。管理者的作用：在给定的条件下求解。“给定的条件”是指外界环境是变化的和内部资源是短缺的，“求解”是如何实现组织目标和达到预定绩效。

**【思考题】**管理者能对什么进行变革？结构变革，包括改变组织的复杂性、正规化、集权化程度，职务再设计及其他结构因素；技术变革，包括工作过程、所使用方法和设备的改变等；人员变革是指员工工作态度、期望、认知和行为的改变。

### 五、迅速成为一流企业或一流人才的捷径

标杆比较（Benchmarking），或者翻译为“基准化”，它是指寻求那些具有杰出绩效的竞争者或非竞争者的最佳实践。基本思想是管理当局通过分析各个领域的领先者的方法，然后模仿他们的做法来改进自己的质量。即使是小型的公司，也可以通过标杆比较技术获得巨大的利益。

第一步，寻找榜样。这是高起点。第二步，进入圈子。即近距离学习，可以做配套服务，甚至卖身投靠。第三步，模仿。从形似到神似，成为“类一流”企业。第四步，结合自身情况进行创新。95％的模仿加上 5％的创新。第五步，向其他行业领袖学习。这是远距离学习，同时作为行业中的龙头企业，要创建行业标准。第六步，自主创新。如果你想成为世界性的领袖企业，只能自主创新了。

一个好的社会应该是：一流的人搞企业，二流的人做学问，三流的人去当官。或者说：一流的人冲锋陷阵，二流的人摇旗呐喊，三流的人提鞋拎包。这个好比“田忌赛马”：我们一流的人去当官，都挤在指挥部，三流的人去冲锋陷阵，最后，敌人把你的指挥部给包抄了，因为人家是第一流的人来的。

**【思考题】**请描述你所在组织（如所在学校或学院）的任务环境因素和组织文化，并探讨它们是如何影响组织管理者的经营行为和组织业绩的？海南大学的任务环境因素：①资源供应商，如各省考试招生办、全国各高中。②竞争者，如其他高校，主要是争夺大学新生和就业岗位。③服务对象，如用人单位和社会各界，70％的旅游学院本科毕业生是去企业单位，

如旅行社、旅游饭店、旅游景区景点等。④上级主管部门，如海南大学是“部省合建”的，即教育部、海南省政府是其上级主管部门。⑤社会特殊利益代表组织，如工会代表教职工利益，消费者协会代表消费者利益，新闻媒体代表社会公众利益，大学生联合会代表大学生的利益。

海南大学的组织文化包括：①文化理念，如海南大学的校训“海纳百川，大道致远”。②规章制度，如大学生考试作弊处罚制度、课堂教学质量评估制度、科研奖励制度等。③标识口号，“海南大学”四个字是胡耀邦同志题写的。除了海南大学的校徽、图案、字体等外，海南大学是“双一流”建设高校，是具有热带、海洋、旅游、特区四大特色的综合性大学。

**【案例讨论题】**张某是某市城乡建设委员会主任，最近他陷入了一个难堪的境地。由于在长期的计划经济体制下，城市基础设施如水、环卫、公交、道路等都是垄断经营、福利性供应，因此该市的城建系统不可避免地存在着服务质量低下、设施落后等情况。而城市基础设施的建设管理，涉及千家万户的利益，随着人民群众对生活质量要求的日益提高，对城市基础设施和相应的服务也提出了更高的要求。在这种情况下，新闻舆论纷纷采用新闻热点、读者来函等方式，报道群众对不符合质量要求的城市基础设施和不良服务的批评意见。最近一段时间，报纸、电视、电台上经常报道的，尽是哪儿道路堵塞了，哪儿自来水压上不去了，哪儿环境卫生差、垃圾没人管，等等。由于新闻舆论传递信息快、辐射面广，有关的报道给城建系统带来了很大的压力。市委、市人大、市政府纷纷来电，要求城建系统解决这些问题。张某这段时间整天就是带领有关人员去对付这些热点、难点。但是，尽管精力花了不少，收效却不大，市民反映还是不满意。张某为此感到非常苦恼。

请问：从管理学的视角看，张某他们面临着什么问题？张某他们应该怎么办才能摆脱这一困境？

评析：(1) 张某他们面临着与该组织任务环境不相适应的问题。所谓任务环境是指对某一具体组织的组织目标的实现有直接影响的那些外部因素，如资源供应者、服务对象或顾客、竞争对手、政府管理部门及其政策法规、社会特殊利益代表组织。

(2) 张某他们应采取的措施有：一是资源供应者，即城市基础设施如水、环卫、公交、道路等应打破垄断经营，实行公开招投标制度。二是服务对象或顾客，即市民。张某应通过开通“12345 热线”、专线电话、走访调查等方式，了解市民的需求，并满足他们的需求。三是竞争对手。张某应向其他城市的城乡建设委员会同行学习和交流，引进他们的先进经验，同时，由计划经济向市场经济转变，城市基础设施建设应引入竞争机制。四是政府管理部门，即市委、市人大、市政府等。张某应向他们诉求，争取他们在资金、人才、机制等方面的支持。五是社会特殊利益代表组织，如新闻舆论。张某应召开记者招待会，向他们如实介绍情况，争取他们客观正面报道，创造良好的舆论环境。

**【案例讨论题】**有一个实力较强的应用科学研究所，所长是一位有较大贡献的专家，他是在“让科技人员走上领导岗位”的背景下，被委任为所长的，没有领导工作的经历。他上任后，在科研经费划分、职称评定、干部提升等问题上，实行“论资排辈”的政策；在成果及物质奖励等问题上则搞平均主义；科研项目及经费只等上级下拨。广大的中青年科技人员由于收入低且无事可做纷纷到外面从事第二职业，利用所里的设备和技术捞私利，所里人心涣散。

上级部门了解情况后，聘任了一位成绩显著的家用电器厂厂长当所长，该厂长是一位转业军人，是当地号称“能整治落后单位”的铁腕人物。新所长一上任，立即实施一系列新的规章制度，包括“坐班制”，并把中青年科技人员集中起来进行“军训”，以提高其纪律性；在提升干部、奖励等问题上，向“老实、听话、遵守规章制度”的人倾斜。这样一来，涣散的状况有所改变，但大家还是无事可做，在办公室看看报纸，谈谈天，要求调离的人员不断增加，员工与所长之间也经常出现矛盾。一年后，该所长便辞职而去，并留下了“知识分子太难管了”的感叹。

上级部门进行仔细的分析和研究后，又派一位市科委副主任前来担任所长。该所长上任后，首先进行周密的调查，然后在上级的支持下，进行了一系列有针对性的改革，把一批有才能、思想好、有开拓精神的人提升到管理工作岗位，权力下放到科室、课题组；奖励、评职称实行按贡献大小排序的原则；提倡“求实、创新”的工作作风；在完成指定科研任务的同时，大搞横向联合，制定优惠政策，面向市场。从此，研究所的面貌焕然一新，原来的一些不正常现象自然消失，科研成果、经济效益成倍增长，成了远近闻名的科研先进单位。

请问：同一个研究所，为什么不同的人来当所长会有大不相同的结果？

评析：(1) 在一般环境因素上，三个所长是一样的；在任务环境因素上，前两任所长是一样的，但第三任所长的服务对象不仅仅是上级，即完成上级下达的纵向科研项目，还包括同级，即完成市场上的横向科研项目。在组织内部经营条件上，三个所长都差不多，但在组织文化建设上，三个所长各不相同。

(2) 三任所长创建了三种不同的组织文化。第一任所长是用经验管理思想为指导，搞论资排辈、平均主义，与计划经济体制相适应的；第二任所长是用科学管理思想为指导，搞制度化、坐班制，把员工假设为X理论所讲的那种人；第三任所长是用系统权变管理思想为指导，搞“职以能授”、按劳分配，与市场经济体制相适应的。

**【作业六】**小组中谁有做书面计划的习惯？做的话，为什么做，理由是什么？不做的话，为什么不做，不做计划的理由是否成立？

提示：

(1) 这是小组作业，需要小组讨论。

(2) 这是关于下一讲“计划篇”的作业，不是调查你们怎么完成10次小组作业的。评析见第七章第一节和第二节。

# 第六章　目标及其确定

管理的计划职能包括第六章“目标及其确定”和第七章“计划及其制订”两章内容。计划的着眼点是有限资源的合理分配。计划是指导我们把稀缺的资源用于“解决最重要的问题”。有效的计划是一切成功的秘诀，而计划要解决的问题是“目标的确定”及“明确达到目标的必要步骤之过程”。计划工作、组织工作、领导工作、控制工作、创新工作都要围绕组织目标来开展，管理工作不能无“的”放矢。组织的总体目标一定要细化、分解，一直分解到谁、在什么时候、做到什么样的程度。

## 一、组织宗旨（Mission）与组织目标（Target）

1. 宗旨

宗旨是指社会赋予这个组织的基本职能，或该组织致力于承担的社会基本职责。组织宗旨（Mission）是一个组织最基本的目的，它通过目标的具体化成为行动的指南。例如，学校的宗旨是教书育人，“教育产业化”把课程看作产品，把学生当作顾客，这就偏离了学校的宗旨。军队的宗旨是保家卫国，当发生地震、洪水等灾害时，就应该军人先上。

**【思考题】**企业的宗旨是什么？赚钱吗？创造价值吗？看来大家的意见不一致，所以搞出来的企业也不一样。偷、抢、骗也是赚钱，所以我们的许多企业不像“企业”，出现了许多坑蒙拐骗、强买强卖、假冒伪劣的“企业”，这是玷污。事实上，企业的宗旨应该是源源不断地提供社会需要的物质产品和精神产品。部分“百年企业”的宗旨如下，它们都是“公益的心态，商业的手法”。

● 香港文化东方酒店：永不令客人失望，做到最好之外，更要超乎客人预期。

● 迪斯尼：用我们的想象力，带给千百万人快乐，并且歌颂、培育、传播“健全的美国价值观”。迪斯尼乐园能成为全球主题公园的典范，多年来吸引着大批的游客，正是因为它不断通过产品创新来跟上技术、时代、环境的变化，从白雪公主、米老鼠、唐老鸭到狮子王、花木兰，再到星际宝贝，迪斯尼的动画明星总是在变，娱乐项目也在不断变化，但“创造快乐”的宗旨始终没变。

● 索尼：体验以科技进步、应用与创新造福大众带来的真正快乐；提升日本文化与国家地位；做先驱，不追随别人，但是要做不可能的事情。

● 沃尔玛：我们存在的目的是提供顾客物有所值的东西，用比较低的价格和比较多的选择，改善他们的生活，其他一切都属次要。

● 摩托罗拉：公司存在的目的是“以公平的价格向顾客提供品质优异的产品和服务，光荣地服务于社会”。

● 强生：公司存在的目的是要“减轻病痛”。

● 默克：我们做的是保存和改善生命的事业。我们所有的行动都必须以达成这个目标的成就来衡量。

● 通用电气：以科技及创新改善生活品质。

● 海尔（不是百年企业）：中国的世界名牌；永创新高；敬业报国，追求卓越，迅速反应，马上行动。

**【思考题】**作为一个组织中新设部门的部门经理，要带领本部门员工为组织做出自己的贡献，首先必须做什么？为什么？明确本部门成立的目的，即本部门应承担的基本职责。因为这样可以增强员工的使命感，保证方向的正确性。

2. 组织目标

组织目标是指一个组织在未来一段时间内要达到的目的。组织目标反映了组织在特定的时期内，在综合考虑内外部环境条件的基础上，希望某一时间段内在履行其使命上能够达到的程度或取得的成效。

要凝聚人，首先要“扯大旗”，把旗帜先树立起来。树什么样的旗，吸引什么样的人。我们大学生想办一个羽毛球协会，首先在布告上写着“成立本羽毛球协会的目的，在于交流……”那些想要交流的人，就要来了。后来为什么有些人退出了？因为你做的，与你所说的不一致，你只是为了捞个官当当。《水浒传》大家都看过吧？梁山泊里的人原来都是土匪，后来宋江去了，插了一面大旗“替天行道”。替天行道是什么人？是好汉。所以 108 条好汉就来了。

**【思考题】**你所在组织的宗旨和年度目标是什么？宗旨和目标间有何关系？海南大学的宗旨是：建设社会主义特区大学，培养德、智、体全面发展的合格人才。简言之，就是培养人才。海南大学的年度目标包括年度招生数量、年度毕业生的就业率、国家基金项目立项总数等。宗旨是地平线上的启明星，目标是我们要攀登的一座又一座高峰。目标也是一种手段，最终是为了达到目的。

## 二、组织目标的特点

1. 差异性

不同类型的组织，其组织目标不同；同一类型的组织，尽管其组织宗旨基本相同，目标的具体数值有很大的差异性。

2. 多元性

在同一个组织中，也会有不同性质的多个目标。每一个组织都面对着众多的公众，而每一类公众都会对组织提出不同的要求。“大家好，才是真的好”。

企业所面对的公众和企业目标的多元性：

● 股东或投资者，关注点是“红利或回报”。所以只要你股息低，他就抛了你。企业为了适应公众要求所确立的目标：利润、投资回报率。

● 员工，关注点是“待遇、发展空间”。企业为了适应公众要求所确立的目标：报酬、发展前景。

● 消费者，关注点是“产品、服务”。企业为了适应公众要求所确立的目标：销售量、新产品开发等。

● 政府，关注点是“税收、守法”。企业为了适应公众要求所确立的目标：纳税额、文明建设。

● 社区，关注点是“对社区的贡献”。企业为了适应公众要求所确立的目标：企业形象、捐赠。

● 新闻机构，关注点是“新闻”。企业为了适应公众要求所确立的目标：公正客观地提供信息、企业形象。

德鲁克提出的经营成功的企业所包括的目标如下。①市场方面：应表明本公司希望达到的市场占有率或在竞争中应占据的地位。②技术改进与发展方面：对改进和发展新产品，提供新型服务内容的认识及其具体措施。③提高生产力方面：有效地提高原材料的利用，最大限度地提高产品的数量和质量。④物质和金融资源方面：获得物资和金融资源的渠道及其有效的利用。⑤利润方面：用一个或几个经济指标表明希望达到的利润率。⑥人力资源方面：人力资源的获得、培训和发展，管理人员的培养及其个人才能的发挥。⑦职工积极性发挥方面：发挥职工在工作中的积极作用，激励和报酬等措施。⑧社会责任方面：注意本公司对社会产生的影响，说明对社会应尽的责任。

对于大多数企业而言：①生存目标，是一个组织为了在社会中得以存在，所必须实现的基本目标，包括贡献目标、收益目标、市场目标。②发展目标，是组织在一定时期内量的扩大（如产品、资金、人员在数量上的增长）和质的提高（如人员素质的提高）。

**【思考题】**你所在组织所提出的年度目标中，哪些属于生存目标？如学校的年度招生数量、年度毕业生就业率。

**【思考题】**衡量组织绩效有三种基本方式：①组织目标法，是根据完成的结果来决定效果。②系统方法，要对手段和结果都做出评价，是从更长期的角度进行控制。③战略伙伴法，要求组织满足一定环境下战略伙伴的要求，组织为了持续生存下去需要获得他们的支持，管理层必须识别出战略伙伴，确定他们的效果标准，并且保证组织满足他们的这些标准。

3. 层次性

按重要性分：总目标、战略目标和行动目标。总目标和战略目标是公开的，它也是该组织希望达到的社会目标，而行动目标则是保密的，它是组织的真正目标，也许只有少数高层管理人员和相关人员知道。

按组织等级分：总体目标、部门目标和岗位目标。通过分等分层，抽象的组织目标将成为具体的目标，从而指导组织中每一个成员的行为，即“长远目标近期化，抽象目标具体化”。组织目标的分解细化如图 6 - 1 所示。组织目标一直分解到谁（人选）、在什么时候（时间）、做到什么样的程度（行为）。

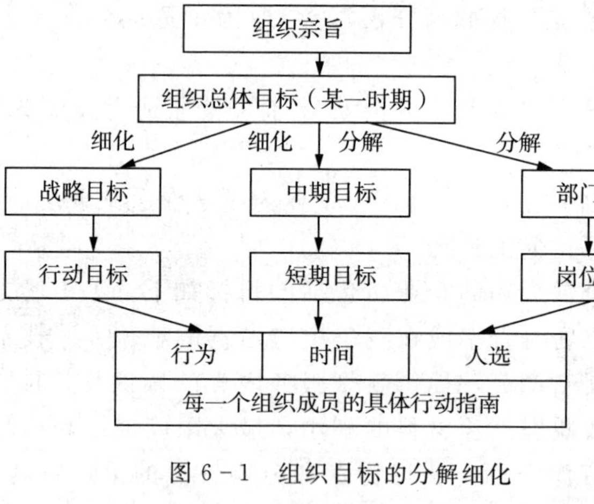


图 6 - 1　组织目标的分解细化

**【案例讨论题】**三组人分别沿公路向 30 千米外的某地行走，甲组不知去向，不知里程，只跟向导走；乙组知道要走 30 千米，但途中没有里程碑；丙组不但知道要走 30 千米到某地，而且可根据里程碑了解进度。结果，有一组很快有人叫苦抱怨；有一组时而兴奋、时而沮丧，身心疲惫；有一组始终精神饱满，越走越有劲。

(1) 请你辨析各组的表现，为什么会有这样不同的结果？

(2) 这个案例对你有何启示？

评析：(1) 甲组人没有总目标，更没有分目标，所以很快就叫苦抱怨。乙组人有总目标，但没有分目标，所以时而兴奋、时而沮丧，身心疲惫。丙组人有总目标，也有分目标，所以始终精神饱满，越走越有劲。

(2) 启示：应确立总目标，并把总目标分解成各部门、各层次、各阶段的具体分目标。

**【思考题】**组织的总体目标如果没有细化分解，在实际工作中会出现什么状况？总目标得不到落实。员工们时而兴奋，时而沮丧，这样就形成了“计划计划，墙上挂挂，纸上画画”“计划计划，全是鬼话”的局面。

4. 时间性

按时间跨度的不同，可分为长远目标、中期目标和近期目标。

**【思考题】**组织目标分解细化以后，是否就能成为组织成员的实际行动？不是。组织目标分解细化只是计划工作，还要有组织工作；没有组织工作，目标就会停留于“对未来的畅想”。组织目标通过计划工作和组织工作加以落实，转化为组织成员的具体行动，其过程如图 6-2 所示。通过总体目标，制订年度计划和月度计划；围绕总体目标设计组织结构，落实到部门职能和岗位职责。年度计划与部门职能相结合，就产生了部门年度计划；月度计划、部门年度计划与部门职能相结合，就产生了部门月度计划。部门月度计划与岗位职责相结合，就产生了岗位月度工作计划。根据部门月度计划，开展各部门工作；根据岗位月度工作计划，开展各岗位工作。各部门工作完成了，就达到了组织目标。组织的总体目标一直分解到：谁，在什么时候，做到什么样的程度。

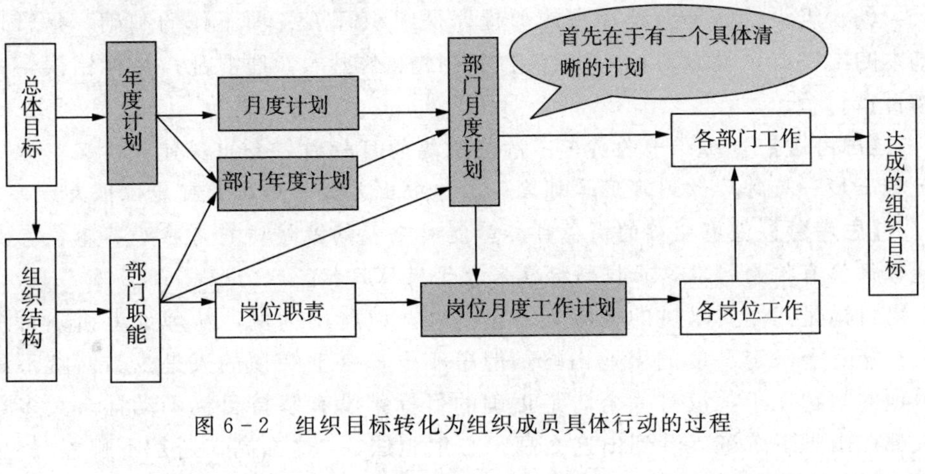


图 6-2 组织目标转化为组织成员具体行动的过程

**【思考题】**组织目标（贡献、效率、市场、福利等）和个人目标（职位升迁、增加工资、改善环境、实现抱负、为社会承认等）之间是否总能保持一致？不是。要将组织目标与个人目标紧密关联。

**【思考题】**“快乐的人生”是目标吗？“教书育人”是目标吗？不是目标，是宗旨。目标是一种行动承诺，宗旨是一种追求。

### 三、组织目标的作用

一位哲学家路过一个采石场，发现每个人的表情都不一样：有的人垂头丧气，有的人心平气和，有的人兴高采烈。哲学家感到很奇怪，就问垂头丧气的那个人：“先生，你在这儿干什么?”那人很不耐烦地说：“我在把这块该死的石头劈成石块。”哲学家又问心平气和的那个人：“先生，你在这儿干什么?”那人平静地说：“我在打工挣钱，赚了钱好养家糊口。”哲学家又好奇地问兴高采烈的那个人：“先生，你在这儿干什么?”那个人自豪地回答：“我们在建造一个大的教堂，我是其中的一员。”一年后，哲学家又路过这个采石场，发现垂头丧气的那个人已经被开除了，心平气和的那个人还在那儿采石，但兴高采烈的那个人当了采石场的场长。组织目标的作用：

(1) 组织目标是管理者和组织中一切成员的行动指南。罗斯金说：“生活没有目标，犹如航海没有罗盘。”眼前应该怎么做，取决于将来要到哪里去。有人说，“我到哪里去，也无所谓的。”答案是：你现在干什么，也是无所谓的。

(2) 目标规定了每个人在特定时期内要完成的具体任务，从而使整个组织的工作能在特定的时刻充分地融合成一体。保证目标与员工的职责相联系。目标还可以增强对内的凝聚力和对外的吸引力。

(3) 组织目标是组织存在的前提，是组织开展各项工作的基础，是管理基本的出发点。没有目标，没有组织；目标不明，管理混乱；目标错误，一错百错。

**【思考题】**当组织中的员工不清楚组织的目标时，会出现什么情况？做一天和尚撞一天钟；做到哪里算哪里；工作中出差错、返工的可能性很大。

**【思考题】**没有明确的岗位目标，能对个人的业绩进行考核吗？不能。业绩考核要有控制标准，而控制标准来源于岗位目标。

目标是我们要攀过的一座又一座高峰。以爬山为例，从理论上讲，每个人都能登上一定高度的事业山峰。但事实上，登上峰顶的人是少数。爬不到山顶的问题在于：没有一个清楚正确的目标；没有坚持目标不动摇。大多数人都在山脚下游逛，看到山这么高，心生胆怯，“这么高，还是不爬了”。少数人爬到半山腰，遇到荆棘丛或悬崖峭壁，没有想办法克服困难，而是半途而废，安于现状，“半山腰上风景也不错呀!”他就停留在那里。只有极少数人不畏艰险，排除万难，勇往直前。但是，越是接近顶峰，各种诱惑就越多，有的人就被妖魔鬼怪所惑，一失足成千古恨；有的人自信盲目膨胀，变成狂妄自大。我们不要功亏一篑，保持清醒的头脑，忍受各种磨难，登上顶峰；到了顶峰后不要留恋，安全下山，再攀高峰；给后来者留下一个美丽的背影，留下宝贵的财富。

成功条件：有一个清楚正确的目标——有所为，有所不为；坚定不移地围绕着目标开展工作——排除万难，抵制诱惑。目标必须是：清楚明确的、符合目的、随组织发展不断提出新的目标。目标的激励作用：宏伟的理想能激发人奋发向上。没有目标，没有激情；没有美梦，争权夺利；目标不清，随风摇摆。给人以美梦，是最重要的激励手段，所以领导者要塑造“共同的美梦、共同的危机”，追随者要“居安思危、居危思进”。

目标作用小结：①目标就是方向，引导我们集中精力。②目标就是里程碑，使我们知道自己所处的位置，以及还有多远的路程。③目标就是推进剂，可以集腋成裘，逐步推进。小步子前进，分阶段设立目标。在鼓励人前进时，不仅要设立一个鼓舞人心而切实可行的总目标，而且要将总目标分成许多小目标、小步子。完成每个小目标都及时给予强化，不仅易于目标的实现，而且通过不断地激励可以增强信心。④目标分清责任，明确对每一个员工的期望。⑤目标催人奋进，使人们从日常工作的无聊中解脱出来。

### 四、组织目标制定的基本原则

1. 基本原则

以满足社会或市场需求为前提，并要考虑到组织的社会责任，即“目标的社会价值”。长寿企业之所以“长寿”，就是因为它的宗旨具有社会价值，而且永恒不变。我国企业的平均寿命只有2.5年，就是因为它们以营利、赚钱为目标，忽视了目标的社会价值。以提高组织的投入一产出率为出发点，即“效率最优化”。所制定的目标值应具有先进合理性，即“效益最大化”。

**【思考题】**在21世纪，“跳一跳”能实现的目标是否具有先进性，为什么？凭现状和能力确定一个目标，再“跳一跳，摘桃子”，经过努力就能实现的目标，是否具有先进性呢？不具有先进性，因为组织是一个社会存在体，这样做，只是基于自身的力量，没有充分利用社会资源，没有创新和借力。所以，有人提出了“愿景管理”，即根据愿景和竞争需要，制定胆大超常的目标，加上谨慎的步伐，通过创新和整合社会资源来制定目标，如图6-3所示。

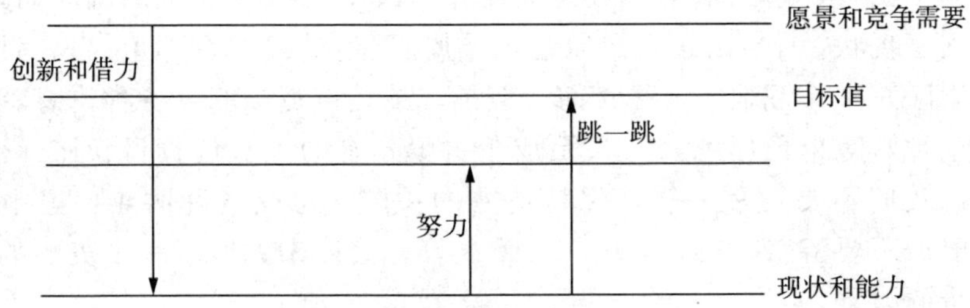


图 6－3　根据愿景和竞争需要来制定目标

2004 年，海南大学原校长谭世贵提出：办万人学府，创一流学科，向 211 目标迈进。“办万人学府”，就是五年内在校学生人数达到 1.7 万人，当时只有 8000 人；“创一流学科”，就是若干个学科比如法学，在国内成为一流学科；“向 211 目标迈进”，就是五年内成为“211 工程”大学。因为教育部规定每个省至少有一所“211 工程”大学（21 世纪中国重点建设 100 所大学），但海南省没有“211 工程”大学。申报“211 工程”大学有一个必要条件，即这个高校要有博士点，而海南大学没有博士点。一个学校要想成为“博士点授权单位”不是那么容易的：办大学，首先只能办大专，大专生招进来了，培养三年并毕业了，有了三届大专毕业生，假定其他各方面条件具备了，才有资格申报本科专业；本科生招进来了，培养四年并毕业了，有了三届本科毕业生，假定其他各方面条件具备了，才有资格申报硕士研究生授权点；硕士研究生招进来了，培养三年并毕业了，有了三届硕士毕业生，假定其他各方面条件具备了，才有资格申报博士研究生授权点。海南大学是 1988 年海南建省时创立的，办学时间短，想成为“211 工程”大学，最大的难点就是没有博士点，而且基于现状和能力，在五年内拥有博士点几乎是不可能的。

有一次学校开会，一位老教授提出，“我们没有博士点，可以找一个有博士点的高校合并呀!”这句话真是“一言惊醒梦中人”，大家觉得眼睛一亮。但是，整个海口市，所有高校都没有博士点，整个海南省也只有位于儋州市的“华南热带农业大学”有博士点。于是，海南大学领导向省政府写了一个报告，要求与华南热带农业大学合并，成立新海南大学。海南省政府领导立即响应，全力支持，愿意拿出 10 亿元人民币，创造各种条件促成这件事。消息传到教育部，他们也觉得很惊诧，因为“高校合并”的浪潮早就过去了。消息传到华南热带农业大学后，他们领导和教师都很难接受，“一个实力弱的大学，想兼并我们一个实力强的大学，情何以堪啊！海南省政府想办‘211 工程’大学是可以理解的，但不能叫‘海南大学’，这在感情上没法接受，要么合并后的大学叫‘天涯大学’。”但海南省政府领导说：“每个省几乎都有以省名命名的大学，要叫，只能叫‘海南大学’。”海南省政府一锤定音，于是2008年新海南大学成立，并顺利地加入“211工程”大学序列。到2011年，海南大学拥有在校生3万人，拥有5个博士学位授权一级学科、24个硕士学位授权一级学科。基于愿景和竞争需要，通过创新和充分利用社会资源，海南大学实现了它的目标。

王老吉、海尔集团等众多企业也是通过“胆大包天的目标＋谨慎的步伐”，运用股份制、收购、兼并、重组、特许经营、吃“休克鱼”等手段，实现跨越式发展。他们认识到：越是行业不景气的时候，越是打翻身仗的时候。原来用3000万元只能买一条新生产线，但用同样多的钱可以买10条旧生产线。

2. 组织目标制定的要求——SMART

暨南大学2005年旅游管理专业博士研究生入学考试就考了这道题，smart原意是“伶俐的、精明的、灵巧的”。①具体的（Specific）：明确、不含糊。简单的目标是好目标；目标不应多于一句话，数量不能多。②可衡量的（Measurable）：定量化。③能达到的（Attainable）：太高、太低都会失去意义。④相关的（Relevant）：围绕企业宗旨和远景展开。只要有可能，用信念来引导员工的行为；把信念作为目标传达。⑤限定时间（Time-bound）：必须有起止时间和区间。目标必须是清楚明确的，符合目的，随组织的发展不断提出新的目标。假如我们国家实现了两个一百年的“中国梦”，也一定会再提出新的目标。共产主义理想是我们的宗旨，相当于地平线上的启明星，指引着我们的方向。目标是我们要攀登的一座又一座高峰。毛泽东时代提出“工业、农业、科技、国防四个现代化”的目标，邓小平时代提出“1980年解决温饱问题，2000年达到小康水平”，江泽民、胡锦涛时代提出“全面建设小康社会”，习近平时代提出“2020年全面建成小康社会，20世纪中叶达到中等发达国家水平”。如果“两个一百年”的目标实现后，共产党一定又会提出新的目标。

## 五、组织目标的制定过程

1. 环境和追求分析

愿景和追求分析；外部环境分析（机会Opportunity、威胁Treatment）；内部实力分析（优势Strength、劣势Weakness）。

**【思考题】**通过对组织内外部环境的分析，要得到什么结果？通过“SWOT分析”、愿景和追求分析，明确总体目标方案的可行区域，即“想可能”：想做什么、可以做什么、能够做什么。如图6-4所示，三个圆圈的重叠之处才是可行区域。

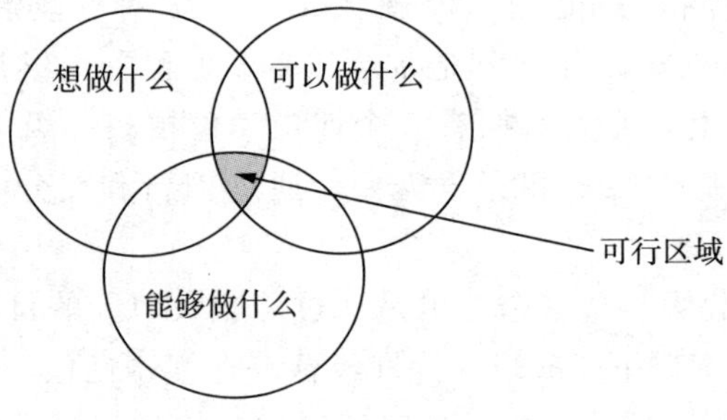


图 6-4 总体目标方案的可行区域

2. 拟订总体目标方案

包括服务对象、明确服务方向、贡献率，即“为谁做、做什么、做到何种程度”。

**【思考题】**在外部环境允许且组织实力具备的情况下，组织成员愿意做和不愿意做，对组织目标实现程度有何影响？组织成员愿意做，所费的资源、成本就低，效率就高；组织成员不愿意做，所费的资源、成本就高，效率就低。

**【思考题】**第一、二步能否颠倒？为什么？可以颠倒。先做环境和追求分析，再拟订总体目标方案，是基于能力和现状确定目标，在稳定不变的环境中较实用；先拟订总体目标方案，再做环境和追求分析，是基于愿景和竞争需要确定目标，在复杂多变的环境中较实用。企业家与官僚型管理者是如何看待战略的？企业家寻找能够开发的机会；官僚型管理者看手头有多少资源。

3. 评估各总体目标方案并选择决策方案

包括限制因素分析、综合效益分析、潜在问题分析。

**【思考题】**经评估后选择的最终方案与前面的可行方案有何区别？可行方案也能达到目的，但效率可能比较低，效益比较小；最终方案是经过方案分析比较后，选择出来的，是效率最优、效益最大的方案。

4. 目标的具体化

制定战略目标和行动目标；分解成部门目标和岗位目标。

**【思考题】**经过第四步后，得到的是什么结果？即：谁，在什么时候，做到什么样的程度。总体目标可以落实下去。

5. 目标的优化

一是横向协调，即组织中处于同一层次的不同目标之间相互协调。不能互相矛盾，相互抵触，而是起到“1+1＞2”的效果，如海南大学旅游学院与经济管理学院合作申报博士点。二是纵向协调，即组织中不同层次的目标之间要相互支持。部门目标的实现，可以保证总体目标的实现；岗位目标的实现，可以保证部门目标的实现。三是进行综合平衡，明确各目标的优先顺序和重要程度，以突出重点。这取决于决策者价值判断的准则。

组织目标制定过程的要点，总结如下：

- 目标定位的依据——想要做什么；可以做什么；能够做什么。
- 目标选择的依据——目标的社会价值；效益最大化；效率最优化。
- 目标选择的影响因素——决策者的个性特征、价值观念、过去经验。
- 目标方案的确定——为谁做；做什么；做到何种程度。

## 六、目标管理

### 1. 目标管理（management by objectives，MBO）的基本思想

它是一种综合的以工作为中心和以人为中心的管理方法，它首先由一个组织中的上级管理人员与下级管理人员、员工一起制定组织目标，并由此形成组织内每一个成员的责任和分目标，明确规定每个成员的职责范围，最后又用这些目标来进行管理、评价和决定对每一个部门和成员的奖惩。目标管理的基本思想可概括为三个方面：以目标为中心；强调系统管理；重视人的因素。

目标管理的共同要素是：明确目标；参与决策；规定期限；反馈绩效。具体地说，目标管理有四个特点：组织目标是共同商定的，而不是上级下指标，下级提保证；根据组织的总目标来决定每个部门和个人担负什么任务、责任及应达到的分目标；以这些总目标和分目标作为组织部门和个人活动的依据，一切活动都是围绕着这些目标而展开，将履行职责与实现目标紧密地结合起来；对个人和部门的考核以目标实现情况为依据。

目标管理的程序可概括为：目标的制定和展开；目标的实施；总结和评价所取得的成果。典型的 MBO 程序包括 8 个步骤：制定组织的整体目标和战略；在经营单位和部门之间分配主要的目标；各单位的管理者和他们的上级一起设定本部门的具体目标；部门的所有成员参与设定自己的具体目标；管理者与下级共同商定如何实现目标的行动计划；实施行动计划；定期检查实现目标的进展情况，并向有关单位和个人反馈；基于绩效的奖励将促进目标的成功实现。

### 2. 目标管理的优点和常见问题

（1）可使各项工作都有明确的目标和方向，从而避免工作的盲目性、随意性，避免形式主义和做无用功，并可使管理者摆脱被动局面。

（2）通过目标的系统分解，可提高组织整体工作的一致性，有助于增强各级人员的进取心、责任感，充分发挥每一个组织成员的潜力和积极性。

（3）有助于实现有效控制。提供了控制标准和控制手段，使控制工作落到实处。

（4）强调参与，有助于增强全体组织成员的团结合作精神和内部凝聚力。推行过程中常见的问题：对目标管理的本质缺乏认识；在目标制定过程中草率从事；管理人员难以转换角色，插手下属的具体工作；不按协议兑现奖惩。

**【案例讨论题】**王某曾经在一家有名的外商独资企业中担任过销售部经理，成绩卓著。几年前，他离开了这家公司，自己开了个建材贸易公司，由于有以前的底子，所以生意一直很不错。年初，他准备进一步扩大业务，在若干个县级市中设立经销处，同时，扩大经营范围，增加花色品种。

面对众多要处理的事情，王某决定将部分权力授予下属的各部门经理。他逐一与经理们谈话，一一落实要达到的目标。其中，王某给采购部经理定下的目标是：保证每一个经销处销售所需货物的及时供应；所采购到的货物的产品合格率需保持在98%以上；采购成本保持在采购额的5%以内。采购部经理当即提出异议，认为有的指标不合理。王某回答说："可能吧，你尽力而为就是了"。

到年终考核时发现，采购部达到了王某给他们规定的前两个目标，但采购成本大大超出，约占当年采购额的8%。王某问采购部经理怎么会这样时，采购部经理解释说："有的事情也只能如此，就目前而言，我认为，保证及时供应和货物质量，比我们在采购时花掉多少钱更重要"。

请问：怎样才能使部门经理们更明确地理解王某提出的目标，并且承担起相应的责任？

评析：①王某在目标制定过程中草率从事，他不是上级、下级一起商定目标，而是上面提要求、下面提保证。②各部门经理和王某一起设定本部门的具体目标；部门的所有成员参与设定自己的具体目标；部门经理与下级共同商定如何实现目标的行动计划。③王某应该与部门经理们分别签订书面协议，协议中明确应达到的目标和奖惩办法。④王某应该定期（如每月、每周）检查实现目标的进展情况，并及时采取纠偏措施，而不是到年终考核时，才发现有问题。⑤王某应根据各部门经理的绩效，按照协议，采取奖励或惩罚措施。

**【作业七】**做上一周的总结和下一周的计划。

提示：

（1）这是个人作业，但要以小组名义提交。

（2）心里想想的计划和书面计划有什么区别？不要写你每天的安排，写三方面内容——计划的执行情况；你发生的变化和计划的作用；制订和执行中有什么问题和经验教训。评析见第七章第一节和第二节。

# 第七章　计划及其制订

现实中，目标、战略、政策、规章、预算、规划等，都是计划的具体表现形式。学生的每周课程表、导游接团任务书、大学教师的国家自然科学基金项目申请书……都是计划。计划可使你更好地面对明天，让你为将来做好准备。机会都是给有准备者的。当机会来临时，“习惯做计划的人”比别人更敏感、更敏锐，而且“养成做计划的习惯”是克服迟钝的一剂良方。计划的审定包括形式审查和内容审查。

## 一、为什么不做计划

为什么不做计划？理由是否成立？

(1) 变化太快，干扰多；计划不如变化快。评析：理由不成立，正因为有变化，所以才需要做计划。如果每天没有变化，都是一样的，只要按惯例做就行了。当有事情干扰时，我们要将新出现的事情与计划任务做比较，看哪一个更重要。比如，你准备去图书馆写作业，你爸妈到海口来了，给你打电话。如果你认为写作业重要，你就要告诉他们：“你们先找个公园或商场逛逛，等我把作业写完了，再来见你们。”如果你认为见爸妈重要，就可以把计划任务往后推一推。

(2) 计划完成不了，受挫折。评析：理由不成立。计划完成不了，是正常现象。而且，没完成，才知道有问题，比如计划僵化，不是指导性计划，或者没有预留机动时间。我们看计划的有效性，不是看计划的完成程度；计划是指导我们把稀缺的资源用于解决最重要的问题。

(3) 有计划太约束，不自由。评析：理由不成立。我们大学生既是一个学习人，也是一个社会人。我们要做综合性计划，包括工作、事业、生活、家庭、交友、娱乐、学习、体育锻炼等方面。有计划不自由，是因为计划过于片面。我们要建立“兼容并蓄”的思维方式，把事业、家庭、学习、交友等统统摆平，统统纳入计划之中，使我们获得更大的自由。而且，计划可以增强条理性，使我们更清楚地认识自我，更清楚地了解自己的资源拥有状况。

(4) 做计划太花时间，浪费。评析：理由不成立。磨刀不误砍柴工，不做计划才不知如何利用时间。事实上，我们做任何事情，都要事先想一想，都要花时间的，做计划只是把这些零散的时间集中在一起而已。而且，计划是一个工具，学会使用一个新工具，都要花时间。就像你要开小汽车，首先要考驾照一样。工具都这样，刚开始时，你还不如没有这个工具，学会了以后，你发现离不开这个工具。

（5）要求不高，或无目标。评析：这个理由是成立的。计划的着眼点是有限资源的合理使用。你要求不高，时间、金钱这些资源充裕，可以不做计划。“有钱就是任性”，“有闲就是任性”。

（6）缺乏自主性，“被计划”。评析：理由不成立。事实上，越是被计划，越要做总结和计划。为什么？比如，你的老板交给你 8 件事情。你做一个计划，发个电子邮件告诉他：这件事情我打算明天开始做；这两件事情我打算下周做；另外三件事情我打算下个月做；其他两件事情我打算两个月之后再做。老板看了你的计划后说：“那三件事情，你不要做了，我交给某某某做；你打算明天做的这件事，可以挪到下周做；你准备下周做的那两件事，你明天就着手做……”这样，你不就“减负”了吗？时间资源不就得到合理配置了吗？有人说：“老板有事情，总是找我做，可是得到提拔的却是张某。”为什么？因为，张某做的事情老板都记得，你做的事情老板给忘了。凡是不被老板感知的事情，都是白做的！怎么样做事情，才能让老板感知到呢？做总结和计划。“做总结”是正常汇报工作，“做计划”是消除老板的后顾之忧。老板晚上睡不着觉，就两件事：第一，上次跟他说的那件事情，这小子做得怎么样了？第二，给他的这个权利，不知道他有没有滥用啊？你做一个“上周的工作总结和下周的工作计划”，告诉他：“我做事还是有章法的。你交给我的事情，我都认真去做了，事情做到什么程度，存在着哪些问题，下一步打算做什么。”如果老板发现有问题，就会打电话给你的。你会发现，某一天开会时，老板表扬你：“我们公司某某某，把什么事情做了，把什么事情也做了……与此相反，有些人每天不知道干些什么，据说上班的时候玩游戏。”别人就在想：这个家伙，也没有看见他跑领导的办公室，怎么他做的事情，老板都知道啊？他不知道你有秘诀的！因为老板先入为主了，上班的时候即使你玩点游戏，老板也不会知道的，即使老板知道了，也不会责怪你的。

（7）习惯，个人惰性。评析：理由不成立。书面计划更有约束力、更有严谨性；做计划可约束自己，克服惰性。万事开头难！开始时“做计划”是一个外化物，把它变成习惯是需要时间的。通常，我们养成一个新的习惯，需要 7 周时间。第三周刚好是困扰期，克服过去，一个新的习惯就养成了。有了一个好习惯，会终身有益的。

(8) 缺乏知识和能力。评析：理由不成立。计划有没有用，以及怎么做，只有做了才知道。而且，计划是个性化的，每个人都可以有自己的计划期限、计划形式和计划内容。如果你嫌“每周做计划”太麻烦的话，你可以做每月、每半年，甚至每年的计划；有的计划内容只是提几个目标、要求。

不做计划的大学生一天是怎么过的？我给大家描述一下：昨天晚上想着“要做目标和计划”，因为太兴奋，很晚才睡着，早上9点起床，匆匆忙忙刷牙洗脸吃早餐，到九点半了，突然想起“昨天晚上说要做什么事”，但又想不起来，随手把电脑打开了。电脑打开了，就要操作嘛。玩了电脑一个小时，才想起要写作业。打开作业本，才做了一半，肚子饿了，冲到食堂去吃午饭。午饭后两个眼皮打架，“先睡午觉，可以提高学习效率。”于是上床睡觉了，三点钟才醒过来，刚打开作业本，隔壁寝室的同学说：“打牌三缺一，你来吧？”你说：“我还要写作业呢？”他们说：“你就先顶一下，别人回来了，你就撤。”你只好去打牌，一打就上瘾了，到晚上11点才结束。晚上睡觉的时候，满脑子的懊悔。因为实在是睡得太晚了，第二天闹钟响了，也没听见，到上午9点才起床。这就是很多大学生度过的一天24小时。

## 二、为什么要做计划

(1) 计划是一种生存策略，它可以让你获得更多的成功机会。我们谁也不知道将来会怎样，但明天肯定会与今天不同。计划并不能保证你成功，但能让你为将来做好准备。中国有句名言：“机会总是给有准备者的。”而计划可以让你为将来做好准备，当机会来临的时候，你比“没准备者”更敏感、更敏锐。所以，计划可以使你更好地面对明天。有的人比较迟钝，而做总结和计划，是克服迟钝的一剂良方。

(2) 计划是一种与上级进行有效沟通的手段。上级重用你的一个表现，就是把一件又一件的事情交给你做。当上级问你：“三天前，交给你做的事情，做得怎么样了？”你说：“这个事情……还没做。”上级又问你：“上个星期，交给你做的事情呢？完成了吗？”你说：“那个事情……做了一半，还没完成。”上级就想：“唉，这个人不行了。”事实上，不是你不行，而是被压垮了。你只挑得起50斤的担子，给你200斤，你挑不动的。要挑，也要挑好几趟呢。通过做计划，不仅可以让上级给你“减负”，而且还可以使你的时间资源配置得更合理。如何让上级感知到你做的事情？你也不能向别人吹嘘：“我把什么事情做了，我把什么事情也做了。”这样，别人听了很不爽的。你也不能整天跑领导的办公室，这样虽然领导感知到了，但群众不满意了，“这个马屁精！”最后，领导也烦了，“这个人整天没事干，老是跑我的办公室捣乱”。

当然，通过计划与上级沟通，有一个磨合的过程。我带的第一个研究生张某，毕业后就写“上个月的工作总结和下个月的工作计划”，交给上级。因为文笔好，恨不得把所有的事情都写进去，上级说：“写这么多，让我哪有时间看呀！”她又写了一个简单的，上级说：“写这么一点，让我看什么呀！”这下子张某苦恼了，打电话给我：“老师，你那一招不灵了。”我说：“上级没有说这个东西你不该写，说明这个东西他还是要的。这是你的写法问题，你可以像写论文一样，写一个‘摘要加正文’。”后来，张某就写一个简要的，再写一个详细的，上级没有再说什么。后来，张某提升也是很快的。

（3）有效的计划是一切成功的秘诀。凡事预则立，不预则废。古人这样说，有很多成功人士也这样认为，一定有它的道理。第一，梳理：通过清楚地确定目标和如何实现这些目标，可为行动提供一幅路线图或行动图，从而减少不确定性和模糊性，并对有限资源做出合理的分配。第二，压力：通过清楚地说明任务与目标之间的关系，可制定指导日常决策的原则，并培养计划执行者的主人翁精神和责任心。第三，效率：由于目标、任务、责任明确，可使各项工作得以较快和较顺利的实施，并提高经营效率。第四，效益：借助计划，可克服由于资源短缺和未来情况的不确定性所带来的困难，使一些本来无法或难以有效实现的目标得以实现。

（4）善于工作就是善于计划和实行。善于工作，不仅能有效地掌握要领，灵活地解决问题，并感到工作的乐趣，而且能够在工作中体会到人生的价值。计划的功能和作用：明确方向，从而集中资源；明确目标，成为行动指南；明确路径，从而减少不确定性；明确方法，从而提高效率；明确责任，从而提高积极性；明确衡量方法，从而体会成就和人生价值。你们想不想要“成就感”呀？想吧，成就感就是实现了既定的目标，达到了预定的绩效，从而产生的一种痛快感。不做计划，哪有成就感呀！做了计划，你会发现，你的人生，不是痛苦，就是快乐。计划完成不了，就是痛苦；完成了，就是快乐。“本来以为，我不可能做到的。”现在你完成了，开发了你的潜力。各尽所能，各得其所。

## 三、计划工作及其内容

1. 计划有两种不同的含义

计划作为动词（planning），指管理者确定必要的行动方针，以期在未来的发展中能够实现目标的过程，也就是计划制订工作。计划工作包括调查研究、预测未来、设置目标、制订计划、贯彻落实、监督检查和修正等内容。计划作为名词（plan），指对未来活动所做的事前预测、安排和应变处理。计划主要是针对“时间”和“金钱”两项资源的安排。

**【思考题】**“计划”和“计划工作”是两个不同的概念吗？是的。我们通常说的“计划”是名词；而“计划工作”是动词，指计划职能。

**【思考题】**按照计划的定义，日常工作中哪些东西属于计划范畴？本科生教学培养计划、每周课程表都是关于学生的计划；本科生教学培养计划是“滚动式计划”，每周课程表是“循环式计划”。教师所承担课程的教学大纲、国家自然科学基金项目申请书、海南省自然科学基金项目任务书都是关于教师的计划。“中国旅游业发展‘十五’计划和2015年、2020年远景目标纲要”，饭店员工培训计划，旅行社导游接团任务书，杭州温泉度假山庄项目投资方案策划，浙江新世纪海洋开发公司项目投资方案策划都是关于旅游行业的计划。表7-1是“华东五市六晚七天游”地方导游接团任务书。

**表7-1 “华东五市六晚七天游”地方导游接团任务书**

| 团号：HDL-0218H（4）；人数：37大2小 |
|---|
| 2月18日：广州飞杭州352/12：00（不用中餐），下午游岳王庙、六和塔、玉泉；入住宝善宾馆 |
| 2月19日：飞来峰、灵隐寺、游湖（3：00）、三潭印月、花港观鱼；住同上 |
| 2月20日：车赴苏州，游留园、虎丘；入住南林饭店 |
| 2月21日：游寒山寺，赴无锡，游蠡园、鼋头渚；入住无锡国际饭店 |
| 2月22日：赴南京，游中山陵、美龄宫、总统府；入住金宇饭店 |
| 2月23日：游长江大桥，赴上海，游豫园、南浦大桥、八佰伴；入住江天宾馆 |
| 2月24日：游外滩、南京路，送5319/16：55，飞广州（确认） |
| 注：1. 游湖时间：花港15：00（7967598）。 |
| 2. 无特殊情况不得擅自更改行程及用餐点。 |
| 杭州大厦旅行社 |

团号中的“HDL-0218H”表示杭州大厦旅行社、2月18日、第H团；人数写着“37大2小”，因为小孩睡觉不占床位，但吃饭算一个人，所以旅行社对小孩按半价收费。下面我带大家体验这个行动计划。

杭州：“岳王庙”是南宋抗金名将岳飞的坟墓和庙，岳飞被害时39岁，与他的儿子岳云一起以“莫须有”的罪名处死。死后20年，新皇帝为岳飞平反昭雪。岳飞的墓碑上写着“宋岳鄂王墓”，岳云的墓碑上写着“宋继忠侯岳云墓”。在岳王庙有许多著名的对联，如“正邪自古同冰炭，毁誉于今判伪真”“青山有幸埋忠骨，白铁无辜铸佞臣”。在岳飞墓前可以看到四个跪着的、铁铸的奸人像，分别是万俟卨、张俊、秦桧和秦王氏，被称为“南宋的四人帮”。万俟卨是南宋大理寺的主持，相当于现在的最高人民法院院长；张俊是南宋四大抗金名将之一，但他因为妒忌岳飞，所以做了“伪证”；秦桧是当时的宰相；秦王氏是秦桧的老婆。“六和塔”中的“六和”是指佛教用语，指戒和同修、见和同解、身和同往、利和同均、口和无争、意和同悦，因《水浒传》中的鲁智深和武松在此出家而闻名。六和塔外观13层，实际只有7层，可以爬上去，共有226级台阶。“玉泉”位于杭州市植物园内，游客到那儿是观鱼的，全是两米多长的大青鱼，黑黝黝的，在水里游来游去。游客到“飞来峰”是看石窟的，一共有338尊石窟造像。大家都知道北方的四大石窟，如敦煌莫高窟、河南洛阳的龙门石窟、山西大同的云冈石窟、甘肃天水的麦积山石窟，但南方的石窟只有两处，即重庆的大足石刻和杭州的飞来峰。“飞来峰”的名称有点怪，有传说是从印度灵鹫山飞过来的，也有传说是从四川峨眉山飞过来的。其实是因为它与众不同、格格不入：周围的山峰有300多米高，而它只有38米高；周围的山峰是石英砂岩，而它是石灰岩。“灵隐寺”意即仙灵所隐，济公曾经在此当和尚。“三潭印月”是杭州西湖中间的一座岛，在岛的旁边由三个石塔围成了一片水域，该水域是杭州西湖中水最深的地方。大家拿出一元钱的纸币，背面就是三潭印月图片，大家对着这个图片，算一算三个“潭”能印出多少个月亮？每个石塔中间是球形，四周有5个小圆孔，中秋节的晚上，杭州人在球形的塔身里点上蜡烛，将5个小圆孔蒙上白纸，蜡烛的烛光透过白纸就像月亮。三个“潭”可以印出32个月亮。这是因为每个石塔的5个小圆孔就是5个月亮，加上水里的倒影就是10个，3个石塔就能印30个，再加上天上的一轮月亮和水里的倒影就是32个。导游通常说33个，因为每个人心里还有一个月亮。“花港观鱼”是杭州市最大的一个公园，游客到那儿是观看小金鱼的。

苏州：“江南园林甲天下，苏州园林甲江南”。苏州园林以沧浪亭、狮子林、拙政园、留园最为有名，分别代表宋、元、明、清时期的园林风格。“留园”以精雕细琢见长，如椅子雕有各位动植物图案，而且座背上还镶有一块大理石。“虎丘”是一座38米高的山，山上名胜古迹众多，被称为“吴中第一名胜”，山形似一只蹲着的老虎，“虎丘塔”像老虎的尾巴，因而得名。据说，虎丘是吴王阖闾的坟墓，是一座假山，山上的“剑池”是坟墓的入口，墓中埋有三千“鱼肠剑”。但山顶上有一块“千人石”，可以站立一千多人，如果虎丘是假山，那么，这么大的石块怎么搬上去的？“虎丘塔”是一座斜塔。“寒山寺”因唐代诗人张继的《枫桥夜泊》诗而闻名。据说张继赴长安参加科举考试，但因为“安史之乱”而考试取消了，他只好坐船返回苏州，心情非常郁闷，这个时候传来寒山寺的钟声，消除了他的烦恼。所以，游客到寒山寺，是去撞钟的，有多少种烦恼，就撞多少下，撞完之后，烦恼都没了。每撞一下收费5元哦！

无锡：无锡原名叫“有锡”，因这个地方有一座山，叫锡山，盛产锡矿而得名。在春秋时代，人们使用青铜器。所谓青铜，就是铜锡合金，所以古时候，锡比黄金还贵重。“有锡兵，天下争；无锡宁，天下清。”意即有锡的时候，天下兵戈相见；无锡了，就天下太平了。秦朝时，大将王翦带兵路过锡山，见人们还络绎不绝地前来“淘锡”，就喊“无锡了！无锡了！”于是，“有锡”改名叫“无锡”。“无锡锡山山无锡，太湖湖水水太糊”，意即无锡的锡山没有锡了，太湖的湖水太脏了。蠡园是纪念春秋时期越国大夫范蠡而命名的。范蠡在浙江诸暨巡游，见一个村姑在洗衣服，形貌俊美，于是带她到越国王宫里，教她宫廷礼仪，并爱上了她。这个村姑就是中国古代四大美人之一的西施。范蠡把自己的女朋友西施献给吴王夫差，使用“美人计”灭了吴国后，范蠡没有嫌弃西施，而是带着西施泛舟于五里湖，弃官从商，号称“陶朱公”。清朝时，有一个官员想：“上有天堂，下有苏杭”，苏州无非有园林，杭州无非有西湖，所以他想依托“五里湖”造一个园林，超过苏州园林和杭州西湖，所以就建了这个“蠡园”。在蠡园还可以吃到“西施豆腐”哦！“到无锡必游太湖，到太湖必游鼋头渚”，“鼋”是人们想象中的动物，由龙的头、蛇的脖子、乌龟的身子、老虎的爪子、鱼的尾巴组合而成的；“渚”是半岛的意思。

南京：“中山陵”是孙中山的陵园。孙中山在北京病逝，为什么要葬在南京呢？因为南京是“中华民国”的首都。孙中山去世时的身份是“总理”而非“总统”，是“党葬”而非“国葬”，所以中山陵的所有建筑物都是白面蓝顶，象征着国民党的青天白日旗。中山陵从牌楼到墓室有392级台阶，代表当时中国的三亿九千二百万人口。在牌楼，从下往上看，全是台阶，没有平台，可是你登到墓室，从上往下看，全是平台，没有台阶。人生也是这样，从下往上看，全是要爬的一个又一个社会阶梯，当你爬到事业顶峰，看到的只是一个个人生阶段而已。“美龄宫”是蒋介石夫人宋美龄的宫所，从空中看，它就像镶嵌在项链上的蓝宝石，蒋介石也是一个很浪漫的男人哦。“总统府”是“中华民国”的总统府，它曾经是太平天国的天王府，太平天国在南京定都11年呢。“南京长江大桥”值得一看，这是因为它是1960年初动工的，那时是中国“三年困难时期”，它建成于1968年底，正值“文化大革命”时期，桥上有工农兵雕像、三面红旗、红色标语等“文革”痕迹，它是在长江下游建的，江面很宽，而且桥墩下面都是泥沙结构，建造难度很大，建成时以“最长的公路铁路两用桥”而载入《吉尼斯世界纪录大全》。

上海：“豫园”中的“豫”通“愉”，是“愉悦老亲”的意思，是清朝的一个刑部大夫为了他的父亲安享晚年而建造的一个园林。“南浦大桥”是上海市区第一座跨越黄浦江的大桥，因为建造在长江入海口，为了保证大型船只能够通过，所以桥面非常高。“八佰伴”原是日本一个菜市场的名字，这个老板发财后建造并经营大型商厦。位于上海浦东的八佰伴商厦建得非常宏伟气派，楼顶像一个倒放的瓦片，后来日本人经营的“八佰伴”商厦倒闭破产了，上海市政府买下来并继续经营，导游一般把游客直接带到十楼，让游客一层一层地玩下来。“外滩”位于黄浦江畔，是近代中国半殖民地半封建社会的一个缩影，有53幢风格各异的西式建筑，如罗马式的大柱子、希腊式的圆顶、哥特式的尖顶……都是鸦片战争以后帝国主义国家建造的，因为当时上海是各国的租界。“南京路”是上海市的商业步行街，从外滩看，绿色尖顶的建筑物下面就是南京路。

2. 计划的内容或要素

一项完整的计划应包含的要素如下。①前提：内容包括预测、假设、实施条件。所要回答的问题：该计划在何种情况下有效。②目标或任务：内容包括最终结果、工作要求。所要回答的问题：做什么。③目的：内容包括理由、意义、重要性。所要回答的问题：为什么要做。④战略：内容包括途径、基本方法、主要战术。所要回答的问题：如何做。⑤责任：内容包括人选、奖惩措施。所要回答的问题：谁做、做得好坏的结果。⑥时间表：内容包括起止时间、进度安排。所要回答的问题：何时做。⑦范围：内容包括组织层次或地理范围。所要回答的问题：涉及哪些部门或地点。⑧预算：内容包括费用、代价。所要回答的问题：需投入多少资源。⑨应变措施：内容包括最坏情况计划。所要回答的问题：实际与前提不相符怎么办。计划内容中的“安排”大家可以简记为：7W2H。所谓7W2H营销策划法，其实就是Who、What、Whom、Why、Which、Where、When、How to do、How much，即在进行营销策划时，要从谁营销、营销什么、对谁营销、为什么营销、利用哪些素材营销、借用什么载体营销、在哪儿营销、在何时营销以及营销预算是多少这九个方面入手，这样可以迅速理清思路，找到解决问题的有效方法。

3. 计划的表现形式

(1) 目标：有的计划只是阐述目标，对组织的使命和活动方向及相应任务做最一般的表述，重点在于明确应该干什么，最终要达到什么目的。

(2) 战略：有的计划着重叙述实现目标的途径，指出工作重点、资源分配优先顺序等。围绕目标，形成一个统一的框架式行动准则，用于指导各部门的工作。

(3) 政策：政策即处理各种问题的一般规定，它是人们进行决策时思考和行动的指南，因而也是一种计划。

(4) 规章制度：它规定了过去、现在和将来必须遵守的各种规则和程序。

(5) 预算：它是用数字来表示活动的投入与产出的数量、时间、方向等，是一种数字化的计划。

(6) 规划：为达到目标所制定的包括目标、战略、政策、实行步骤、资源预算等在内的综合性蓝图，由规划可派生出具体的进度计划。

**【思考题】**为什么说目标、政策、规章制度等都属于计划？因为目标、政策、规章制度都是指对未来活动所做的事前预测、安排和应变处理。

4. 哪些事要做计划

针对上级所交给的课题做计划——理解方针，把握职责，培养提出计划的习惯；针对自己所发现的课题做计划；针对开发自己能力的课题做计划；针对自己的人生目标做计划。

5. 如何做计划

做计划要解决的问题主要包括：目标如何确定；步骤如何明确；计划期限如何确定；如何分配资源；责任如何明确；如何增强计划的灵活性。

**【思考题】**一个工程项目，承包商A报价150万，B报价120万，C报价80万，该项目应该给谁做？会出现什么潜在问题？①给报价最高的。经过讨价还价，砍掉30万，实付120万，这叫“头戴三尺帽，不怕砍一刀”，事实上这个项目只需要100万，承包商A还多报了20万。②给报价最低的。工程做到一半时，承包商C说，80万只能做到这个程度，要继续做的话，追补30万，当做到接近尾声时，工程又停工了，说工程款用完了，要做完的话，还要追补10万。这叫“钓鱼工程”。③由于买者根据平均质量支付价格，导致高质量的卖者退出市场，这在经济学上称为“柠檬问题”。

6. 企业计划的十个问题

企业目标与宗旨有联系吗？你能指出主要的机会吗？你为威胁做好准备了吗？你明确了你的服务对象吗？你了解竞争对手吗？你了解自己的优势与劣势吗？你的战略现实合格吗？你的财务报表客观真实吗？你真的为变革做好准备了吗？你的计划是否及时而简明扼要？

7. 十个易犯的错误

没能事先做计划；忽视价值观和长远说明；对顾客的主观臆断；低估竞争者；忽略自己的优势；把预算误认为就是计划；不敢冒险；独断专行；害怕变革；忽视激发和奖励的作用。

## 四、计划的类型

1. 按时间分：长、中、短期计划

长期计划：三年以上。一是组织的长远目标和发展方向是什么，二是怎样达到本组织的长远目标。长期计划以问题、目标为中心。例如，企业发展纲要，“中国旅游业发展‘十五’计划和2015年、2020年远景目标纲要”。

中期计划：一至三年。中期计划来自长期计划，只是比长期计划更为具体和详细，它主要起协调长期计划和短期计划之间关系的作用。中期计划以时间为中心，具体说明各年应达到的目标和应开展的工作，即“未来三年我们每年要做到什么样的程度”。例如，企业生产能力三年规划。

短期计划：一年以内。短期计划比中期计划更为具体和详尽，它主要说明计划期内必须达到的目标，以及具体的工作要求，要求能够直接指导各项活动的开展。例如，企业年度生产计划。

**【思考题】**在组织发展的不同阶段，计划的时间跨度是否应有所不同？是的。在组织初创期，计划的时间跨度通常比较长；在成熟期，计划的时间跨度比较短。好比是一个人，在儿童时理想是20年之后的事情，如成为一个企业家、科学家等；到了中年，理想一般在5年以内的事情，如买房、买车子等；如果你问一个80岁的老人，他的理想是什么？他会说，“我希望明年还能和家人一起过年”。

2. 按广度分：战略、行动计划

（1）战略计划由高层管理者制订，它体现了组织在未来一段时间内总的战略构想和总的发展目标，以及实施的途径。三年或三年以上，涉及整个组织，侧重点是确定组织宗旨、目标，明确战略和重大措施。目的是提高效益，特点是全局性、长远性、根本性。

战略管理是一组管理决策和行动，它决定了组织的长期绩效。组织的战略必须被计划、组织、实施和控制。在动态的和不确定的环境下，战略管理是重要的，因为它能使管理者以一种系统化的和综合的方式分析环境，评价他们组织的优势和劣势，以及识别机会和避开威胁。战略管理过程包括8个步骤：确定组织当前的使命、目标和战略；分析外部环境；识别机会和威胁；分析组织的资源和能力；识别优势和劣势；构造战略；实施战略；评估结果。

战略计划关系到组织的成败，所以我们说，“没有条件，创造条件也要上。”比如，一个项目计划要用2000万元，银行因财政紧缩停止贷款1000万元，怎么办？我们可以把那些富余资金拿出来，或者先暂停那些不重要的计划，把钱挪出来，实施战略计划。

（2）行动计划是确保战略目标的落实和实现，确保资源的取得与有效运用而形成的具体计划，它主要描述如何实现组织的整体目标。三年以内（周、月、季、年），局限于特定的部门或活动，侧重点是明确实现目标和贯彻落实战略、措施的各种方法。目的是提高效率，特点是局部性、一次性、指令性。

暨南大学原校长刘人怀提出了“侨校＋名校”的战略。只有是“侨校”，才能成为“名校”；只有是“名校”，才能成为“侨校”。为了成为“侨校”，暨南大学大力扩招外国学生，采取了许多措施，如将每年的秋季招生，改为春、秋两季招生；在外国广泛设立“招生点”；大量聘请外籍教师；举办第一届亚洲大学生田径锦标赛等。为了成为“名校”，提出“从严治校、从严治教、从严治学、从严治党”“以法治校”和“实事求是”的“严法实”三字治校方针；大力申报硕士点和博士点，使研究生的招生规模超过本科生招生规模；将学校的规章制度，整理和修订成“行政管理卷”和“教学科研卷”两大卷；在国内率先实施“大学科研系列教职工量化考核计分标准”；努力提高暨南大学在高校排行榜中的名次等。到了21世纪，暨南大学已变成现在的“华侨最高学府”和“名牌大学”。

**【思考题】**是否每一个组织都应有战略计划和行动计划？是的。既要看到长远，又要看到眼前；既要看到全局，又要看到局部；既要看到根本性问题，又要看到表面现象。

3. 按对象分：综合、部门、项目计划

综合计划指具有多个目标和多方面内容的计划；部门计划的内容比较专一，局限于某一特定的部门或职能；项目计划是针对组织的特定活动所做的计划，如某项产品的开发计划、职工俱乐部建设计划。

**【思考题】**为什么有了综合计划后还要有部门计划和项目计划？组织战略的类型有三种：公司层，寻求决定公司应当从事什么事业，以及计划从事什么事业；事业层，决定组织应当如何在每一项事业上展开竞争；职能层，寻求如何支持事业层战略。否则就是“计划计划，墙上挂挂，纸上画画”，“计划计划，全是鬼话”，流于形式。

4. 按效用分：指令性、指导性计划

指令性计划是由上级下达的具有行政约束力的计划，其规定的各项指标没有讨价还价的余地；指导性计划是由上级给出一般性的指导原则，具体如何执行时具有较大的灵活性。

## 五、计划的制订和审定

1. 计划制订过程

①任务或目标的明确。②清楚与计划有关的各种条件。如果在制订计划时忽视了其中的某些信息或限制条件，会导致什么后果？导致计划可行性较差。③战略或行动方案的制定。④落实人选、明确责任；明确做与不做有什么区别。落实责任与个人利益挂钩，如要求职工填写“岗位信息表”，推迟一

天交，罚款500元。若在计划中没有明确各项工作的检验标准或做好做坏的奖惩方法，在计划实施过程中会出现什么情况？执行力较差。不明确做好做坏的奖惩办法，是你求别人，人家给你人情：“麻烦你把岗位信息表填写好，周五下午5点钟之前交。”“明天我要出差呢，能不能等我出差回来后，再交给你?”“这个岗位信息表很简单，你就抽空填写一下，拜托你了。”明确了，是别人求你，是你给人家人情：“你要出差呀！推迟一天交，罚款500元呢，你要出差到什么时候?”“那我在出差前，挤出时间，把岗位信息表填好，能不能在周五晚上7点之前交?”“那我给人情啦，你在晚上9点之前交也是可以的。”⑤制订进度表。⑥分配资源。做计划时，如何分配资源？需要何种资源由“行动方案”确定，如酿酒可以用生物方法、化学方法、物理方法，每种方法所需资源是不同的。各需要多少资源由“同行评议（peer review）”确定。何时需要由“进度表”确定。⑦确定应变措施。

**【思考题】** 如何增强计划的灵活性？在分配资源时，不能留缺口，但要留有余量。“留有余量”是应对变化，如原材料涨价、返工等；做计划要留有“机动时间”；有的预算中有“不可预见费用”。

2. 常用的计划制订技术

（1）网络计划图适用于大型工程。网络计划技术（PERT）或计划评审技术，因运用“状如网络的图解模型”而得名，由箭线、结点、虚箭线和路线组成。关键路线法：在路线上的各项作业时间之和为最大的路线，称为关键路线，它直接影响整个计划完成的时间期限。把关键路线缩短几天，整个工程工期就缩短几天，但这个关键路线缩短之后，就不再是关键路线了，一条其他路线却成了关键路线。开发PERT网络的5个步骤：识别项目必须进行的每一项重要作业；决定这些作业的先后次序；将作业流从开始到结束的过程描绘成图形；估计每项作业的完成时间；利用网络图决定每项作业的开始和结束日期，以及制订整个项目的进度计划。现在可用计算机应用软件自动绘图。例如，1991年，秦山核电站为了向国庆献礼，想提前完工，但通过增加设备和人力等“硬技术”都不行，因为受到施工场地的限制，后来原杭州大学决策科学研究所，应用关键路线法的“软技术”，把工期缩短了两个月，还获得了浙江省科技进步二等奖。

（2）滚动计划法。如本科生教学培养计划，开始要制订四年计划，近期的详细（如每学期的课程安排），远期的粗略；一年之后，往后滚动一年，又制订四年……年年修订，逐年滚动。其要点是：远粗近细，逐年滚动；长计划、短安排。

（3）情景计划法。如最坏情况计划，万一油价涨到每桶100美元怎么办。

什么叫脚本（scenario）？脚本是对“未来可能是什么情况”的一种一致的观点。开发脚本可以看作是制订一种权变计划，即如果某些事件一旦发生，就采取相应的行动。虽然脚本计划不能预见未来，但是它能够通过在不同的具体条件下，以演示潜在情况的方式减少不确定性。

（4）投入-产出分析法。它用来预测一个部门最终需求的变化，对国民经济其他部门的总需求的直接和间接影响。这一方法使用的是用来说明部门之间购销模式的数据，它概要地由一交易矩阵来表示，矩阵中的各行表示每个部门的产量是卖给谁的（销向制造业＋销向农业＋最终需求＝总销售量），各列表示各个部门如何使用自己的收入（购自制造业＋购自农业＋增加值＝总销售量）。增加值是最终销售产品的价值与购入的投入物的价值之间的差额，增加值包括对工人、资本所有者和政府的支付。

3. 计划的审定

计划审定主要是评价所制订计划的完整性和可行性。计划的完整性审定，也称计划形式审查，主要是看该项计划的要素是否齐全，如国家自然科学基金项目申请书（NSFC）的形式审查，主要由高校科研处完成，包括内容是否完整、项目组成员是否亲笔签名、是否“超项”、是否重复申报等。计划的可行性审查，也称内容审查，主要是评价计划中所列各事项的可行性，如 NSFC 申请书的内容审查，每个项目申请书需要由五位“盲评”专家审定，叫“同行评议”“优中选优”，最后的“资助项目”还不到“申请项目”的 20％。

**【思考题】**计划经过审定和没经过审定这一环节有何不同？以 NSFC 为例，经过审定的“资助项目”，往往不到没经过审定的“申请项目”的 20％，通常称为“立项”“中标”。NSFC 的审定称为“高校教师的高考”，一年一次，资助率低。

**【思考题】**评价计划有效性的标准是什么？是否只有当计划的实绩与计划相符时，才是一项有效的计划？不是。计划的着眼点是有效资源（如时间、金钱）的合理使用，它指导我们把稀缺的资源用于解决最重要的问题。有效的管理要以目标为中心，要制订一个清楚的、正确的目标，并坚定不移地围绕着目标开展各项工作。计划工作的核心是：目标的明确和计划的制订。

**【案例讨论题】**三星电子是一家从事电子产品开发、生产、销售的企业，在计划经济时代，这家企业受到国家的扶植，理所当然地得到了发展。但现在，这家企业强烈地意识到了来自国外同行的竞争。这家公司的总经理认识到，在这个行业里，取得成功的关键之一是企业要成为技术的创新者。为此，他聘请了某高校的一位管理学教授，来分析该企业能成为一家成功的高技术企业的内部适应性。

该教授经过调查，提出了以下看法：企业的目标大多数是为期一年的，而且主要是一些经济指标，从长远看，可能是有利的开发或经营活动的部门和人员，并没有给予相应的奖励，奖金是根据季度或年度目标实现情况而定的。一般地，各主管人员是好的“消防战士”，但他们只注重“救火”，而不太注意事先预防问题的发生，没有什么集体的努力，每一个主管人员都集中精力于自己的业务且大都关心内部的经营活动，而不关心外界的环境变化。

总经理认真地听取了这位教授的报告。实际上，他也看到了这些情况，教授的调查只不过加深了他对这个组织的印象。重要的问题是，现在应该怎么办才能解决这些问题，从而增强企业的竞争能力。

请问：当总经理征求你的意见时，你将如何回答？

评析：(1) 有短期计划，没有中、长期计划。如企业的目标大多数是为期一年的，而且主要是一些经济指标，从长远看，可能是有利的开发或经营活动的部门和人员，并没有给予相应的奖励，奖金是根据季度或年度目标实现情况而定的。

(2) 有行动计划，没有战略计划。如各主管人员是好的“消防战士”，但他们只注重“救火”，而不太注意事先防止问题的发生。

(3) 有部门、项目计划，没有综合计划。如没有什么集体的努力，每一个主管人员都集中精力于自己的业务。

(4) 有指令性计划，没有指导性计划。主管人员大都关心内部的经营活动，而不关心外界的环境变化。

**【案例讨论题】**20 世纪 90 年代中期，国家进行了金融体制改革，国有银行开始向商业银行转变。在这种形势下，各行纷纷打算拓展自己的业务。某银行也制订了一个长远规划：通过不断增设营业部，在 5 年之内，把每年的储蓄额提高到 20 亿元。规划中的另一个目标是，一旦每年的储蓄额达到了 20 亿元，那么年利润要达到 2 亿元。经过几年的努力，该行在各地开设了 20 个营业部，而且在规定的时间内也达到了储蓄额为 20 亿元的目标，只是有一件事出了差错：它不是赚了 2 亿元，而是亏了近 5000 万元，使自身陷入了困境，连掉头的机会也微乎其微。

请问：是什么原因使得该银行在生死攸关的利润指标上判断失误，而且差距如此之大？

评析：(1) 商业银行是企业单位，它吸纳储户的存款后，不是把存款锁在保险柜里，而把资金的使用权让给别人，并从别人的赢利中分得一部分利润。存款利息低，贷款利息高，存贷款之间的利息差，就是银行的利润。如果别人借了银行的钱以后，还不起本金和利息，银行就要倒闭破产。许多银行互相“同业拆借”，这家银行倒闭后，其他银行也跟着倒闭破产，这便是“金融危机”。

（2）这家银行只有行动计划，没有战略计划。战略管理过程包括 8 个步骤：确定组织当前的使命、目标和战略；分析外部环境；识别机会和威胁；分析组织的资源和能力；识别优势和劣势；构造战略；实施战略；评估结果。

（3）战略计划的第一步是“确定组织当前的使命、目标和战略”，该银行是企业单位，根本目标应该是利润，而不是吸纳储蓄额。企业有多个目标时，要明确各目标的优先顺序和重要程度，以突出重点。就像《西游记》中唐僧师徒四人的根本目标是“赴西天取经”，而不是打击、报复、消灭妖魔鬼怪，一旦妖魔鬼怪不再纠缠时，就继续前行，把“九九八十一难”只当作一种磨炼。

# 第八章　组织结构的设计

管理的组织职能包括：第八章“组织结构的设计”、第九章“人员的配备”和第十章“权力的分配”。组织的着眼点是合理的分工和协作关系的明确。组织结构设计的结果是：以部门为要素的组织机构图和以岗位为要素的组织结构图。组织理论有古典组织理论、行为组织理论和系统组织理论。最常见的组织结构形式是直线职能制和事业部制。

## 一、组织的概念

组织是人们为了实现某一特定的目的而形成的系统集合，它有一个特定的目的，由一群人所组成，有一个系统化的结构。①共同目标的存在是组织存在的前提。②为了实现组织的目标，组织内部必然要进行分工与合作。③组织要有不同层次的权力与责任制度。

**【思考题】**怎样才能使组织成员明确共同目标的存在？组织整体架构应根据组织目标设计，并随战略调整而调整。

**【思考题】**为什么通过分工与协作，可达成个人力量无法实现的目标？组织设计中坚持分工协作原则，做到分工合理、协作明确。根据这一原则，首先要搞好分工，解决各人干什么的问题，分工要根据业务流程和管理需要。分工时，应注意分工的粗细要适当。同时，对于每个部门和每个岗位的工作内容、工作范围、相互协作方法等，有明确的规定。

**【思考题】**组织的维度如何划分？①结构性维度，即描述一个组织的内部特征。包括：规范化程度，如文件数量；专门化程度，如细分程度；权力层次，如层级与跨度；职业化程度，如正规教育和培训年限；各类人员配置比率。②关联性维度，即描述整个组织的外部特征。包括：组织规模，如雇员数和注册资本金；组织技术，如投入与产出所采用的工具、方法、措施；组织环境，如外部影响因素；组织目标和战略；组织文化。

**【思考题】**什么叫无边界组织？其横向边界、纵向边界、外部边界不由某种预先设定的结构所限定的组织设计。互联网企业就是无边界组织。

## 二、组织工作与组织设计

1. 组织工作

组织工作是指根据一个组织的目标，将实现组织目标所必须进行的各项活动和工作加以分类和归并，设计出合理的组织结构，配备相应人员，分工授权并进行协调的过程。

(1) 设计包括组织内部分工和组织内部相互关系的组织模式。

(2) 通过充分发挥组织中每一个成员的才能，获得专业化的优越性。

(3) 协调组织中各部分的活动，以确保组织目标的实现。

组织工作是设计和维护合理的分工协作关系，以有效地实现组织目标的过程。组织工作的要点：一是组织结构的设计和变革，二是组织内部相互关系的确定和维护。

如何合理地设计和调整组织结构，建立分工合理、协作关系明确的组织模式，并使得组织的分工协作体系能够始终适应组织的发展，是一个组织保证不同时期的组织目标能够得以实现，所要解决的基础问题。

2. 组织设计

组织设计是指进行专业分工和建立使各部分相互有机地协调配合的系统的过程。设计结果：提供组织机构图、部门职能说明书、岗位结构图、岗位职责说明书、岗位工作标准、业务流程与管理标准。部门是功能的划分，岗位是责任的分解。

组织结构是组织设计的结果之一，是实现目标的一种手段。步骤是：①明确完成组织目标所需进行的活动。②将这些活动按某种模式进行归类。③建立能使各部分活动相互之间协调的体系。

组织机构图描述的是一个组织内部部门的设置情况及各部门之间的关系。与其对应的是部门职能说明书。所谓部门是指具有独立职能的工作单元的组合。在组织结构设计过程中，首先要根据组织目标体系，明确为实现组织目标必须开展哪些工作，并将这些工作按方便管理的原则，进行部门化。图8－1所示组织结构共分为几层？六层吗？五层？四层？直线所到之处，都是同一层级。董事会除外，总经理和副总经理只能算一层，如加弹车间与生产部处于同一层级，所以该组织是三层结构。从这张组织机构图上看，该组织是业务主导型企业，即为今天的生存而运营的企业，组织的未来发展问题恐怕只有总经理一个人在考虑。看组织机构图时，我们要把它与标准的组织机构图做比较，一看职能的缺项，二看力量的配置。为未来发展而设置的部门，主要包括战略规划部、投资发展部、研究与开发部、政策研究室、信息管理部等，而这张图里都没有这些部门。

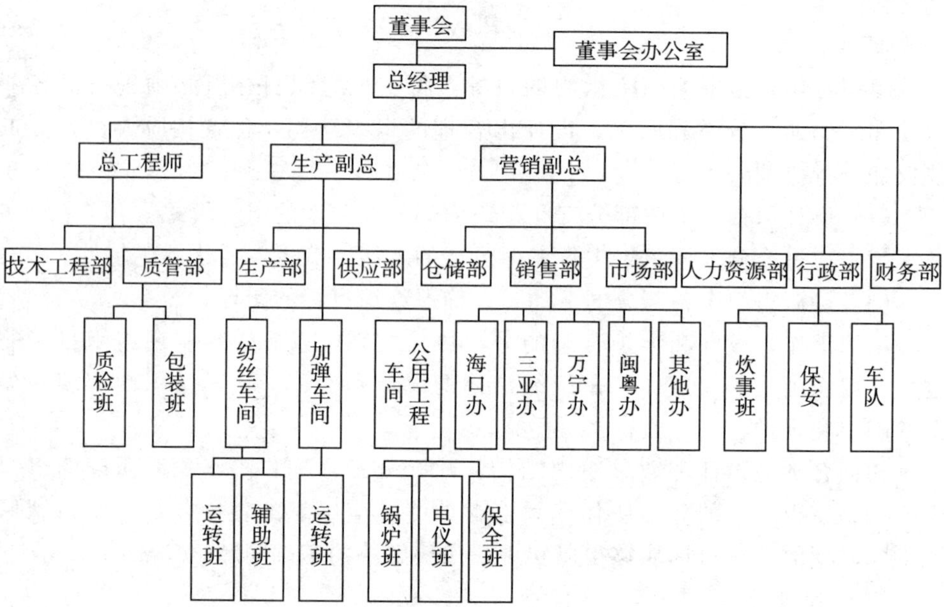


图 8－1　组织机构图

岗位结构图表明了组织中的各种岗位及岗位之间的权力关系。每一个岗位用方框表示，权力关系用直线、虚线表示。与其对应的是岗位职责说明书。一个岗位需要多少人叫编制。一个岗位可以是很多人，如这 10 个人都叫销售员，也可以是 0.5 个人，有时一人兼数岗，有时一岗兼数职。岗位结构图是一张兵力配置图。绝大多数企业的岗位结构图是保密的，有些企业索性不画岗位结构图，因为不画就不可能泄密。图 8－2 所示的岗位结构图共分为四层。

**【思考题】**为什么有的组织中的行政机构屡减不精？人人都强调自己的部门如何如何重要，以至于机构的改组成了敏感的问题，常常难以精简。由于人们过分重视组织机构的作用，常常每遇到一项新工作，就立即想到要建立一个新的机构来专门负责。例如，海南大学旅游学院于 2000 年刚成立时，认为学院通过“成教生”创收很重要，成立了“成教办”，后来，学生的费用收不上来，成立了“催缴办”，再后来，认为学生实习和就业问题重要，又成立了“实习和就业办公室”。

**【思考题】**组织设计的主要影响因素有哪些？人力资源状况、发展战略、发展阶段、外部环境稳定性、业务特点、组织规模。

**【思考题】**组织结构与组织、组织成员之间有怎样的关系？人是组织的灵

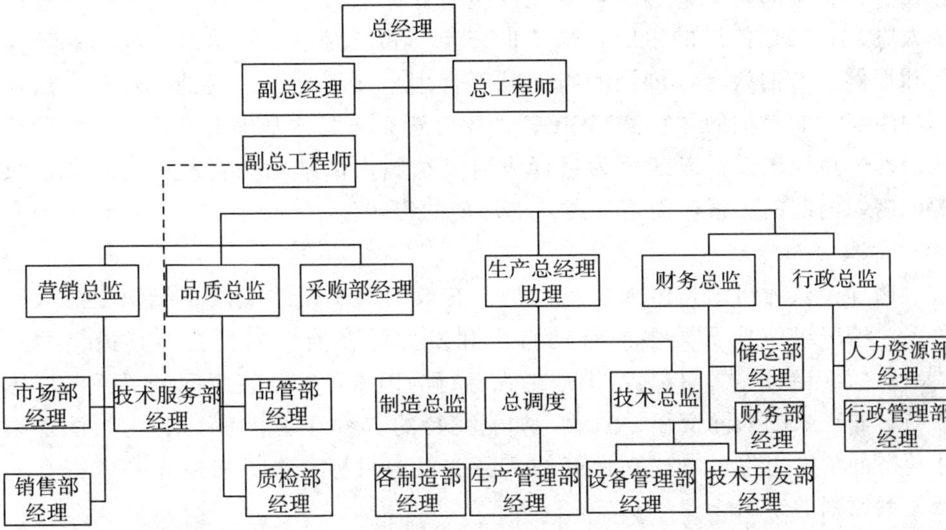


图 8-2　岗位结构图

魂，组织目标是由人来掌握的。组织结构相当于人的躯体。所以可以认为：组织＝结构（躯体）＋人（灵魂）。一个人的躯体重要，还是灵魂重要？只有躯体的，我们叫“僵尸”；只有灵魂的，我们叫“幽灵”。假定一个人脑子是好的，但两只手都没有了，他可以通过后天的努力，学会用脚来写字、做事；假定一个人躯体健全，但是脑子坏了，是智障，尽管他有很好的躯体，也不能发挥作用。所以从这个角度讲，灵魂对一个人来说更重要。同样的道理，对于一个组织来说，究竟是结构重要，还是人重要，恰恰是我们组织理论关注的焦点。早期人们认为，组织结构比人重要，如韦伯的官僚组织模式，这种理论也称为古典组织理论。后来，人们认为，组织是由人构成的，人比组织结构重要，如参与型组织模式，这种理论也称为行为组织理论。权变理论认为，你们两种观点都对，但各有不同的适用场合，具体一个组织究竟应该重视人的因素，还是重视结构因素，由组织规模、技术水平、组织生命周期、组织性质等环境条件来确定。

## 三、组织理论概述

所谓组织理论是指有关组织结构和组织关系的系统设想。

1. 古典组织理论

该理论强调以工作为中心，依靠权力来维系组织内部要素之间的关系，基于这种理论的组织模式是“官僚组织模式”。古典组织理论着重点是结构因素，如主要秩序、因素稳定性、组织目标、标准化、规章制度。韦伯认为，存在三种类型的组织：一是神秘化的组织，如宗教组织，权力基于领导者的个人魅力。二是传统的组织，如“世袭制”和“封建制”组织，权力基于先例和惯例。韦伯认为，传统的组织既不合理，又不合法。三是合理化、法律化的组织，如韦伯的“官僚型组织”，权力建立在职位基础上。古典组织理论从静态的角度出发，以效率为目标来研究组织内部结构与管理的合理化，只考虑组织内部的因素，而不考虑外部环境的影响。

2. 行为组织理论

该理论认为组织是由人所组成的，有效的组织模式应注重组织中的人际关系，给予组织成员较多的行动自由和发挥潜在能力的机会，其提出的是“参与式”组织模式。行为组织理论强调行为因素，如相互之间的关系、群体参与、非正式的人际交往、激励，如利克特的“参与型组织”。行为组织理论从动态的角度出发，以建立良好的人际关系为目标，来寻求建立一个符合人际关系原则的组织。

官僚组织与参与型组织的比较如下。①领导方面。官僚型：上下级之间缺乏信任，下属无权参与讨论，领导不愿听取下属意见；参与型：上下级之间相互信任，上级欢迎下属参与讨论，上级虚心听取下属意见。②激励方面。官僚型：用严格的控制和惩罚，结合金钱刺激来控制员工的行为；参与型：采用经济激励、自我激励、精神激励等全方位激励方法。③沟通程序。官僚型：自上而下逐级传递，员工认为这样的信息是不可信的；参与型：上下左右畅通无阻，大家认为这种信息是准确可靠的。④人际关系。官僚型：严禁个人交往，下属对本组织的目标、活动等无发言权；参与型：鼓励人际交往，上下级对于各项工作均有充分的发言权。⑤决策过程。官僚型：实行集权制，权力集中于上层；参与型：相对分权，各级管理者对本部门的问题都有决策权。⑥目标制定。官僚型：由最高层领导制定，不采用集体制定目标的方法；参与型：各级目标由各级管理者集体制定。⑦控制方式。官僚型：采用集权式控制方式，强调对失职者追究责任和处罚；参与型：进行分权控制，强调自我控制和自我解决问题。⑧效果。官僚型：员工士气低落，工作被动，管理者不爱惜人力资源，不注意对人的培训；参与型：员工士气高昂，管理者充分理解人力资源的重要性，注意员工的培训和发展。

**【思考题】**当组织成员要求进修时，官僚组织与参与组织两种理论指导下的管理者会采取什么态度？为什么？官僚组织会采取阻挠、反对的态度，因为它看重的是组织结构。我在客车厂时考导游证、考研究生都需要单位开介绍信。报考研究生时，我去人事科科长办公室很多次，但都没同意，后来我到人事科科长家里去谈这个问题，第二天早上，人事科科长把我叫到办公室，他同意了并开了介绍信。参与组织会采取鼓励、支持的态度，因为它看重的是人的行为。海南大学鼓励年轻教师进修、读研、读博、出国。我到暨南大学读博士时，海南大学允许我脱产一年学习，学习期间工资照发，而且毕业后，还把我读博期间的学杂费、住宿费都报销了。

3. 系统组织理论

该理论认为不论是参与式还是权力式组织模式，都不一定是适用于任何组织的最佳模式，要根据组织所处的内外部环境进行系统设计，如彼得·圣吉的“学习型组织”。系统组织理论着重点是环境因素，如组织的生命周期、组织规模、技术、外部环境、其他因素。由于内外部环境因素的变化，不存在某种一成不变的组织模式，每一个组织都必须根据自己的具体情况来对组织结构加以调整。

巴纳德认为，任何组织都是一个协作系统，社会各级组织都是由相互协作的个人组成的系统，称为正式组织。任何协作系统，都包含三个基本要素：协作的意愿、共同的目标和信息的联系。

在有的组织中，分工是明确的，协作是不清楚的。一家外贸公司的老总出差回来后，发现销售部门推迟交货一个星期，引起了顾客的索赔。于是他就问销售部经理：“你们为什么没有按时交货？”销售部经理回答：“因为生产部门没有按时供货。”老总又去找生产部门经理：“你们为什么没有按时供货？”生产部经理回答：“因为停电了。”老总追问：“为什么停电了？”生产部经理说：“不知道”。老总又找了行政部经理，寻问为什么要停电，行政部经理说：“正常维修。”老总问：“为什么要在这个时候停电维修？能不能推迟两个星期再维修？”行政部经理回答：“可以的呀！”老总非常生气，决定“顾客索赔费用”由三个经理共同承担。你看，每一个部门经理都只关心自己的内部事务，没有在“灰色区域”向前一步。三个经理只要向前一步，及时与其他经理沟通，就不会出现这种情况。作为部门经理，要到位，不越位，及时补位。

企业的成长过程如同斜坡上推球，如图 8－3 所示。

企业在很小的时候，由一个能人带着 2 个肯干活的人，这时候的管理是凭经验的，这个能人就叫“经理”，所谓经理，就是什么事都要经过他的手亲自打理，他既是采购员，又是服务员，又是销售员。由于他太能干，又勤奋，不小心把企业搞大了。本来只想搞一个能赚钱的小企业，一玩就玩出火来了，变成了大企业。这个时候企业出现了“老年痴呆症”：组织效率大幅度下降，反应迟钝，决策经常错误。下级排队起来了，干吗？等待指令，所以“能人手下无能人”。他非常忙，因为忙中出错，十个决策九个错误，成为“三拍”干部：一拍脑门，“就这么干吧”；二拍胸脯，“凭经验应该没问题”；三拍大

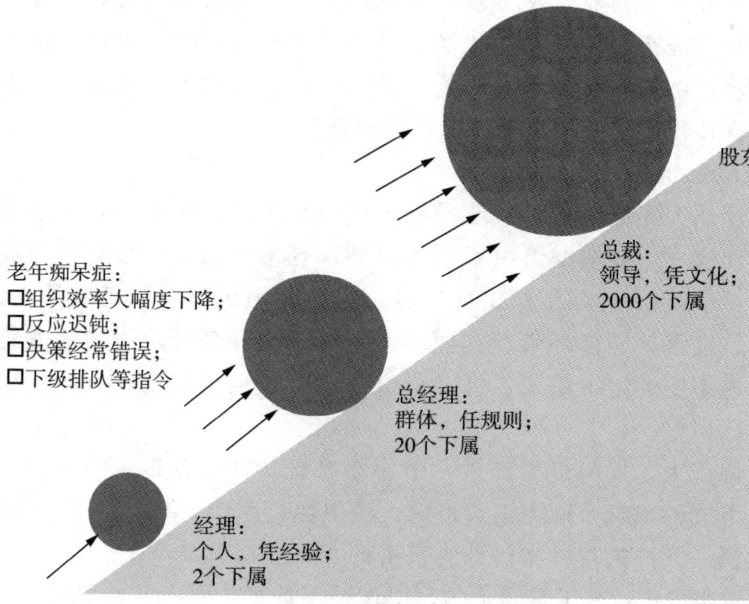


图 8-3 企业的成长过程

腿，“哎呀，怎么又错了”。这个时候，他发现靠他一个人推球，已经推不动了，怎么办？放手吧？一放手就会把自己压扁了。他说：“我不干了，我账上有 1000 万元利润，过过余生也不错了。”他的 1000 万元利润中，600 万元是应收账款，400 万元是固定资产。如何他不干的话，600 万元的应收账款，绝大多数是收不回来的；如果公司关门的话，400 万元的固定资产成了废铜烂铁，只能卖 40 万。当初他办企业时，土地是买下来的，到银行质押，购买了机器设备。如果他放出风声，说“企业要关门”的话，银行马上查封他账上所有的钱。这样一算，还倒欠银行 40 万元。公司关门不行，自己推又推不动，怎么办？只有把别人“忽悠”进来，说：“我这个项目很好的，大家一起来推，推上去前景很好的。”想找人来一起干，容不容易找到人？容易的，想找工作的人还是很多的。别人进来后，就问：“有什么好处呀？跟你是什么关系呀？具体干什么事呀？”你发现，找别人一起干也很烦的，很多事情要说清楚，而且还要写下来，这时候的管理要凭规则，这个能人就叫“总经理”，有 20 个下属。所谓总经理，就是什么事情最终都要经过他的手才能理顺的。由于大家一起推，终于把球推得更大了。物极必反，球推得太大了，他就解套了，手下有了一大帮总经理，不用亲自推球了。他站到一边去了，当“领导者”。企业有 2000 个员工，这时候的管理要凭文化，这个能人就叫“总裁”，所谓总裁，就是理顺的事情由你们来理，你们理不顺的事情由他来做出最终的裁决。如果他退下来，当一个股东，就最后彻底解套了。在整个企业成长过程中，他由一个将军，变成统帅，最后变成一个领袖。

组织结构的影响因素包括以下方面：

（1）组织规模与组织所处的发展阶段。创业阶段：采用灵活的非正规化的组织形式，决策由高层管理者个人做出。职能发展阶段：决策越来越多地由其他管理者做出，组织结构越来越多地建立在职能专业化基础上。分权阶段：采用分权的方法来解决由职能专业化引起的各种问题，此时，事业部变得很有吸引力。参谋激增阶段：为了加强对各部门的控制，组织内部增设了许多参谋和高级助手。再集权阶段：参谋激增又导致了直线与参谋之间的矛盾，为了解决分权和高度职能化所带来的问题，诱使高层管理者再度集中决策权力。

（2）技术。技术是指为了完成组织目标而进行的各项活动中所需要的仪器、设备、控制方法等。不同技术类型（如单一和小批量生产、大批量和大量生产、持续性流水作业）的企业组织结构是不同的。这种“不同”表现在管理层次、基层管理幅度、行政管理幅度、工人与参谋的比例等方面。信息技术的广泛应用会对组织结构的设计带来什么影响？去中层化；管理幅度加大。

（3）外部环境因素。处于相对稳定环境中的组织宜采用机械式结构，而处于不稳定环境中的组织多采用有机结构。机械结构与有机结构的特点比较如表8-1所列。“柔性管理”是相对于以“规章制度为中心”的“刚性管理”提出来的一种人性化管理方法。它是依据企业共同的价值观和文化、精神氛围进行的人格化管理，它是在研究人的心理行为规律的基础上，采用非强制性方式，在员工心目中产生的一种潜在的说服力，从而把组织意志变为个人的自觉行动。

**表8-1　机械结构与有机结构的特点比较**

| 比较项目 | 机械结构（组织刚性化） | 有机结构（组织柔性化） |
|---|---|---|
| 适用环境 | 外部环境稳定、简单、确定 | 外部环境变动、复杂、不确定 |
| 专业化程度 | 工作高度专业化 | 工作专业化水平较低 |
| 职权集中程度 | 集中于高层管理者 | 集中于每一层中有能力的人 |
| 如何解决冲突 | 由领导来解决 | 由相互作用来解决 |
| 信息沟通 | 通过上下垂直的信息通道 | 通过劝告、协商和互通信息增加平行的横向沟通 |
| 对什么忠诚 | 对组织制度最忠诚 | 对任务和群体最忠诚 |
| 影响力的基础 | 建立在职权基础上 | 建立在个人的能力基础上 |
| 规章制度的数量 | 多 | 少 |

（4）其他：如工作性质、组织的发展战略、下属管理人员的素质等，都会影响到组织结构的设计。

**【思考题】**组织结构与组织发展战略有何关系？组织建设的目的是使实现组织目标所必须开展的各项工作能够得到切实的落实。因此，在设计组织结构、配置人力资源时，应保持人力资源配置、组织结构设计与组织发展目标和战略重点的一致。组织结构的设计，必须以目标和战略为出发点，围绕着战略重点配置人力资源。由于内外部环境因素的变化，不存在某种一成不变的组织模式，每一个组织都必须根据自己的具体情况来对组织结构加以调整。

## 四、常见的组织结构形式及其优缺点

1. 直线职能制

它是各类组织中最常采用的一种组织模式。直线部门担负着实现组织目标的直接责任，并拥有对下属的指挥权。职能部门只是上级直线管理人员的参谋与助手，它们主要负责提建议、提供信息，对下级机构进行业务指导。什么叫指挥链、正规化？指挥链是指从组织高层延伸到基层的这样一条持续的职权线，它界定了谁向谁报告工作；正规化指组织中各项工作标准化，以及员工行为受规则和程序约束的程度。优点：既保持了直线制集中统一指挥的优点，又吸取了职能制发挥专业管理职能作用的长处。缺点：不同的直线部门与职能部门之间的目标不易统一；不利于从组织内部培养熟悉全面情况的管理人才；不易迅速适应新情况等。

2. 事业部制

它适用于内部具有独立的产品和市场、独立的责任和利益的部门，如欧美各大企业。麦当劳在全球有 3 万多家连锁店。沃尔玛在全球有 7000 家卖场。2000 年美国运通旅行社一年的营业额达 204 亿美元，而当时中国 1.5 万家旅行社的营业收入加起来一共才 46 亿美元。这么庞大的商业帝国是怎么组织起来的？那就是事业部制。集团公司总部是母公司，它的最高管理者叫“总裁”，每个事业部都是子公司或分公司，它的最高管理者都叫“总经理”，每个地区事业部的总经理都是各霸一方的“诸侯”，每个产品事业部的总经理都是独当一面的“军阀”。事业部制将政策制定与行政管理相分离，政策制定集权化，业务运营分权化。集权以保证行动的一致性，分权以保证各司其职。优点：既保持了公司管理的灵活性和适应性，又发挥了各事业部的主动性和积极性，使总公司和最高管理层从繁重的日常事务中解放出来，这有助于培养高层管理人员。缺点：各事业部往往只重视眼前利益，本位主义严重；管理部门重叠设置，管理费用增加；对事业部一级管理人员的水平要求较高等。

**【思考题】**为了保证总公司对各事业部的控制，最高管理层应保持什么权力？政策制定权、利润分配权、最高人事任免权。

3. 模拟分权制

它适用于大型的化学工业、原材料工业企业和银行、医药等服务行业。例如，钢铁集团公司下属有许多企业：矿山、炼铁厂、炼钢厂、铁制家具制造厂、家具批发商、家具零售商；矿山生产铁矿石；炼铁厂把铁矿石买来作为原材料，生产生铁；炼钢厂把生铁买来作为原材料，生产钢材；铁制家具制造厂把钢材买来作为原材料，生产铁制家具；铁制家具卖给家具批发商，再卖给家具零售商，最后卖给海南大学作为讲桌。它是模拟事业部，相对独立经营，有独立核算的性能，以达到改善经营管理的目的。按生产区域或生产阶段把企业分成许多“组织单元”，这些“组织单元”拥有较大的自主权，有自己的管理机构。各个“组织单元”之间按内部的“转移价格”进行产品交换并计算利润，进行模拟性的独立核算，从而促进各“组织单元”改善经营管理。优点：解决了企业规模过大而不易管理的问题。最高层管理人员能够把精力集中于战略性问题上来。缺点：无法使组织中的每一个成员都能明确自身的任务。各个部门的领导人也不易了解整个组织的全貌，在沟通、决策权力分配上存在较大的问题。什么叫过程部门化？是依据产品或顾客流来组合工作，使各项工作活动沿着处理产品或为顾客提供服务的工艺过程的顺序来组织。

模拟分权制容易导致“盲人摸象”的错误：从前，有四个盲人很想知道大象是什么样子，可他们看不见，只好用手摸。胖盲人先摸到了大象的牙齿。他就说：“我知道了，大象就像一个又大、又粗、又光滑的大萝卜。”高个子盲人摸到的是大象的耳朵。“不对，不对，大象明明是一把大蒲扇嘛!”他大叫起来。“你们净瞎说，大象只是根大柱子。”原来矮个子盲人摸到了大象的腿。而那位年老的盲人呢，却嘟囔：“唉，大象哪有那么大，它只不过是一根草绳。”四个盲人争吵不休，都说自己摸到的才是真正大象的样子。而实际上呢？他们一个也没说对。后以“盲人摸象”比喻看问题以偏概全。“盲人摸象”的寓意是不能只看到事物的一部分，而应看全局，那样才能全面和真实地了解事物的情况。

**【思考题】**旅游产业组织结构是模拟分权制吗？如图 8－4 所示，在旅游局和行业协会下面有几个职能部门，如政策与法规司、旅游促进与国际联络司、规划发展与财务司、质量规范与管理司，人事劳动教育司。业务部门按旅游经历产品的不同生产阶段划分三个区间：旅行代理商、旅游区间交通主要发生在旅游客源地，为第一生产阶段；旅游区内交通、旅游饮食、旅游厕所、旅游住宿主要发生在旅游目的地，为第二生产阶段；旅游景区景点、旅游娱乐、旅游购物体现了旅游者的出游目的，为第三生产阶段。与欧美国家相比，我国旅游供应链建设滞后，旅游企业"规模小、经营分散、实力弱、科学管理水平差"，因此许多地方的旅游政府主管部门就起到了"旅游集团总公司"的作用，实行政府主导型旅游发展方针就成为我国旅游业持续快速健康发展的客观要求。但是，政府主导型旅游管理体制并非永恒不变的，随着我国旅游企业走股份合作、兼并、重组之路，大型旅行社集团化、中型旅行社专业化、小型旅行社通过代理制成为大集团的网点，政府主导型旅游管理体制将逐渐向政府干预型、市场主导型旅游管理体制转变。

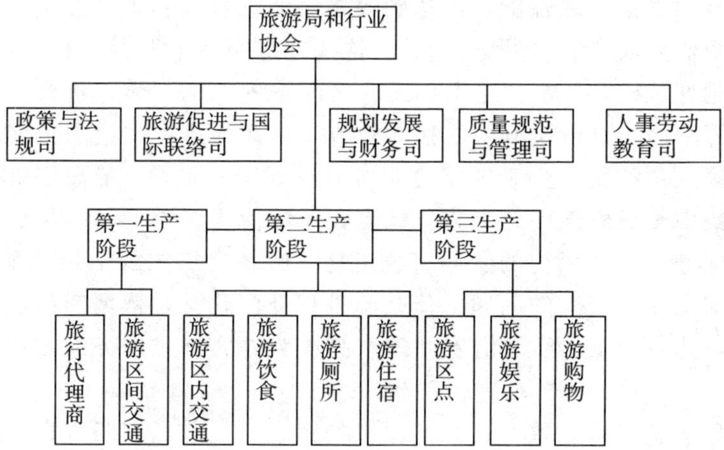


图 8-4 旅游产业组织结构

4. 项目组

它是需要各种不同专长的人在一起才能完成的工作，它同时是具有许多事先不确定的复杂因素的工作。它是为了完成某个特定的任务，而把一群不同背景、不同技能、不同知识和来自不同部门的人组织在一起的一种组织形式。什么叫项目管理？项目管理是使项目活动按时间进行，不突破预算和符合规范的一种管理活动。项目团队的成员来自各自的工作领域，他们向项目经理报告。随着网络技术的发展，进一步出现了不在同一地点工作的虚拟项目组形式。虚拟团队是利用计算机网络技术，把实际上分散在各地的成员联系起来，以实现一个共同的目标。优点：适应性强，机动灵活，容易接受新观念、新方法；各个成员目的明确、责任感强。缺点：缺乏稳定性；在规模上有很大的局限性。

**【思考题】**你认为电影制片厂的摄制组，企业中的技术革新小组，高校里的课题组是项目组吗？为什么？是的。它是为了完成一个共同的目标，把具有不同背景、不同技能，来自不同部门的人临时组合在一起的，项目完成后，项目组也就解散了。所谓“重大项目领导挂帅制”也是一个项目组。唐僧师徒四人也是一个项目组。唐僧是金禅子转世，技能是“信念坚定”，来自洛阳；孙悟空是齐天大圣，技能是“最能打”，来自花果山；猪八戒是天蓬元帅转世，技能是“不发脾气”，来自高老庄；沙和尚是卷帘天将转世，技能是“挑担子”，来自流沙河。

5. 矩阵制

它适用于创新性任务较多，生产经营复杂多变的组织。它是为了适应在一个组织内同时有几个项目需要完成，每一个项目又需要具有不同专长的人在一起工作才能完成，为了这一特殊需求而形成的。优点：上下左右、集权分权实现了有效的结合，有利于加强各部门间的配合和信息交流；便于集中各种专门的知识和技能，加速完成某一特定项目；增加了组织的机动性和灵活性等。缺点：由于没有足够的奖惩手段，项目负责人责任大于权力；项目负责人和原部门负责人对于参加项目的人员都有指挥权，需要双方密切配合。大学本科毕业论文答辩小组有许多个，可看作是矩阵制组织形式。

6. 委员会

一般是“一人一票”，处理权限争议问题和确定组织目标。按“一人一票”“少数服从多数”或“多数服从少数”的原则来决策问题，特点是集体决策、集体行动。合作制是一人一票，股份制是一股一票。多数服从少数，如联合国安理会五个常任理事国，做决策时，每个成员都有“一票否决权”。美国在决定攻打伊拉克、利比亚时，中国投了弃权票。优点：为了集思广益，充分发挥集体的智慧，产生解决问题的更好方案；利于集体决策，防止个别人或部门权限过大，滥用权力；加强沟通和协调，了解和听取不同利益集团的要求，协调计划和执行的矛盾；通过鼓励参与，在一定程度上满足下属的参与感，有助于激发组织成员的积极性和主动性。缺点：做出决定往往需要较长时间，“议而不决，决而不行”；集体负责，个人责任不清；有委曲求全、折中调和的危险；有可能为某一特殊成员所把持，形同虚设。例如，在讨论某“预备党员”转正的会议上，委员会主席首先说，“我认为，张某信念坚定、人品好、能力强、工作勤奋、业绩突出，我完全赞同张某转正为正式党员。”委员会主席的话音未落，他的“粉丝”们马上随声附和、好评如潮。那些持反对意见者，在从众心理的影响下，也不好唱反调。

## 五、组织结构设计的基本过程

1. 岗位设计

即工作的专门化。如酒店餐饮部员工分为：迎宾员、盯台员、跑菜员、酒水员、收银员、划菜员、领班等。

2. 部门化

即工作的归类。①职能部门化，如海南大学办公楼里的职能部门有教务处、科研处、学生处、研究生处、人事处、财务处等。②产品部门化，如海南大学各个专业培养不同的高级专门人才。③地区部门化，如海南大学的海甸校区、城西校区、儋州校区，某外贸公司分为中东科、欧洲科、美洲科、亚洲科等。④顾客部门化，如医院有外科、内科、儿科、妇科等。⑤综合部门化。

3. 确定组织层次

组织层次的多少与某一特定的管理人员可直接管辖的下属人员数（即管理幅度的大小）有直接关系，如图 8-5 所示。左图与右图操作性员工数量是一样的，都是 4096 人，但左图管理幅度为 4，分为 7 层，管理人员 1365 人，称为“锥型结构”或“塔形结构”；右图管理幅度为 8，分为 5 层，管理人员 585 人，称为“扁平型结构”。锥型结构优点是上级可以对下属进行具体指导，如导师带研究生；锥型结构缺点是信息上传下达或下传上达时容易失真，而且管理费用高。一群农民工挖隧道时偷懒，几个老乡凑在一起聊天，被基层管理者发现了，消息一层一层地传到总经理，变成“农民工在挖隧道时，挖出了一个人，而且还聊了半天。”军队里是典型的锥形结构。扁平型结构优点是信息传递时不容易失真，管理费用低，但上级难以对下属进行具体指导，如大学本科生的“大班上课”。随着信息技术的发展，组织结构越来越趋向于扁平化、去中层化。

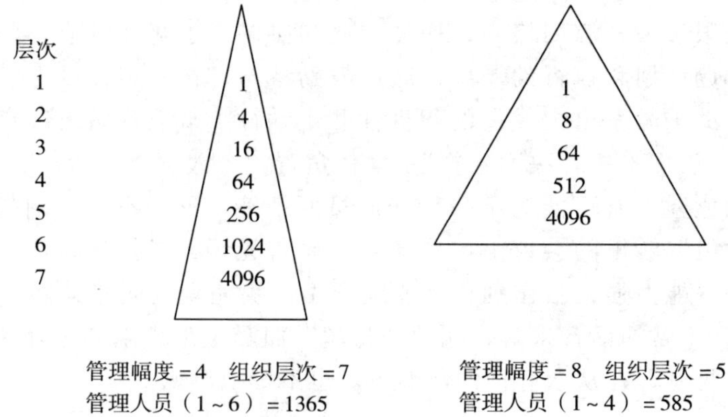


图 8-5　组织层次与管理幅度成反比

**【思考题】**某公司组织有操作者 100 名，基层管理人员的管理幅度是 10

名，中层管理人员的管理幅度是 5 名，则该公司应有多少名中高层管理人员？答案是 3 名中高层管理人员。可见，越到基层，管理幅度越大；越到高层，管理幅度越小。军队里，一个军长管三个师长，一个师长管三个旅长，一个旅长管三个团长，一个团长管三个营长，一个营长管三个连长，一个连长管三个排长，一个排长管三个班长，但一个班长管 12 个士兵。

管理幅度的大小受多种因素的影响：管理者的能力（能力强，管理幅度可以大些，如一个中学班主任只管理 50 个中学生，而一个大学辅导员要管理 500 个大学生）；下属的成熟程度（当下属不成熟的时候，你的管理能力比较弱的时候，可能你们两个人都管不好一个人，比如管理你们的小孩）；工作的标准化程度（工作标准化程度高，管理幅度可以大些）；工作性质（搞特务工作是单线联系）；工作条件；工作环境。

4. 人员配备（人员结构）

（1）能级问题。在一个组织中，由于组织成员的素质不同，可划分成各种能级。为了保证组织具有高效率和高可靠性，不仅要合理划分组织中人员的能级，而且要使不同能级的人员有一个合理的组合。稳定的能级结构应是正立三角形：较少的高级人员、较多的中级人员、更多的低级人员。

（2）互补问题。从横向考虑人员的配置，认为同一层次的人员相互之间应是能力互补。能力互补，各有所长，但又有共同语言，就能较好地进行分工协作；各有所长，但无共同语言，则不易合作，发挥不了集团效率；能力相似，则容易相互争斗，形成内耗。

**【思考题】**怎样设计每一个岗位的工作内容？工作分析又称为职务分析，是指通过观察和研究，对组织中各项工作职务的特征、规范、要求、流程，以及员工的素质、知识、技能要求进行描述的过程。通过工作分析，可以根据不同的工作内容设计不同的职位，并确定每个职位应承担的职责和工作条件。它的结果主要是工作描述和任职说明。

**【思考题】**各种部门化方法各适用于什么场合？职能部门化适用于政府部门、行政机构；产品部门化适用于企业；地区部门化适用于外贸公司、跨国公司；顾客部门化适用于医院。

**【思考题】**组织结构设计中，如何满足“经济高效和信息畅通”原则？①保持最短的信息联系线；避免因划分过细，而增加不必要的组织界线，影响信息沟通。②要明确各部门之间的协作关系，以及各项跨部门工作的流程，防止因接口不清而导致责任不明。③要有利于开展非正规的讨论，有利于组织成员间的相互理解及和谐气氛的形成。④机构要精简，要减少不必要的管理层次，但又要为组织将来的发展做好人员储备，并有利于各种资源的有效利用。

**【案例讨论题】**一个美国人在俄罗斯的道路上看到两个俄罗斯人。一个人拿着铲子正在路边挖坑，且每 3 公尺挖一个坑，坑挖得很认真，也很工整。另一个工人却跟着把前一个工人刚挖好的坑马上回填起来，如此反复地持续着。美国人很好奇，便问其中的一个俄罗斯工人："为什么你们一个挖坑，另一个马上便把坑给填起来呢？"那个挖坑的工人回答道："我们是在绿化道路，我负责挖坑，第二个人负责种树，第三个人负责填土。不过，今天第二个人请假没来。"每个人都严格执行了制度，每个人也都很尽责，但效果却是相反的。

请问：(1) 从组织职能的角度看，这个故事给你的启示是什么？

(2) 从创新职能的角度看，这个故事给你的启示又是什么？

评析：这个故事是幽默的，但更多的是给我们的启示：

(1) 巴纳德认为，任何组织都是一个协作系统，社会各级组织都是由"相互协作的个人"组成的系统，称为正式组织。任何协作系统，都包含三个基本要素：协作的意愿、共同的目标和信息的联系。许多组织部门，分工是明确的，协作是不清楚的；作为部门经理，要到位，不越位，及时补位。

(2) 机械执行、照抄照搬上级命令，实际上是在"以执行的名义"破坏执行。

**【案例讨论题】**"倒金字塔管理法"最早由瑞典的北欧航空公司（SAS）总裁杨·卡尔松提出。20 世纪 70 年代末，石油危机造成世界范围内的航空业不景气，瑞典的北欧航空公司也不例外，每年亏损 2000 万美元，公司濒于倒闭。在这个危急的时刻，一位朝气蓬勃、极具领导才能的年轻人——杨·卡尔松受命于危难之际，担任了北欧航空公司的总裁。卡尔松接任后采用了新的管理方法，一年后，北欧航空公司盈利 5400 万美元。这一奇迹在欧洲、美洲等广为传颂。卡尔松来到北欧航空公司时，公司一片萧条，人心惶惶，员工们不知道公司会走向何处。卡尔松利用 3 个月时间，在仔细研究了公司的状况后向所有员工宣布，他要实行一个全新的管理方法。他给它起名字叫"Pyramid Upside Down"，我们简称叫"倒金字塔管理法"，也有人称之为"倒三角管理法"。

卡尔松的"倒金字塔"构架是：最上层——一线工作人员（卡尔松将其称之为现场决策者）；中间层——中层管理者；最下层——总经理、总裁（卡尔松将自己称之为政策的监督者）。"倒金字塔"管理法的总的含义是"给予一些人以承担责任的自由，可以释放出隐藏在他们体内的能量。"那么这种管理方法出现了什么效果呢？SAS 公司采用这种方法 3 个月之后，公司的风气就开始转变，他开始让员工感觉到我是现场决策者，我可以对我分内负责的事情做出决定，有些决定可以不必报告上司。把权力、责任同时下放到员工身上，而卡尔松作为政策的监督者，他负责对整体进行观察、监督、推进。

倒金字塔管理法案例：德国人艾森·候波从柏林到法兰克福转机，又乘SAS公司的飞机赶到斯德哥尔摩办事。在机场他找到了值班经理，怒气冲冲地说："SAS公司不好，你们看，把我的皮箱摔成这样！"经理看到皮箱上是有一个崭新的口子，再仔细看以后，他笑着对德国人说："先生，实在对不起。这样吧，您能不能等我几分钟？"十分钟后，经理拿来一个基本和客人的一样的皮箱，对他说："这个皮箱就作为SAS公司送给您的一件礼物吧，请收下。"德国客人想了想，拿着箱子走了。这个德国人晚上翻来覆去地想，心里很不好受。第二天带着新皮箱找到那位经理说："我很不好意思……"经理赶忙说："您别说了，我都知道，我已经说了，就作为一件礼物请您收下。"德国人很惊奇，你怎么知道呢？机场的经理笑了笑说："您昨天拿的皮箱的裂痕确实是新摔的，但不是我们公司摔的。因为皮箱在上飞机之前我们都是要检验的，如果皮箱已经有裂痕或者破损的情况，旁边要贴有标记。而我在您的皮箱上看了这个标记。"德国客人脸红地说："我的皮箱是在法兰克福摔坏的，找他们，他们不承认，到阿兰德机场本来想跟你们泄泄气，但没想到你们会这样处理，我回去之后都要鼓励他们坐SAS公司的飞机。"

这也是"倒金字塔"管理法在起作用，在SAS公司处处都能感到员工们那种自信、自豪的感觉，他们有着非常明确的奋斗目标，而且总裁卡尔松带领他们向这个目标进发。

请问：

(1) 你能总结出"倒金字塔管理法"的实施要点吗？

(2) 从组织创新的角度看，为什么"倒金字塔"管理法能取得成效？

评析：(1)"倒金字塔"管理实施要点：第一，决策权向下移，并不代表领导者放弃了管理的职能。常话讲"甩手掌柜"式的领导方式不可取。领导要监察、督导制度的执行，保证总体的大方向不能改变。第二，对员工的基本素质有一定的要求。权力如何下放，下放的程度如何，因人而异。如果把枪交给了敌人，那先受伤的很可能是我们自己。因此，执行"倒金字塔"管理法，首先要对员工的能力和品德进行评估。第三，要有"相对健全的制度"与"权力下放"相配套。

(2) 一般传统企业的管理模式是从"最上层的领导者"一直到"基层众多普通员工"的逐层分级的组织形式。这种自上而下的管理模式，可以让企业比较有效地执行管理层的决策，对企业的发展可以起到一定的积极作用。

但是也带来了一些不可避免的负面效应：无形中建立起人与人的等级观念；企业高层听不到底层员工的声音；无法调动每个员工的积极性和创造性；缺乏企业凝聚力等。

倒金字塔管理模式有效打破“分级式管理”所造成的沟通不畅。在这种模式中一线员工成为最重要的一级，他们位于整个公司管理的最上层，他们可以在公司规定的范围内自由发挥自己的才能、贡献自己的力量、为公司提出建议等；中间管理层要为员工服务，解决他们的后顾之忧，呵护他们，关心他们成长；企业高层管理者要为员工发展创造有利条件，悉心听取下面各级提出的建议，做出更加及时有效的企业决策。这种倒金字塔管理模式更加注重人性化管理，充分尊重、信任每一名员工，可以激活企业内部员工的动力，释放出更强大的活力。

条条大路通罗马，企业管理也是。“倒金字塔”管理法告诉我们：切不可忽视员工的作用，重视各层级之间的社交沟通。至于选择哪条路去罗马，还要看我们驾驶的是辆什么样的车。

# 第九章　人员的配备

人员配备的内容是“人力资源管理”，其目的是，让“合适的人”做“合适的事”，做到“人岗匹配”。既要让组织中的每件事都有合适的人来做，也要考虑到发挥一个人的特长优势和兴趣爱好。人员配备工作应由人力资源管理部门的经理和用人部门的经理共同负责。

## 一、人员配备的基本要求

人员配备是指组织通过对工作要求和人员素质的分析，为每一个岗位配备合适的人员，以完成实现组织目标所需开展的各项工作的过程。人员配备的目的：谋求人和事的最佳组合。

1. 人员配备应满足组织的需要

(1) 使组织系统得以运转。组织中的每个岗位，都配备有符合岗位素质要求的人。

(2) 为留住人才创造条件。通过轮岗、转岗或岗位的重新设计，为员工才能的充分发挥和实现个人的发展目标创造良好的条件。

(3) 适应组织发展需要。要考虑到，组织结构和岗位设置将来可能发生的变化。

**【思考题】**很多成长型企业为什么常常出现“人才饥渴症”，找不到符合新岗位素质要求的人员？资金是可以及时到位的，信息是可以及时获取的，只有人不可能是一步到位的，因为你对人的了解和信任不可能是一步到位的。

(1) 设计合理的岗位。有的岗位设计不合理。有的老总说：“能不能在你的 MTA 班里，帮我找一个既懂业务又懂管理的人，给我们当部门经理？”既懂业务又懂管理的人有没有？有的，但他们或者当小老板了，或者当副总了，谁都不愿意到你的企业里当一个部门经理。即使他们来了，你也伺候不好，一不顺心，他拍拍屁股就走了。有的岗位需求太抽象，要招募“德才兼备”的人。什么叫德才兼备？我认为：认同你的组织文化的，就叫有“德”；符合岗位能力要求的，就叫有“才”，按照这个标准，公司里 90%以上的人都是“德才兼备”的人。合格的组织成员＝认同组织理念＋遵循群体规范＋做出自己贡献十对工作结果负责。

(2) 寻找合适的途径。有的单位不知道到哪里去找人，到学校里找，招聘会里找，网上找。学校里是新手，招聘会上是“流窜犯”，网上是“逃犯”。应该在MTA学习班里找、行业协会里找、猎头公司里找。有位企业老总上过多次MTA学习班，每次下课的时候人际交往很活跃，还要请大家吃饭，毕业时总要带走几个人。去年，我又在MTA学习班里见到他，就直接问：“你们公司又缺人了?”他说：“有时候，我想留级。”他从海南大学里挖走了三个硕士、两个博士，还有一个老师也被他挖走了。

(3) 提供内部竞聘机会。有的人才，你们公司里不是没有，就在你身边，所以我们要搞内部竞聘。有的企业老总，对本公司三分之一的人，叫得出名字；对三分之一的人，觉得面熟，但叫不出名字；还有三分之一的人，根本不认识。

(4) 提前着手培养。有的老总整天讲：“人力资源很重要，人力资源很重要……”你看你都不带人。人力资源既然很重要，就要用优秀的人训练优秀的人，老总首先当导师，每次带两个，一年一换。

(5) 用优秀的人吸引优秀的人。有的单位整天招人，你看看你是什么样的人去招的?优秀的人才一看你的招聘人，就不来了，招聘人也因为自身素质原因，看他不顺眼，最后招进来的人，老总都看不上。

2. 人员配备应考虑到组织成员的需要

一是使每个人的知识和才能得到公正评价和运用。工作要求与其能力相符，工作目标具有挑战性，工作内容符合兴趣爱好。二是使每个人的知识和能力得以不断发展和提高。知识与技能的提高，不仅可以满足人们较高层次的心理需要，而且也是组织成员得以晋升发展的基础。

**【思考题】**工作绩效与个人素质是什么关系?①胜任工作，无兴趣，无报酬，就不做。②胜任工作，无兴趣，有报酬，就得过且过。③不能胜任工作，有兴趣，无报酬，就尽兴而为。④不能胜任工作，有兴趣，有报酬，就尽力而为。⑤胜任工作，有兴趣，有报酬，才乐于工作。

**【思考题】**怎样才能在人员配备过程中，使组织成员得到提高能力的机会?工作具有一定的挑战性；横向扩展工作的内容，让一个人成为“多面手”；纵向扩展工作的内容，让一个人也做做上级的部分工作。如海尔集团规定，星期五这一天班长不上任，而是大家轮流当班长。

**【思考题】**“疑人不用，用人不疑”观点正确吗?这个观点在古代是正确的，但在今天，用人也要疑，疑人也要用。“用人不疑，后悔不已；疑人不用，无人可用。”

**【思考题】**为什么新引进的人才，常常留不住？开会时，企业老总讲了三句话。第一句话是“企业之间的竞争，关键是人才的竞争。”大家觉得老总讲得有道理。第二句话是“我们现有员工的素质，已经远远不能满足公司发展的需要。”大家就在想，老总觉得我们这帮人不行了。第三句话是“我们要继续花大气力，做好人才引进的工作，因此公司决定，拿出钱，拿出政策，加大人才引进的力度。”大家就在想：“我在公司辛辛苦苦多么多年，从来没享受过这样的待遇。”还有的人想：“这个位置本来是我看好的，怎么老总要到外面去弄人，我还留在这个公司干吗呀。”不久，许多骨干员工纷纷要求调离。老总很困惑，“你是我们的骨干，怎么你要走了？”新人才进来后，召集大家做事情，大家都说：“你是我们公司重金聘用的人才，工作当然是由你来做，我们在旁边学习学习。”几个月后，新聘的人才觉得公司氛围不对，没法开展工作，也就要求离开了。这叫“招来女婿，气走儿子”。

**【思考题】**如何满足“有利于人才成长和合理使用原则”？为保持组织活力，在部门设置时，要有利于人员更替和积极性调动。组织结构变革的要点是：①有计划地进行。②先做加法，再做减法。先设立部门和岗位，虚席以待，有助于获得相应的人员，这叫“筑巢引凤”。为了调动员工的积极性，可以恰当地因人设岗位或部门。在中国，组织结构调整宜采用“先加法后减法”。③建立“蓄水池”和“退养池”。在我们培养新人时，既要让优秀员工来带新人，以优秀培养优秀，又要设立一个单独的或者比较有活力的蓄水池，来承担培养新人的职责。同时，也要为老人退出，设置过渡部门和岗位。④善待老人。针对过去为企业做出贡献的“老臣”，设立“创业贡献基金”。⑤新人做新事，老人做老事。老人做新事，可能干不动；新人做老事，也缺乏吸引力。例如，海尔集团在开拓欧洲市场时，就用刚刚毕业的大学生，培训6个月后让他们上岗，效果很不错。

## 二、人员配备的工作内容

人力资源管理过程包含8个步骤：人力资源规划、招聘或解聘、甄选（确保组织识别和选聘到有能力的员工）、上岗引导或定向（orientation）、培训（使得员工的技能和知识不断得到更新）、员工绩效管理、薪酬与福利、职业发展（能长期保持具有高绩效水平的、能干杰出的员工）。这里挑几个重点步骤介绍：

### 1. 人力资源规划

确定人员需要的种类和数量。以组织设计中的岗位类型和岗位定编数为依据。

**【思考题】**组织所需的岗位类型和岗位数量又是根据什么确定的？组织发展目标和战略。

**【思考题】**人力资源规划和战略规划之间是什么关系？人力资源规划要服从和服务于战略规划。

2. 招聘与甄选

选配合适人员。对组织内外的候选人进行筛选，以做出合适的选择。

招聘是组织按照一定的程序和方法，招募具备岗位上岗素质要求的求职者，担任相应岗位工作的系列活动。甄选是指依据既定的用人标准和岗位要求，对应聘者进行评价和选择，从而获得合格的上岗人员的活动。甄选为什么难？因为它是“双向选择”，就像找对象一样。例如，用人单位要从10个候选人里挑选一个人，而这个人要从10个应聘单位里挑选一个就业单位，只有双方都“看对眼”了才行。

**【思考题】**如果在一个重要的岗位上安排了一个不合适的人，会产生什么后果？会误事。就像诸葛亮派马谡守街亭一样，街亭失守了，诸葛亮只好班师回蜀了。所以，关键岗位上的人事任免属于组织的重大决策。

3. 上岗引导或定向

一旦选定了某项职务的候选人，他就需要被介绍到工作岗位和组织中，使之适应环境。这样做的目的是减少新员工刚开始工作时常会感觉到的最初的焦虑，让新员工熟悉工作岗位、工作单位和整个组织，并促进“外来者”向“内部人”的转换。我国培养博士生的方式有委托培养、定向、非定向三种，委托培养收费最高，一般是本校以外的人读的；定向收费最低，一般是本校的教职工才能读的。

4. 培训与考核

使人员适应发展需要。培训是指组织为了实现组织自身和员工个人的发展目标，有计划地对员工进行辅导和训练，使之认同组织理念，获得相应知识和技能，以适应岗位要求的活动。绩效考核，亦称绩效评估或考评，即按照一定的方法及程序，对现职人员在一段时间内的岗位职责履行情况做出评价。海南大学每年度考核一次，10%的人是优秀，90%的人是称职，如果不称职，就要开除了。考核结果是职务晋升的一个重要参考依据，如评教授职称就要看年度考核结果。

**【思考题】**绩效考核与人员素质测评有何不同？绩效考核是针对工作而言的，人员素质测评是针对人而言的。“360度考评法”不是拿来做绩效考核的，而是拿来做人员素质测评的，其实质是测量人气指数的高低。

**【思考题】**什么叫结构性工资？员工工资是由基本工资、岗位工资、绩效津贴、学历津贴、工龄津贴、超工作量奖金等几个“模块”组成的。一位工作20年的老工人与一位刚毕业的大学生月薪都是4000元。人事部门在发工资时，告诉老工人：“你呢，4000元工资中，3000元是基本工资，1000元是工龄津贴；他呢，4000元工资中，1000元是基本工资，3000元是学历津贴。”如果老工人不满意，人事部门经理就可以告诉他：“有本事，你也去拿一个大学文凭。”这样大家就觉得比较公平，无话可说了。

**【思考题】**你想要老板加工资，应该怎么说？你说：“老板，我干得怎么样？”老板说：“不错呀！”你就问：“他们公司一个月给我五千，你看我要不要过去？”老板会说：“干吗要过去呀！我已经给财务部讲了，一个月给你六千。”如果老板说：“你要走就走。”那你的沟通就失败了。

## 三、人员配备的基本原则

1. 因事择人、适应发展原则

要根据工作需要，配备具备相应知识和能力的人员，并留有一定的余地。

2. 因材器使、客观公正原则

根据一个人的特长和兴趣爱好，来分配不同的工作，为人们提供平等的就业、竞争上岗和培训机会。

**【思考题】**怎样才能做到既符合因事择人原则又符合因材器使要求？因事择人第一，因材器使第二。即在因事择人的前提下，考虑因材器使。

3. 合理匹配、动态平衡原则

在发达国家，失业率控制在8%左右。失业率太低了，工作没有压力，就不会努力工作；失业率太高了，社会不稳定，所以人员流动要“动态”管理。

**【思考题】**在一个组织中，人员配备工作由哪些人来负责？为什么？人事部门和“用人部门的经理”共同来做。这样，在人员使用的过程中，“用人部门的经理”就不能说下属“不行、不听话”这样的话。否则，人事部门就说“人不行？人不都是你挑的吗?!”“不听话？人不都是你带的吗?!”

**【思考题】**某饭店提出的管理理念是“富民政策、人事政策；用人所长、按能设置；结构优化、形成合力；不拘一格、公平竞争；人员流动、动态管理”，其中包含哪些管理学原理？评析：①富民政策、人事政策体现了管理是为人服务的，其出发点和归宿点都是人。②用人所长、按能设置，体现了分工的原则。③结构优化、形成合力，体现了协作的原则。④不拘一格、公平竞争是发现人才和选拔人才的原则。⑤人员流动、动态管理体现了人员配备的目的是谋求人和事的最佳组合；让合适的人做合适的事，并取得满意的工作绩效。“人岗匹配”是通过人员流动来实现的，泰勒说过，每个人都可能成为"头等工人"，但一个组织里只有三分之一的人是"头等工人"。人员不流动，就是我们常说的"铁饭碗、铁交椅、铁工资"。

人员的配备小结：①建立分工合理、协作关系明确的组织结构体系，是贯彻落实计划工作的基础。②组织工作的重点是组织结构的设计和变革、组织关系的明确与协调。③组织设计要了解组织、组织设计过程、组织设计影响因素、权力配置方法等。④组织结构设计的原则是以目标为中心、职责分明、以人为本、经济高效。

**【案例讨论题】**众康是一家从事汽车零配件生产的民营企业，在企业成立的前5年中，企业主要是为一些汽车维修企业提供若干品种的汽车零配件产品。随着企业新品种的不断开发和产品质量的不断提高，业务对象也开始扩展到汽车组件厂，成为一些汽车组件厂的定点配套企业。随着企业业务量的不断增长，企业开始感受到现有人员素质的不适应和企业人手的不足。

在过去，为了降低产品成本和减少风险，企业对人手的控制一直都比较紧，绝大多数新增工作都通过分配给现有员工的方式加以解决，所以企业中"一人兼数岗"的情况比较普遍，各人的岗位职责也不是很清楚，通常凡是某个员工可以做的工作就分配给这一员工，而不太在意他原来做的是何种性质的工作。这一人员控制策略，在企业发展初期是与企业的低成本市场进入战略相匹配的。只是近年来，随着业务量的急剧扩张，企业开始发现原有的员工也不像以前那么能干了，做事丢三落四，分配给他的任务常常不能及时完成，相互之间扯皮现象增多，做事情你推我我推你，出了问题相互推卸责任，常常是要等到老总亲自过问才能有所行动，许多事情常常是大会小会经常说，领导思想上很重视，却总是停留于口头，而无法贯彻落实。

面对企业发展中出现的这些现象，企业老总找到了一位管理学教授进行咨询。管理学教授经过分析后认为，这些问题的出现根源在于没有预见到企业的迅速发展，以至于当企业迅速发展时，企业的组织结构和人员配备跟不上企业发展的需要，从而导致了老总所描述的种种现象。

企业经过内部讨论，认可了教授的分析，认为上述问题的出现，在很大程度上确实与没有预见到企业会发展得这么快有关，并就改变组织结构设置、加大人员引进力度和聘请咨询公司协助做好组织结构设置与人员引进达成了共识。

请问，如果你是企业聘请的协助解决这一问题的顾问，你如何解决下面所列的问题：

(1) 你会提出怎样的整体解决方案，来解决企业目前所面临的问题？请列出你所建议的整体解决方案的要点。

(2) 当企业就实际工作中通过何种途径获得企业所需要的中高层管理者或技术人员而征求你的意见时，你会提供怎样的建议?

(3) 当企业询问，你应该怎样做才能避免在今后的迅速发展中再次出现人员供应跟不上企业发展需求时，你又会提出怎样的解决方案?

(4) 如果在企业中出现不能适应企业发展所需要的人员，需要精简人员或淘汰不合格员工时，你会建议企业在事先通过怎样的手段，建立怎样的人员淘汰制度，以进一步提高人员配备与企业发展的适应度?

评析：(1) 因事择人与因材器使相结合；制定企业人力资源发展规划和目标方案；实行竞争上岗制度；实行培训上岗制度。

(2) 一是内部竞聘；二是外部招聘，如 MTA 学习班、行业协会、猎头公司里找。

(3) 发展人；用优秀的人吸引优秀的人，慎重选择招聘人；用优秀的人训练优秀的人，老总首先当导师，每次带两个，一年一换。

(4) 绩效考核制，考核期限建议是一个月一次；实行“末位淘汰制”。

# 第十章　权力的分配

组织中，人与人的关系表现为权力关系，包括直线权力、参谋权力和职能权力。授权是使管理者成功的“分身术”。授权与被授权，是发生在上下级管理者之间的，而集权与分权，是发生在上下级组织之间的，如中央与地方、集团公司总部与各事业部、母公司与子公司。“成功的管理者”强调网络关系活动、社交和政治技巧；“有效的管理者”则强调沟通。

## 一、权力的概念和内涵

1. 权力

权力是指为了达到组织目标而拥有的开展活动或指挥他人行动的权利。在一个组织中，任何一个组织成员都拥有开展活动的权力，但作为管理者，他们还拥有指挥他人行动的特殊权力。

2. 职权（authority）与权力（power）的区别

职权是与职务相伴随的，它由一个人在组织层次中的纵向职位决定的。今天你是院长，我要听你的；明天我是院长，你要听我的。权力是指一个人影响决策的能力，它同时由他的纵向职位，和他与组织权力核心的距离所共同决定的（如秘书）。

**【思考题】**组织为什么要正式授予每一位组织成员以一定的权力呢？每一位组织成员都需要完成本职工作，所以需要拥有开展活动的权力，包括岗位权力、咨询和被咨询的权力、选举和被选举的权力，甚至一个清洁工，有权知道清扫范围，有权要求提供清扫工具，有权制止别人乱丢果皮纸屑。你们大学生有没有权力？有的，你们有权力来上课，有权力参加考试，有权力要求老师给你成绩。

**【思考题】**管理者拥有哪些特殊的权力？支配权：你必须在两周内把这件事做好；强制权：如果你本周还不能将此事做好，我就开除你；奖赏权：如果你们能提前一周干完这些活，我就请大家到三亚玩两天。

3. 部门管理者通常拥有的权力

（1）有权根据工作需要，提出本部门人员、设施增减要求和所需资金预算。

(2) 参与选择下属和对下属工作进行调配、检查、考核和按照组织规定进行奖惩的权力。

(3) 在组织核算的预定范围内，按组织相关制度审批（或审核）本部门费用开支的权力。

(4) 根据本部门职能，按照组织的制度和流程，组织制定本部门各项工作具体操作规程和相应制度实施细则的权力。

(5) 要求其他部门对本部门工作进行合理配合的权力，或者对其他部门进行职能指挥、检查的权力。

(6) 在本职工作范围内，按制度自主组织开展本部门工作的权力。

**【思考题】**怎样理解“高调去拿权，低调去用权?”“高调去拿权”，是因为许多人都想拥有权力，如果你不高调的话，机会就不是你的，而且“高调”可以反映出一个人具有强烈的管理意愿，这是作为一个管理者所必须具有的品质。对权力不感兴趣的人，当然不会负责任地、有效地使用权力，从而难以借此获得积极的效果。比如美国总统选举够高调的吧，所以我们拿权时要高调，不要怕难为情。“低调去用权”，说明管理者要具有厚人薄己的品质。如果你带领一帮肯干活的人，获得校级奖励，你自己占了，别人就说：“哦，我们干半天，原来是为你干的。”所以，你要把奖励让给别人，尤其是让给“给你抬轿子”抬得最卖力的人。不要紧，奖励还会有的，这叫“以小博大”。终于有一天获得省级奖励，你想：“这个是我想要的”。如果你占了，别人就说：“哦，原来你是骗我们的，你是要大的。”所以你要保持品质的一致性，继续让，这叫“以退为进”。否则，以后你找人家做事，他们会说：“哦，又来骗我们了。”这样，没人愿意帮你做事的。这个时候，别人也要掂量掂量，看他拿了合适不合适。如果大家都认为你应该拿，那你也不要跟群众为难。如果别人想要，你就让给别人，最后你一定有一个幸福的晚年。因为你带出了一个优秀的团队，那些杰出的人才都是在你手下培养起来的，他们会记得你的。

**【思考题】**为什么教师有权叫你做作业，并确定该课程成绩？这个权力是上面给的，即学院院长和学校教务处给的。

**【思考题】**有人认为，“权力是授予的，某人有权力是因为有人给了他权力”；也有人认为，“权力来自下属接受指挥的意愿，即权威或威信”。你认为权力来源于什么？上面人给的，叫职权；下面人给的，叫威信。权力来源于这两个方面。

## 二、权力类型及其相互关系

1. 权力类型

(1) 直线权力：上级指挥下级的权力，表现为上下级之间的命令权力关系。

(2) 参谋权力：向管理者提供咨询或建议的权力，属于参谋性质。下属也要善于运用请求的方式来寻求上级帮助："我想咨询一下老总，事情呢，我知道是该我做的，我想这样做……这次呢，想请你帮我看看，这样做合适不合适?"有的管理者就像开专家门诊，下属在门外面排队，一个个进去，提出病症，管理者开药方，应该怎么做怎么做，一天到晚忙得要死。有的下属想："你的钱比我拿得多，总不能让你闲着。"所以一上班就在上级办公室门口候着，等到上级来了，柔声说："经理，你来了。现在有这么个事情呢，你看该怎么弄啊?"上级上当了，马上想办法。下属下班回家后，看完电视就呼啦呼啦睡觉了，而上级半夜里还在那里忙。上级应该怎么说?"你自己的事情，你看该怎么弄? 明天上午 10 点向我汇报。"这才是老板呢。第二天上午 10 点，下属来汇报了，你听了后说："好，就照你说的办。"你心想："你出的是什么馊主意!"

(3) 职能权力：某个人员或部门根据高层管理人员的授权而拥有的，对其他部门或人员直接指挥的权力。例如，当实验室的保安措施不当时，安检人员命令实验室管理人员限期改正；总部的人事部门要求下属单位的管理者执行总部统一的人事政策；计划部门向生产部门下达生产计划，要求生产部门据此安排生产。

2. 相互关系

(1) "参谋建议，直线指挥"。直线部门在行使重大问题的决策权时，要征询参谋人员的建议。参谋人员与直线人员的矛盾是常有的。参谋人员说："直线人员瞧不起我们，要么就是提出过高的要求，说：'你们明天给我搞个战略出来'，要求怎么样怎么样，又不提供相应的条件。"还有的人说："我们提了那么好的建议，他们居然都不听，这帮老古董!"参谋人员一般都是有智慧的，相对年轻些，学历也高些。直线人员对参谋人员也不满，说："你们这帮人只会吹牛，说起来一套一套的，提出来的，都是不切合实际的建议。一有功劳，就说：'这个主意是我出的'；一有责任，就说：'我只不过是帮你参谋参谋'，逃得远远的"。

(2) "直线有大权，职能有特权"。直线权力与职能权力作用的层次、作用的范围不同。如图 10-1 (a) 所示，直线权力与职能权力作用的层次是不同的。A 对 D 说："你不能这样干"；B 对 D 说："你就那样干"。如销售部经理 B 对下属 D 说："你把这批货发出去"；质量检验部门 A 对 D 说："这批货有质量问题，不能发"。下属 D 就不知道怎么办了。这就违背了命令统一原则。怎样解决这一矛盾呢? A 有事不要直接对 D 说，而是把整改单、处罚单交给车间主任B，B再指挥D，这样关系就理顺了。如图10-1（b）所示，直线权力与职能权力作用的范围是不同的。直线部门B拥有对下属D的绝大部分权力，而职能部门A对D的指挥权严格限定在职能范围内。否则，直线部门B抱怨说："我的下属D，计划要听你的，安全要听他的，技术要听她的……还有什么听我的？D不过名义上是我的下属。出了问题我要负责任的。"所以说，直线有大权，职能有特权。

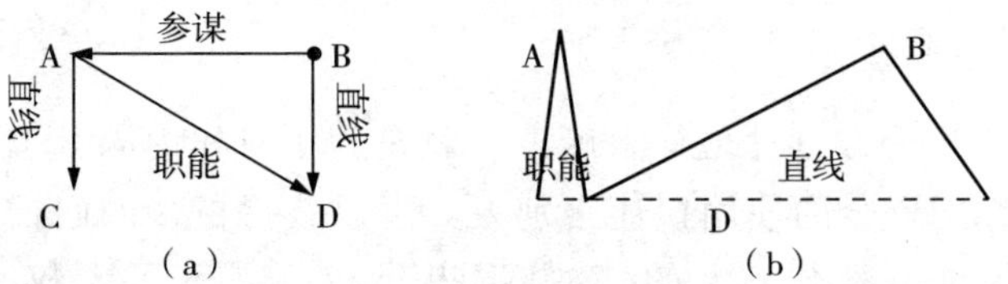


图10-1　直线权力、参谋权力、职能权力三者之间的关系

**【思考题】**在一个组织中，参谋人员是不是必需的？参谋权力呢？参谋人员不是必需的，但参谋权力是必需的。

**【思考题】**以下这些权力，属于什么类型的权力，为什么？①要求集团各部门、子公司，按本部门要求，及时准确提供"资金使用计划信息"的权力。②监督检查各部门和子公司，执行资金使用计划的情况，对违反计划的行为及时制止，并提出处理建议的权力。③对本部门所属员工进行调配、考核和奖惩的权力。评析：①职能权力，这是财务部门的权力。②是直线权力？还是参谋权力？还是职能权力？制止是职能权力，提建议是参谋权力。③直线权力。

**【思考题】**你在组织里见过多少种职能权力的情况？试分析为什么要有这些职能权力？最典型的职能部门是人事处、财务处。职能权力可以发挥职能部门的专业特长和信息优势，以弥补直线部门在能力和信息方面的不足。

**【思考题】**当一位下属认为其上司的决定不当时，他可否向上司提出意见或拒绝执行？为什么？如果情况紧急，就一切行动听指挥，出了事情由上级负责；如果情况不紧急，就需要与上级沟通，甚至越级报告。下属认为上司的决定不当，而提出意见，行使的是参谋权力，但不能拒绝执行，因为上级行使的是直线权力。下属最容易犯的错误，就是按自己的判断行事。"我是你的下级，我爱怎么做，就怎么做。当然，出了事情，要你负责。"有这种事情吗?！有时候，一件事该做还是不该做，从上面看与从下面看是不一样的。

**【思考题】**当一位管理者按照其下属的意见决策造成失误时，这位下属是否要为此承担责任，为什么？不用承担责任。因为下属提意见行使的是参谋权力，而决策是上级做出的，行使的是直线权力。参谋建议，直线指挥。直线人员对决策失误负有直接责任，不能推卸。

**【思考题】**职能权力的出现是否会违背组织内部命令统一性原则？不会的。因为职能权力是根据高层管理者的授权而行使的；职能部门在下达命令之前，都需要经过高层管理者的认可，才能生效。例如，海南大学教务处向各学院发布“关于课堂教学质量评估办法”之前，需要经过主管副校长的同意，签字盖章之后才能发布出去。

## 三、授权的益处

有人说：“我千方百计地往上爬，不就是为了有权力吗？怎么还要授给别人呢？”就像你把资金的使用权让给别人，可以获得更多的回报一样，授权也是“舍不得小的，来不了大的。”舍不得小权，来不了大权。授权的益处如下：

（1）使高层管理人员从日常事务中解脱出来，专心处理重大问题。有的人真是“工作狂”呀！整天是工作，也不知道春天是怎么发生的、小孩是怎么长大的。我们的 MTA 班里，有一个老总，上课的时候手机总是开着的，经常出去接听电话。考试就成问题了，所以就找袁老师沟通。他说：“我也知道管理学这门课很重要，想把它学好，可是我实在太忙了。老师，考试要考那些内容？”我说：“既然管理学重要，那你平时就要好好学呀！”为了增强说服力，打动袁老师，他说：“我管一个 700 多人的大公司，为了管理好公司，家里的重活、累活都是我爱人干的，我小孩长到 3 岁，管我叫‘叔叔’。”我说：“你小孩不是你生的吗？”他说，是自个儿的，因为他每次回家的时候，小孩都睡着了，出门的时候小孩还没醒，偶尔有一天早点回去，小孩就问“叔叔，你找谁？”他还说，他是不孝之子，他岳父住院动手术，他都没去看。我说：“那你管理学这门课就不要考了。”他高兴得要命，以为是免考。我说：“你重修。根据你的叙述，你不仅不是一个好的公民，而且不是一个好的管理者，所以管理学这门课你要重修，好好地学。”他问为什么，我说：“既然你娶妻生子，你就要履行你的家庭职责，做一个好父亲、好丈夫、好儿子。”他对我说的“不是一个好的管理者”，特别不高兴，他说：“我不是做得挺好吗？我的绩效比许多人都好。”我说：“我就问你一个问题：如果你们公司离开了你，会怎么样？”他说：“哦，那倒是不行的。离开我，公司一年就不行了。”我说：“这就是问题呀！如果你哪一天咕咚一声翻倒了呢，你让 700 多人找谁去？”他说：“我还年轻，怎么可能翻倒呢？”我说：“天有不测风云啊。”他嘟囔了一句：“这些，怎么可能都做到呢？”我说：“学好管理学，是可以把事业、家庭、生活、学习、娱乐统统摆平的。这就是我让你重修的缘故。”

（2）提高下属的工作情绪和责任心，并增进效率。有时候，当你不授权，事情都自己亲自干时，下属说你“独裁”。当你把一件一件的事情让下属来做，说：“这件事情，由你来干，具体怎么干，你自己看着办。”下属高兴得要命，说：“领导这么看得起我，我一定好好干，对得起领导对我的信任。”然后是“积极向上”，什么事业心、进取心、忠诚心、责任心……都来了。为什么会这样？因为你给了我一个舞台，展现我自己的价值。最后，大家说：“你就来当我们的主人吧！”这就是“民主”。

（3）增长下属的才干，有利于管理人员的培养。当你被提拔到一个新的职位后，你就要着手培养接班人。有的公司就规定，凡是没有培养接班人的，一律不得晋升。因为一旦你晋升后，原来的那一摊子就乱了。有的人就是因为在本职工作上干得很好，又没有培养接班人，所以一直停留在那个位子上。培养接班人，要培养一批，不要只培养一个。什么时候才指定接班人？最终的时候，或者你被提拔的时候。

（4）充分发挥下属的专长，以补救授权者自身才能之不足。上级与下属最好是能力互补，以我之所长补你之所短。任何管理者都是有缺陷的，不可能是十全十美的。如果你能弥补他的缺陷，包括能力上的缺陷和信息上的缺陷，上级会看在眼里，记在心里的。有人说：“就有这么个问题，我把权力授给下属了，上级发现他比我还能干，我还没上去，他先上去了。”的确有这个危险啊！所以，不能让下属有出头的机会，撳牢，撳牢，撳牢。撳不牢的！如果他有才华，就早点让他发光。他上去了，也会记得你的。否则，他的出头之日，就是你的受苦受难之时。别人也会说：“哎，这个人活该呀！当初他在台上的时候，这样对待人家；现在人家搞他，也是很正常的。”你连好的舆论都没有。

**【思考题】**管理者是否应该只分派自己干不了的事？不是，即使是上级干得了的事情，也要授权给下属。“授权是使管理者成功的‘分身术’”。授权的最大益处在于：可以让您享受生活的乐趣。懒人才当管理者。

我们来看“晋升条件”，授权与不授权就是一条分界线，如表 10 - 1 所列。①能力，即工作业绩。任何时候，我们都要认认真真地做事，留下良好的记录。不授权，做事凭的是个人能力；授权的话，凭的是群体力量。为什么要树立“责任在我”的观念，因为只有责任在我，才会功劳在我，利益也在我。②群体基础，即群众意见。组织部门在提拔一个人时，通常都要征求一下群众意见。有的人说：“这个人能力是好的，品德是坏的。”组织部门就要考虑一下了，因为把你提拔上去后，没人愿意给你当下属，没人愿意给你抬轿子。不授权的话，别人就说你独裁，“连采购这么一点事情，都要自己去跑、自己去批，肯定有回扣的。”举报信就上去了，组织部门考查下来说：“没问题的，他只不过是对你们不放心。”群众就想：“怎么会呢？肯定有好处的。”授权的话，群众就说你民主。③接班人，即候选人。不授权的话，身边有没有人？有呀，马屁精呀，不过马屁精一般都是“树倒猢狲散”。授权的话，就有一批接班人。④领导赏识，即领导满意。现在一般组织都实行“负责人组阁制”。不授权的话，领导不一定满意；授权的话，领导满意。世有伯乐，然后有千里马；千里马常有，而伯乐不常有。领导赏识与否，就是成功的管理者与“有效的管理者”的区别。

**表 10-1 晋升的条件与授权的关系**

| 晋升条件 | 不授权 | 授 权 |
|---|---|---|
| ● 能力——工作业绩 | ● 个人能力 | 群体力量 |
| ● 群众基础——群众意见 | ● 独裁 | 民主 |
| ● 接班人——候选人 | ● 无 | 一批 |
| ● 领导赏识——领导满意 | ● 不一定 | 满意 |

## 四、成功的管理者与“有效的管理者”

“有效的管理者”也是成功的管理者吗？卢桑斯认为，成功的管理者是那些提升得最快的管理者，强调网络关系活动；“有效的管理者”是那些绩效最佳的管理者，则强调沟通。社交和政治技巧对于在组织中晋升是重要的。什么叫情商？EI（Emotional Intelligence）是一种非认知的技能、潜力和素质，它影响到一个人能否成功地面对环境的要求和压力，它包括五个维度：自我意识、自我管理、自我激励、感同身受、社会技能。

要学会拍领导“马屁”。我说的“拍马屁”，不是说几句好话，“领导，你真能干啊!”这种话，恶心！这种动作，我们是不会干的。我说的“拍马屁”是正宗的管理学内容，不是庸俗的“升官术”。拍马屁要拍到点子上去的。你要想在管理阶梯上“步步高升”，就要注意以下五点：

（1）多做事情为领导争光，要及时汇报。领导重用你的一个表现，就是把一件又一件的事情交给你来干，每件事你都要认认真真地做，留下良好的记录。不仅要吭哧坑哧地干，同时要学会写“总结和计划”，与领导沟通，让领导感知。为什么要及时汇报？因为领导最关心工作的进展情况和权力的使用情况，写“总结”就是正常汇报工作，写“计划”就是要让你的有限资源得到合理的配置。凡是不被领导感知的事情，都是白做的！

（2）及时发挥你的才能为领导补台，减少他的失误。如果你能够以己之长，补彼之短，领导也会感激你的，看在眼里，喜在心里。

(3) 在上级擅长的地方，不要抢领导的光芒。上级也需要表演的，所以不要抢领导的“风头”。领导还没有递名片，你就急忙去递；领导还没有敬酒，你就说：“我先来敬大家两杯。”这样的话，你下次就没得去的。在领导喝不下去的时候，你挺身而出，这个时候有你的价值。

(4) 要学会相互欣赏，不要求全责备。有的人尽管对上级满怀感激，但总希望上级十全十美。组织部来考查时，就说：“我们上级还是不错的，就是哪方面不好，哪方面不好，哪方面不好……”组织部门听下来，就把领导不好的方面全记下来了。你应该说：“总体来说，都是不错的，他哪方面不错，哪方面不错，哪方面不错……当然啦，人都是有问题的。他毛病也是有的，但这些毛病不构成主要问题。”不就好了嘛！有的人不仅看不起下属，同时也看不起上级，说：“就能力而言，我坐她的位置还差不多，她只不过是怎么样怎么样……”这种风言风语，领导也听说了一些，考查下来，没把你免掉就不错了。这种人一般没有晋升的希望。

(5) 下级也要注意培养上级，“把他搞上去”。下级既要争当接班人，又要注意培养上级。因为要上级把位置腾出来，只有两种办法：一是把他搞上去，一是把他搞下去。今天你把他搞下去，明天人家把你搞下去，这就是斗争嘛！我们不要斗争，要“和平演变”，把他搞上去！他上去的时候，顺便拉你一把，不就是“大家手拉手，一起向前走”了嘛！

做到以上五点，整个组织就会形成一股“合力”，这正是一个组织所希望的。

## 五、授权的基本过程

1. 任务的分派

授权的目的是更好地完成任务。权力可以一授再授，工作也可以一授再授，但对组织的最终责任，管理者是不能推卸的。

2. 权力的授予

不要交叉授权、越级授权。越级授权，会造成中层管理者的被动，也会造成基层管理者不服从指令。他会给你两边倒，利用这个上级来对抗那个上级，挑拨矛盾。

3. 责任的明确

被授权者所负的只是工作责任（直接责任），而不是最终责任；被授权者只是协助授权者来完成任务。对于组织来说，授权者对于被授权者的行为负有最终的责任，即授权者对组织的责任是绝对的，在失误面前，授权者应首先承担责任，这叫“敢于担当”。责任与权力相当，权力有多大，承担的责任就有多大。落实责任与个人利益挂钩，如干与不干有什么区别，干好与干坏有什么区别，如推迟一天完成任务，罚款500元。授权者对组织负责，被授权者对授权者负责。

4. 监控权的确认

授权者对被授权者拥有监控权，即有权对被授权者的工作进展情况和权力使用情况进行监督检查，并根据检查结果，调整所授权力或收回权力。

以上四个步骤是不能错乱的。任务的分派是前提，为了完成任务，必须授予下属一定的权力，接着，用责任来约束权力的行使，最后是监控，管理者不仅要对自己的工作承担责任，而且要对下属的工作承担领导责任。同时给予相应的利益，作为保障。在其位、谋其政、行其权、尽其责、取其酬、获其荣、惩其误。

**【思考题】**授权与分工、代理职务、助理有什么区别？分工是同级关系，各负其责；代理是等同关系，在代理期间承担相同责任；助理，有的叫秘书、内勤，是上下级关系，助理又分直线助理和参谋助理，协助工作，不担责任；授权是上下级关系，授权者对组织负责，被授权者对授权者负责。如图10－2所示。

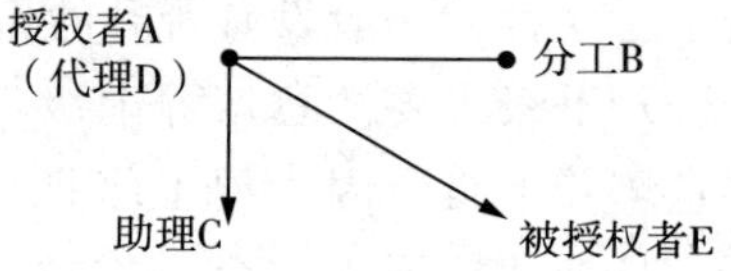


图10－2 授权与分工、代理、助理的关系

## 六、授权应遵循的基本原则

1. 明确授权的目的

明确所授事项、目标要求、权责范围，使下属得以清楚地开展工作。

2. 职、权、责、利相当

所授权力应是完成任务之所需，责任与权力对等，利益与责任相应。

3. 保持命令的统一性

不交叉授权和越级授权。你是销售副总，去管人事，对不对？不对，因为人事这一块是由分管人事的领导管的。

**【思考题】**一个下级要对两个上级负责，在实际工作中会产生什么问题？这叫“一仆二主”，违反了“命令的统一性”原则。

4. 正确选择被授权者

“因事择人，视能授权。”根据做这件事情所应具备的条件，选择相应的人，然后根据这个人的能力，授予相应的权力。例如，银行贷款是不是每个人都能贷下来的？假定还要有关系。一个人有关系但谈判能力不行，授予建立关系的权力，谈判另外派人去；另一个人谈判能力强，但私心很重，授予办理贷款的权力，不授予任何决策权；有的人人品好、能力强，告诉他目标、要求，授予全权。“职以能授，爵以功授。”因为他是劳动模范，所以让他来当副总理，这对不对？不对，有功劳应授予爵位，职务应按能力来授予。军队里的职位有军长、师长、旅长、团长、营长、连长、排长、班长；爵位或军衔是按军功来授予的，如下士、中士、上士、少尉、中尉、上尉、少校、中校、上校、少将、中将、上将、元帅。大学里的职位有校长、副校长、院长、副院长、系主任；爵位就是教师系列职称，如助教、讲师、副教授、教授。酒店里的职位有总经理、副总经理、部门经理、领班；爵位就是经济师系列职称，如助理经济师、经济师、高级经济师。工厂里的职位有厂长、副厂长、车间主任、班长；爵位就是工程师系列职称，如助理工程师、工程师、高级工程师。政府里的职位有总理、副总理、部长、副部长、厅长、副厅长、局长、副局长、处长、副处长、科长、副科长。《中共中央关于全面深化改革若干重大问题的决定》提出，要对公务员实行“职务与职级并行，职级与待遇挂钩”的制度。

职称就是高校教师的“爵位”，是按照功劳来授予的。大学教师的工资只与职称挂钩，与学历、职务都没有关系。如 2009 年初，暨南大学把我的博士学历证书、学位证书、学习档案寄给海南大学人事处后，他们让我把复印件给了学院一份，填写了一份表格，又把复印件给了人事处一份，填写了一份表格，最后把这些材料送给学校人事处的档案室保存。这件事就完了！工资不涨一分钱！职务晋升后，如当了系主任、副院长、院长，工资也不涨一分钱！虽然职务晋升后，可以减免“基本工作量”，但是，如果职称晋升了一级，如从副教授评为教授，基本工资、岗位工资、课时津贴、科研奖励、集资房分配、福利享受等待遇都要上涨一大截。所以，有的教师说：“我们大学老师是靠职称吃饭的。”有的教师开玩笑说：“大学里分两个学期，一个是评职称的学期，另一个是不评职称的学期。”学校为了防止教师每年都申报职称，就规定“每申报两年，必须暂停一年”，即某教师连续两年申报职称，没有评上，第三年就不能再申报了。因为海南大学是海南省唯一的一所“211 工程”重点大学，所以教师职称由学校评定，然后报海南省人力资源和社会保障厅审核、认定、颁发证书和存档，而海南省的其他高校，教师职称都是由省里评定的。海南大学的职称申报条件比海南省的职称申报条件要高得多、难得多。国内有些高校职称申报条件还难一些，如教授岗位总数是固定的。每年有多少个教授退休，空出了多少个教授岗位，就只能新晋升多少个教授。

有的高校实行“评聘分开”，规定“评上教授后，不一定能聘教授”，要求至少主持过一项国家基金项目，有一年出国访学经历才能聘为教授。“男儿有泪不轻弹，只因未到评衔时”。

5. 加强监督控制

要注意不要事事干预，或要求下属保证不犯错误。事事干预，就没有授权了；要求下属保证不犯错误，就没有人愿意接受权力，因为“如果你不想犯错误，那么什么也别干”。但是，什么事都不做，恰恰是我们人生中最大的错误。

**【思考题】**在一个对下属的任何工作差错都严加训斥的管理者手下，员工的表现会是怎样的？员工就会失去工作的积极性、主动性和创造性，事事都请示，一切行动听指挥。上面推推，下面动动；上面不推，下面不动。

**【思考题】**如何理解“控制不是去干预被授权者的日常行动”，“监督不是为了保证不出任何差错”？控制、监督是检查工作的进展情况和权力的使用情况。没有监督或控制，就没有管理。没有控制，计划工作、组织工作、领导工作就会流于形式，就会出现欺上瞒下、制造假象、报喜不报忧等现象。

**【思考题】**授权与分权有什么区别？上级管理者与下级管理者之间叫授权；上级组织与下级组织之间叫分权。

## 七、影响集权与分权的因素

为了保证组织目标的实现，要在组织内部进行分工，即分权。同时为了保证组织行动的一致性，要集权。所以，任何组织都需要一定程度的集权，也需要有一定的分权。集权和分权都是相对的。集权，以保证行动的一致性；分权，以保证各司其职。

尽管法约尔早在 1916 年就指出：“决策是集中（由管理者做出）还是不集中（由下属做出）是一个恰当比例的问题，集中和分散应允许有弹性，可根据组织具体情况而定。”中国在经济体制改革过程中，在这方面付出了沉重的代价。过去“一统就死、一放就乱”，不知道到底是集权好，还是分权好，认为“集权总比失控好”。统统分分，折腾了许多回合。最后意识到：不是要不要集权，或者要不要分权，而是哪些方面应该集权，哪些方面应该分权；集权和分权都是要的，要既放得开，又控得住；“宏观要调控，微观要搞活”；“计划手段和市场手段相结合”。

影响集权与分权的因素：①组织规模大小。越大，越倾向于分权，因为管不过来；越小呢，不知道。②决策的重要性程度。越重要，越倾向集权；不重要呢，不知道。③下级管理者的素质。越差，越倾向集权。④控制水平

**的高低。越高，越加强原有倾向，即原来集权的，现在更加集权；原来分权的，现在更加分权。⑤环境的动荡程度。重要的事情倾向于集权，不重要的事情倾向于分权；大权独揽，小权分散。**

**【案例讨论题】**鉴于公司在发展中所出现的成本失控问题，X公司的总经理请获得了注册会计师资格的年轻助理帮助解决这个问题。这位助理又请了一些高明的财务分析专家、本地大学工商管理学院的著名教授组成了一个诊断小组。在知晓了公司的问题之后，他们去调查成本问题和公司的采购、生产、销售等各部门的管理方法问题。经多次研究之后，小组发现了各部门中效率低的许多根源，于是，该助理把小组所发现的效率低的详情和拟予以纠正的措施做出提要，向总经理提出了诊断报告，并说明小组所建议的行动会给公司节约上百万元。

总经理采纳了这些建议，并付诸实施，但实施不久，负责采购、生产、销售的几位副总经理就群起围攻总经理，坚决要求撤掉那位助理。

请问：(1) 为什么这位助理工作做得那么好，却受到副总经理们的憎恨？

(2) 若诊断小组的调查结果是准确的，那么总经理、助理、副总经理及其他人应怎样做才能使这些调查结果有助于解决问题？

评析：(1) 年轻助理和大学教授组成的诊断小组，行使的是参谋权力；而负责采购、生产、销售的几位副总经理行使的是直线权力。参谋建议，直线指挥。参谋人员提出的建议，直线人员可听可不听；如果出了差错，直线人员负有全部责任。当总经理采纳了诊断报告中所提出的建议，并付诸实施时，参谋权力变成了直线权力。为公司节约上百万元，谈何容易？这是一个系统工程，需要各方面的努力，才可能实现。由于负责采购、生产、销售的几位副总经理发现诊断报告所提的建议无法实施，或者触犯了他们的自身利益时，副总经理们就憎恨那位助理。

(2) 若诊断小组的调查结果是准确的，那么，总经理、助理、副总经理及其他人应该坐在一起开会讨论，商议这个“理想方案”的可行性，哪些方面需要改，实施的话可能有什么问题，怎样有计划、有组织、有领导、有控制地实施，并根据实施的效果采取哪些奖惩措施。有计划，根据“诊断报告”写出“解决成本失控问题的实施方案”，确定成本失控问题应解决到什么程度，总目标要分解到谁、在什么时候、做到什么样的程度；有组织，比如成立“解决成本失控问题领导小组”，总经理任组长，助理和副总经理们任副组长，各位副总经理签订“承诺书”；有领导，比如按成本节约额的百分比对相关人员予以奖励，调动大家的积极性，同时指明努力方向，并协调参谋人员与直线人员之间的矛盾；有控制，如每个月定期检查“实施方案”的执行情况，及时解决出现的问题，最后落实奖惩措施。

**【案例讨论题】**刘某和王某分别是一个公司中两个不同部门的经理，在某一天同车上班的路上，他们彼此讨论着自己的管理工作。在交谈中发现，刘某特别为两个助手伤脑筋。他抱怨说："这两个人在刚进公司时，我一直耐心地告诉他们，在刚开始工作时，凡是涉及报销和订货的事都要事先与我商量一下，并叮嘱他们，在未了解情况之前，不要对下属人员指手画脚。但是，到现在都快一年了，他们还是什么事情都来问我。例如 A 上星期又拿一笔不到 1000 元的报账单来问我，这完全是他可以自行处理的嘛！两周前，我交给 B 一项较大的任务，叫他召集一些下属人员一起搞，而他却一个人闷头搞，根本不叫下属人员来帮忙。他们老是这样大小事情都来找我，真没办法。"

几乎与此同时，刘某的二位助手也在谈论着自己的工作。A 说："上周，我找刘某，要他签发一张报账单。他说不用找他，我自己有权决定。但在一个月前，我因找不到他曾自己签发过一张报账单，结果被财务部退了回来，原因是我的签字没有被授权认可。为此，我上个月曾专门写了一个关于授权我签字的报告，但他一直没有批下来，我敢说，我给他的报告他恐怕还锁在抽屉里没看过呢！"

B 接着说："你说他的工作毫无章法，我也有同感。两周前，他交给我一项任务，并要我立即做好。为此我想得到一些人的帮助，去找了一些人，但他们却不肯帮忙。他们说除非得到刘某的同意，否则他们不会来帮我。今天是完成任务的最后日期，我却还没有完成。他又要抓我的辫子了，又要把责任推给我了。我认为，刘某是存心这样的，他怕我们搞得太好抢他的位子……"

请就本案例中的授权问题谈谈你的看法，你认为刘某和他的两个助手应如何改进他们之间的关系？

评析：(1) 刘某是直线人员，两个助手是参谋人员，刘某和两个助手是上下级关系。授权的基本过程是任务的分派、权力的授予、责任的明确、监控权的确认。A 和 B 刚进公司时，刘某告诉他们，凡是涉及报销和订货的事都要与刘某商量一下，不要对下属人员指手画脚。这些都是对的，因为当时是当时，现在是现在。当时没有布置任务，不需要授权，但是现在过去一年了，情况有了变化。两个助理从"参谋助理"变成了"直线助理"，刘某就要根据完成任务的需要进行授权。刘某给 A 和 B 任务，就应该给他们权力。比如下发书面文件给财务部，将 1000 元以内的报销单授权 A 签字就可以了；下发书面文件给下属，授权 B 可以自由调动下属人员。同时，明确 A 和 B 的责任，以约束他们的权力，并经常性地检查 A 和 B 的工作进展情况和权力使用情况。

(2) 刘某与两个助手应加强沟通，不要背后互相抱怨。有话一定要说，有话要好好说。当刘某给两个助手布置任务时，两个助手就应主动提出应该给予哪些权利，否则责任大于权利，就完成不了任务。刘某也应该主动询问两个助手完成任务的进展情况、权力的使用情况、遇到什么困难、需要什么帮助，协助他们完成任务。

**【作业八】**管理者和领导者的姿态（pose），用文字、图片、漫画来描述。下一讲时，请同学演示动作，大家来猜：这个动作是属于管理者还是领导者的，以及动作的含义是什么。评析见第十一章第三节。

# 第十一章　领导理论

管理的领导职能包括三章内容：第十一章“领导理论”、第十二章“沟通方法”、第十三章“激励原理”。管理的对象是人、财、物等“八大资源”，而领导的对象只是“人”。领导是人对人的影响力；沟通是人对人的沟通；激励是人对人的激励。领导的着眼点是方向的把握和积极性的调动。管理者尽管拥有组织所授予的指挥权，但下属并不会自动地服从命令。随着人们自我意识的提高，有些下属会公然反抗他们的管理者，或者不认真执行管理者的命令。因此，有效地进行领导，是管理的一项基本职能，也是现代管理者必须掌握的一项基本技能。

## 一、领导和领导者

1. 领导

领导是带领和指导被领导者实现共同确定的目标的各种活动的总和过程(全过程)。

2. 领导者

领导者是指担负领导职责、负责实施领导过程的个人；领导者必须要有追随者。有领袖魅力的领导者的关键特点是：自信；有远见；有清楚表达目标的能力；对目标的坚定信念；不循规蹈矩；作为变革的代言人出现；具有环境敏感性。什么是愿景规划的领导者？它能够设计一个现实的、可信的、诱人的前景目标，并向人们清晰明确地指出，这种目标建立在当前条件基础上，人们只要经过努力就会实现。愿景规划的领导者具备三种品质：向他人解释愿景的能力；不但通过言语，更要通过行动表达愿景的能力；在不同领导情境中施展并运用愿景的能力。

3. 工作团队的领导者

需要满足四种角色：对外联络官；困难处理专家；冲突管理者；教练。信任是对领导者的为人、人格和能力的信念，其下属相信领导者不会对自己的权利和兴趣不负责任。帮助管理者构建信任的六条建议是：开放沟通；支持下属团队成员的想法；尊重员工；公正无偏；办事始终如一和具有可预测性；向员工展示自己的能力。

**【思考题】**管理者一般都是领导者吗？领导者不一定是管理者，学生班长、大学教师、导游都是领导者，但不是管理者；管理者应该成为领导者。领导者：leader；追随者：follower。管理者：head；下属：subordinate。

## 二、管理和领导的区别

1. 管理

管理是建立在合法的职务权力基础上，对下属的行为进行指挥的过程；领导是通过其个人的魅力与专长，来影响追随者的行为，领导是一种影响力或者说是对下属施加影响的过程，这种影响力或通过这个影响过程，可以使下属自觉地为实现组织目标而努力。

管理与领导的区别表现在六个方面：一是对象不同。管理的对象是人、财、物、时间、信息、士气、技术、市场八大资源；而领导的对象只是人。二是变动程度不同。管理变动小，强调规范化，所以我们经常称“管理科学”；领导变动大，强调因人而异，所以我们经常称“领导艺术”。三是管制方法不同。管理是通过规章制度、流程来实施的；而领导是通过愿景、文化、理念来实施的。四是进行方式不同。管理是通过指示、督促、考核来进行的；而领导是通过期望、鼓励、承诺来进行的。五是经常用语不同。管理经常用效率、标准、系统来表达；而领导经常用荣誉、自觉、激励来表达。

2. 领导者

领导者不一定是管理者，但管理者应该成为领导者。虽然管理者通过周密的计划、严密的组织、严格的控制也能取得一定的成效，但管理者若在他们的工作中加入有效领导的成分，则收效会更大。所以，领导是“锦上添花”的。

管理者与领导者的区别表现在五个方面：第一，管理者是组织中的，拥有下属；而领导者是群体中的，拥有追随者。第二，管理者是依法任命的，而领导者是自发形成的。第三，管理者拥有职权，其大小取决于管理岗位；而领导者拥有威信，其高低取决于个人素质。第四，管理者是通过计划、组织、控制来行使职权的，而领导者是通过指导、协调、激励来发挥威信的。第五，管理者一般在群众后面鞭策，而领导者一般在群众前面带领。如图11-1所示，管理者与领导者是两个不同的圆圈，交叉重叠部分是有效的管理者。

假如你父母两个人都是管理者，你应该比较惨的。你妈妈说：“吃完晚饭，赶快写作业。”等你写完作业了，刚打开电视机，你妈又要检查作业，“这两道题做错了，在错题本上抄写两遍。”等你急忙抄写完错题，又打开电视机，看动画片才5分钟，另一个管理者回来了，就是你的爸爸。他说：“你

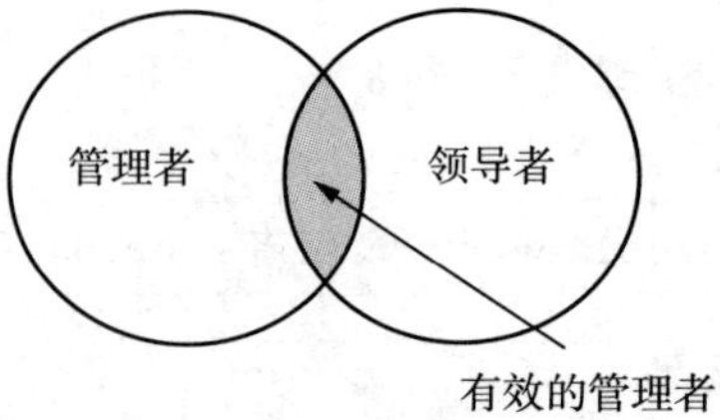


图 11-1 管理者与领导者的关系

怎么看起电视来了！作业写完了吗?”管理者最见不得下属偷懒的。你说：“作业写完了。”你爸说：“那你再把参考书看一遍呀!”他一边说，一边把电视机关了。在这样的压力和监控下，你能不能考上海南大学？很难说。有的人受不了这种严密的监控，离家出走了。有的人考上大学后，一下子脱离了管理者的监控，进入了自由的天堂，补偿呀！要把以前失去的都补回来，整天玩电脑游戏，一个学期下来，六门功课“挂红灯”，家里的那个牢笼已经钻出来，再也不回家，开始了流浪。

你说：“我不想我们的孩子将来成为流浪儿，两个人都当领导者。”首先，你爸妈给你指明学习方向和调动积极性，“孩子呀，你一定要争气呀，争取考上重点大学呀，为我们家争光呀！你想要吃什么，妈做给你吃；你想要家教，爸给你请；如果考上大学了，我们带你到海南岛去玩。”但是，因为你不知道怎么学，而且天性爱玩，自我约束能力差，又没有人监督，所以干脆不学了。因为作业也没有人检查，所以干脆不写作业了。你觉得爸妈对自己太好了，自己又不争气，“无脸见爹娘”，所以不喜欢待在家里，整天流连于网吧。这样，你能不能考上海南大学？如果心智成熟的话，还是有可能考上的；如果心智不成熟的话，可能整天沉溺于玩手机游戏。

如果父母一个是管理者，一个是领导者呢？首先，管理者给你布置任务，完不成任务就骂。这个时候，领导者跟进，发挥协调作用，“你知道妈妈刚才为什么骂你吗?”管理者通过计划、组织、控制来行使职权，而领导者通过指导、协调、激励来发挥威信。这样，你既明确了方向，掌握了学习方法，又有人检查和督促。学习效果是最佳的。

### 三、领导者的作用

1. 指明方向（描绘远景、指导计划）

这是确定工作内容。在集体活动中，需要有头脑清晰、胸怀全局、高瞻远瞩的领导者来帮助人们认清所处的环境、明确活动的目标和实现目标的途径。

2. 协调关系（支持信任、步调一致）

这是建立人员构架和关系。在集体活动中，人们在思想上发生各种分歧、行动上出现偏离目标的情况是不可避免的，因此，需要领导者来协调人们之间的关系，把大家团结起来，朝着共同的目标前进。领导者不要偏听偏信，要兼听则明。

3. 激发鼓励（排忧解难、激发信心）

这是保证员工确实完成任务。对于大多数人来说，劳动仍是谋生的手段。需要有通情达理、关心群众的领导者来为他们排忧解难，以高超的领导艺术诱发下属的事业心、忠诚感和献身精神，充实和加强他们积极进取的动力。给人以梦想，是最好的激励手段。所以，领导者要善于打造共同的美梦、共同的危机。

领导者“三挥手”：上面挥挥，起指导作用；中间挥挥，起协调作用；下面挥挥，起激励作用。上面挥挥，挥手指引大方向，不是“打的士”哦。这个手好不好乱挥的？军事指挥官说：“大家都从这里走”，全死光了；挥手指引正确的方向，很难的哦。中间挥挥，说：“你们不要吵了，坐下来好好谈谈嘛。”下面挥挥，说：“我相信你了，一定可以做好的。”领导这么看得起你，你能不再试一下吗？

不管是男领导还是女领导，大领导还是小领导，都有一个特点：拿一只手抓牢另一只手。为什么？显示威严吗？显示威严应该是双手叉腰的，这说明当领导者都有一个前提：学会自律。凡是不会自律的人都当不了领导者，领导者要控制自己的情绪、欲望、感情。很多领导者下台，就是因为在这三个方面没有控制好。背着手放在后面的，都是男的小领导；男的大领导和女领导都是把手放在前面的。

领导者挥挥手，管理者指指手，人民群众齐动手。领导者挥手时，一般五根手指头都要伸出来，说明领导者一出手就要抓全局的和全面的。管理者的主要职能是指挥，所以只伸出一根手指头，指着一个具体的对象，而且还要上下左右挥一挥。管理者一出手都指向很具体的对象：计划方面，“明年，我们要做到这个指标”；组织方面，“你，你，还有你，三个人一起把这件事做了”；控制方面，“目前我们离计划指标还有多少差距”。在下面指指点点的，那是群众。

**【思考题】**领导者是在群众的后面推动或鞭策的吗？不是，领导者是在群众的前面带领的。“领导带头，群众加油。”“火车跑得快，全靠车头带。”

**【思考题】**领导者实施领导的基础是什么？一是职权或正式的权力，指领导者的地位权力，即伴随一个人工作岗位的正常权力。由组织正式授予管理者的权力，与特定的个人没有必然联系，如你是院长我听你的，我是院长你听我的。职权是管理者实施领导行为的基本条件。职权是上面给的。二是威信或非正式的权力，伴随着个人的素质而形成的影响力，它建立在他人认同的基础之上，与其在组织中的地位没有必然联系，威信可使他人自觉地服从指挥。威信是下面给的。

## 四、威信及其影响因素

1. 威信

威信是指由管理者的能力、知识、品德、作风等个人因素所产生的影响力。这种影响力建立在下属信服的基础之上，包括：（1）专长方面的威信——“一言九鼎”。如我们很重视医生的建议；给家电维修人员递茶递烟。（2）品质方面的威信——“德高望重”。雷锋只是一个普通战士，却影响了整整一代人，就是因为我们佩服他的品质。

2. 影响一个人威信高低的主要因素

（1）优良的品格：包括领导者的道德、品行、人格等。品格是一个人的本质表现，好的品格能使人产生敬爱感，并能吸引人，使人模仿。“其身正，不令则行；其身不正，虽令不从。”在工作中公正廉洁、讲求信誉、追求事业、不断进取的人威信高。“上梁不正下梁歪，中梁不正倒下来。”

（2）杰出的才能：杰出的才能会给事业带来成功，从而使人产生敬佩感，吸引人们自觉地接受其影响。具有较强的业务能力，或曾经取得过辉煌成就的人，具有较大的号召力。这条路他走过的，他说“路不通”，那你就不要试了，肯定是不通的。“兵熊熊一个，将熊熊一窝。”

（3）渊博的知识：知识水平的高低主要表现为对自身和客观世界的认识程度。知识丰富的领导者，容易取得人们的信任，并由此产生信赖感和依赖感。农民伯伯是怎么看一个县委书记的？如果你连庄稼地里的东西也懂，还能讲一些我听不懂的东西，我就佩服你。

（4）深厚的感情：人与人之间建立良好的感情关系，能产生亲切感，从而相互吸引，彼此影响。平时待人和蔼可亲，关心体贴下属，与群众的关系融洽，知道群众疾苦的领导者，影响力较大。即使我们知道这件事是不应该做的，也会去做，仅仅为了不伤害彼此间的感情。感情的影响力类似于万有引力定律——力量大小与距离的平方成反比。那些高高在上的领导者，实际上没有多少影响力。就像你丢一块石头到水里，没声的，再丢一块，还是没声的，最后我们只好敬而远之。“县官不如现管”。万有引力定律有没有说，当距离为零的时候，引力是多大？无穷大？当距离为零时，感情的影响力荡然无存。所以，领导者要深入群众，但不要把自己混同为群众。你说："大家都坐好，我要布置几件事情。"他们说："老王，下来吧。"大家不习惯了：因为你应该在我们中间的，怎么跑到台上去了。

领导主要是指一种影响力，比如我们经常听说"你家里的那位领导"。一个家庭里面，如果丈夫怕妻子，两人关系没问题；如果妻子怕丈夫，一般都有点问题。这个结论在南方成立的概率比较高，在北方成立的概率比较低。男人为什么怕老婆？因为你把对方的感受放在心里，你怕她哭、怕她伤心、怕她生气……妻子知道自己的魅力可以足够吸引丈夫，可以恶狠狠地撒娇。你们想不想有魅力？魅力来自"不可知"。人对不可知的东西总怀有好奇心，总想琢磨透。人的好奇心是与生俱来的，但是完全不可知，就会恐惧。你要让家里的那位总是琢磨你，而不是琢磨别人，所以经常要有变化，如女同胞的头发改一改也是好的，衣服换一换也是好的，他就会说："哦，又变了！"又来琢磨你了；男同胞要改，恐怕只能改内涵了。

**【思考题】**职权的影响力与威信的影响力有何异同？相同点都是对下属的影响力；不同点在于来源不同，职权的影响力来自上面，威信的影响力来自下面。

## 五、管理者施加影响的方法

（1）通过合法的请求方式。你不要总是发号施令；能不能客气一点，说句"请你……""麻烦你……"最后说句"谢谢"，也是应该的。别人就想：本来就应该是我干的，何况你又这么客气，挺不好意思的。

（2）通过奖励等辅助方式。建立在交换原则基础上的。

（3）通过惩罚性方式。惩罚必须是别人害怕的，而且相信你是来真的。

（4）通过恰当的说明方式。及时加以具体的指点，以帮助其较好地完成任务。

（5）通过本人的个性方式。如毛泽东经常题诗词赠送给别人，如给彭德怀的诗，"山高路远坑深，大军纵横驰骋。谁敢横刀立马，唯我彭大将军"，又如给叶剑英的诗，"诸葛一生唯谨慎，吕端大事不糊涂"。

（6）通过鼓励号召的方式。通过及时的肯定和表扬，以及一定的帮助和鼓励，以树立下属的信心。

（7）通过对信息情报进行控制的方式。如欺上瞒下、隐瞒不报、歪曲信息、伪造信息、修改信息、制造假象、报喜不报忧。

## 六、有关领导的理论

领导理论是关于领导的有效性的理论，包括领导品质理论、领导行为理论、领导权变理论。

1. 领导品质理论

研究领导者的个人特性对领导有效性的影响。基本观点：领导的有效性取决于领导者个人特性。研究基本出发点：好的领导者应具备怎样的素质。研究结果：各种优秀领导者的图像。这个理论的不足之处在于：某人具备好的领导者的所有素质，但结果发现，他不是什么领导者，而是一个鞋匠。

2. 领导行为理论

研究领导者的行为风格对领导有效性的影响。基本观点：领导的有效性取决于领导行为和风格。研究基本出发点：怎样的领导行为和风格是最好的。研究结果：各种最佳的领导行为和风格。如勒温理论认为民主型领导是最好的，管理方格图理论认为（9.9）型领导风格是最好的。这样可以培养一个人像领导者那样去思考和行动。

3. 领导权变理论

有效的领导行为应当随着被领导者的特点和环境的变化而变化。基本观点：领导的有效性取决于领导者、追随者和环境的影响。研究基本出发点：在怎样的情况下，哪一种领导方式是最好的。研究结果：各种领导行为权变模型。例如，费德勒（Fiedler）模型、不成熟—成熟理论、应变领导模式、途径—目标理论。

**【思考题】** 领导者到底是天生的还是后天培养出来的？传统的领导品质理论认为，领导者是天生的，如看手相、看面相、查生辰八字、查星座、算命。现代领导品质理论认为，领导者主要是靠后天培养出来的。正如闽南语歌曲“爱拼才会赢”中唱道：“三分天注定，七分靠打拼，爱拼才会赢”，“三分天注定”是指遗传因素，它会影响到一个人的个体特征、健康状况、智商情商、社交倾向等；“七分靠打拼”是指后天培养因素，如你获得了大学本科文凭，不仅知识、能力、素质协调发展，而且学历也是“敲门砖”，将使你得到更多的成功机会。

**【思考题】** 从领导者职责出发，你认为领导者应具备怎样的素质？为什么？《中共中央关于全面深化改革若干重大问题的决定》中提出，一个好的领导干部的条件是：信念坚定、为民服务、勤政务实、敢于担当、清正廉洁。

## 七、勒温（Lewin）理论的基本观点

1. 专制作风

专制作风是指以力服人，靠权力和强制命令让人服从的领导作风，把权力定位于领导者个人手中。主要特点：独断专行；亲自设计工作计划；主要

靠行政命令和纪律约束来管理；领导者很少参加群体活动。

2. 民主作风

民主作风是指以理服人、以身作则的领导作风，它把权力定位于群体。主要特点：所有的政策由群体讨论决定；分配工作时尽量照顾到个人的能力和兴趣；主要以非正式的权力和权威使人服从；领导者积极参与团体活动。

3. 放任自流作风

指工作事先无布置，事后无检查，权力定位于组织中的每一个成员，一切悉听尊便，毫无规章制度的领导作风。实行的是无政府管理。权力定位于组织中的每一个成员。

**【思考题】**放任自流的领导作风是否一无是处？不是的。有它的具体适用场合，如游行示威队伍中的领导者。

## 八、管理方格图理论

如图 11－2 所示，管理方格图的横坐标表示对生产的关心程度，划分为 9 个刻度；纵坐标表示对人的关心程度，也划分为 9 个刻度。横坐标与纵坐标交叉，就有 81 种领导行为。总有一款适合你！其中，有五种典型的领导行为：

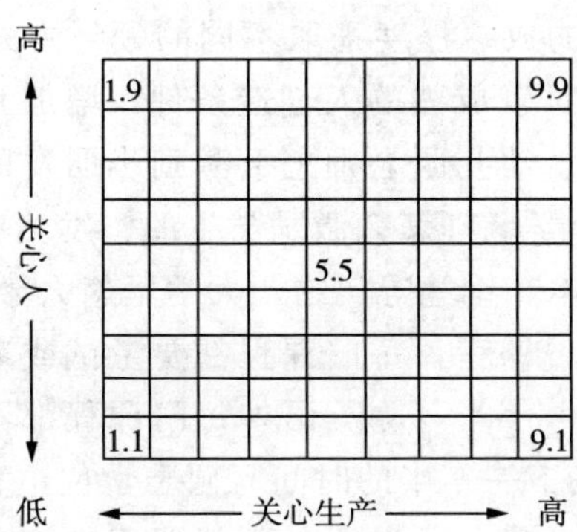


图 11－2 管理方格图

◆（1.1）型为贫乏型。不称职。

◆（1.9）型为乡村俱乐部型。轻松的领导方式。满意度与生产率之间的相关性倾向于很低，有力的证据表明是生产率导致了满意度，而不是人们普遍认为的逆向因果关系。那种为了提高生产率而以员工快乐为目标的做法，很可能会误入歧途。

◆（9.1）型为任务型。只关心生产不关心人，如泰勒的科学管理思想。

◆（9.9）型为团队型。一种协调配合的管理方式。

◆（5.5）型为中间型。在竞争激烈的市场环境中，必须会被淘汰。

**【思考题】**为什么说只有把以人为重和以工作为重结合起来才能实施有效领导？以人为重，下属都喜欢他；以工作为重，上级都赏识他。所以把两者结合起来实施领导，上下级都满意。

**【思考题】**如何理解《中共中央关于全面深化改革若干重大问题的决定》中提出的：区分实施“选任制”和“委任制”干部选拔方式，坚决纠正“唯票取人”“唯分取人”等现象？“选任制”是选下属喜欢的人，是以人为重的；“委任制”是选上级喜欢的人，是以工作为重的。“唯票取人”，指仅仅看关心人的程度，是（1.9）型领导者；“唯分取人”，指仅仅看关心生产的程度，是（9.1）型领导者。

### 九、不成熟—成熟理论

（1）当一个人从幼儿园到小学，再到初中高中，最后到大学，由不成熟转变为成熟，主要表现在以下七个方面：由被动转为主动；由依赖转为独立；由少量的行为转为多种行为；由错误而浅薄的兴趣转为较深和较强的兴趣；由只知眼前到能总结过去、展望未来；由附属地位转为同等或优越的地位；由不明白自我到能明白自我、控制自我。

（2）针对下属不同的成熟程度采取不同的领导方式。①对不成熟的人适当指点，促其成熟。②对较成熟的人创造条件，增加其责任，给予更多的机会，激励其更快的成熟。幼儿园老师怎么激励小朋友的？在墙壁上给每个小朋友粘贴“小红花”。小学老师怎么激励学生的？发奖状。中学老师怎么激励学生的？发文具、笔记本、钢笔等实物。大学里怎么激励学生的？发奖学金。大学本科生四年都要学习课程，每门课程都要考试或考查；而硕士研究生学制三年，课程学习只有一年半，除英语外每门课程都不用考试，只要交一篇“课程论文”就行了，剩下一年半的时间写硕士学位论文；博士研究生学制三至七年，课程学习只有一年，除英语外每门课程都不考试，也是交一篇“课程论文”，剩下的几年时间里写博士学位论文。

**【思考题】**若把不成熟的人当作成熟的人来对待，会出现什么问题？会误事的。他既没有做事的意愿，也没有做事的能力，结果是“什么都没做”。

### 十、应变领导模式理论

（1）成熟度是指人们对自己的行为承担责任的能力和愿望的大小，取决于任务成熟度和心理成熟度。

■ 任务成熟度是相对于一个人的知识和技能而言的，即是否有能力。

■ 心理成熟度是相对于做事的愿望或动机而言的，即是否有意愿或信心。相对于能力而言，意愿容易改变，所以有意愿、无能力，是稍成熟；无意愿、有能力，是较成熟。

（2）由任务行为（X 轴，低工作—高工作）、关系行为（Y 轴，低关系—高关系）、成熟度（下方，不成熟 M1—稍成熟 M2—较成熟 M3—成熟 M4）组成的三维领导理论，应变领导模式如图 11－3 所示。

■ 任务行为是指领导者和下属为完成任务而形成的交往形式。任务行为是“硬”的行为：告知、命令；明确的指示；着重于 7W2H。

■ 关系行为是指领导者给下属以帮助和支持的程度。关系行为是“软”的行为：关心、支持；赞美、鼓励；倾听、接触。

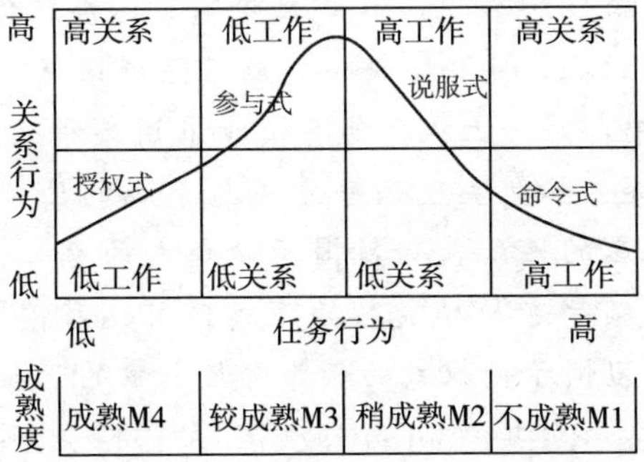


图 11－3　应变领导模式理论

（3）四种领导方式：命令式—说服式—参与式—授权式。

■ 命令式或指挥式（高工作—低关系）：领导者对下属进行分工，并具体指点下属应当干什么、如何干、何时干等，它强调直接指挥。适用于下属不成熟，即没意愿、没能力时，如新进营销员不知如何与人打交道，并害怕与人打交道。

■ 说服式或教导式（高工作—高关系）：领导者既给下属以一定的指导，又注意保护和鼓励下属的积极性。适用于下属稍成熟，即有意愿、没能力时，如王秘书想把报表做好，但不知从何着手。

■ 参与式（低工作—高关系）：领导者与下属共同参与决策，领导者着重给下属以支持，及其内部的协调沟通。适用于下属较成熟，即没意愿、有能力时，如陈纲是收款高手，但心情不好不愿去。

■ 授权式（低工作—低关系）：领导者几乎不加指点，由下属自己独立地开展工作、完成任务。适用于下属成熟，即有意愿、有能力时，如吴经理训练新人很有一套，而且乐此不疲。

(4) 领导方式＝$f$（任务行为，关系行为，下属的成熟度）。任务行为、关系行为、下属的成熟度是自变量，领导方式是因变量，$f$ 表示函数关系。

**【思考题】**对于 4 种不同成熟度的下属，都采用“命令式”，会怎么样？命令式就是在工作上详加指点，但是不注重你的感受，进行严格的控制。不成熟的人得到较快的成长；稍成熟的人一边做事，一边抱怨：“我又不是不愿意做，你这么凶干吗”；较成熟的人说：“我知道怎么做，你怎么这么啰唆呀”，走人；成熟的人受不了了，走人。所以，“能人手下无能人”。

**【思考题】**对于 4 种不同成熟度的下属，都采用“授权式”，会怎么样？假如领导布置任务后，出国去了，一个月后回来。不成熟的人，什么都没做，走人；稍成熟的人，因为不懂得怎么做，留下一个烂摊子，留下一大堆麻烦事，等着你给他“收拾残局”，你说：“我受不了，拜托你走人吧”；较成熟的人，做了一半；成熟的人，完成了任务，而且做得很好。

**【思考题】**现实中，每个上级总是习惯于采用某种领导方式，这叫“江山易改，禀性难移”，那么如何实现领导方式与下属的匹配？通过“人员流动”来实现领导方式与下属的匹配，如习惯于命令式的领导者与不成熟的下属匹配；习惯于说服式的领导者与稍成熟的下属匹配；习惯于参与式的领导者与较成熟的下属匹配；习惯于授权式的领导者与成熟的下属匹配。

**【案例讨论题】**某厂的供销部由供应科、销售科、车队、仓库、广告制作科组成。当 A 调任该部经理时，听到不少人反映广告制作科、仓库管理科迟到早退现象严重，劳动纪律差，工作效率低。虽然经过多次批评教育，成效不大，群众意见很大。为了做好领导工作，A 经理对这两个科室进行了调查分析，情况如下。

● 文化水平及修养：广告制作科的员工全是大专以上文化程度，平时工作认真，干劲大，但较散漫；仓库管理科的员工文化程度普遍较低，思想素质较差。

● 工作性质：广告制作科是创造性工作，工作具有独立性，好坏的伸缩性也较大，难以定量考核工作量；仓库管理科是程序化工作，内容固定，且必须严格按规章制度执行，工作量可以定量考核。

● 工作时间：广告制作工作有较强的连续性，不能以 8 小时来衡量，有时完成一项工作，光靠上班 8 小时是远远不够的；而仓库管理 8 小时内的工作是关键，上下班的准时性、工作时间不能随意离开岗位是十分重要的，否则就会影响正常的收发货物，有的还会直接影响车间的正常生产。

● 工作积极性：广告制作科的员工工作责任心强，有强烈的创新意识、有实现自我价值和获得成功的欲望，工作热情较高；仓库管理科的员工由于工作环境分散，工作单调，员工积极性不高。

请问：根据以上情况，你认为A经理对两个部门应如何实施领导？

评析：广告制作科的员工属于成熟的人，由于下属既有能力又有积极性，因此领导者可采用授权式，只给下属明确目标和工作要求，由下属自我控制，甚至可以不坐班；仓库管理科的员工属于不成熟的人，领导者要给予明确而细致的指导和严格的控制，采用命令式领导方式。

**【案例讨论题】**根据调令，A前往某旅行社担任经理。在交接班时，前任经理特意对领导班子中的一位副手的情况做了详细介绍，说这位副手个性强，不好合作，凡事都要听他的，有时经理决定了的事，如果他不同意，经理的决策就很有可能得不到有效的实施。前任经理还对A说，要不是他知道自己要调离，那一定会建议上级想办法把这位副手撤掉。前任经理的介绍，在A的心理上造成了很大的阴影。

后来，A正式接任工作，在与这位副手的接触中，发现这位副手确实很有个性，如：自尊心很强，人很正直，对工作很有主见，也敢于负责，好胜心强，总希望自己分管的工作做得比别人好。

请问：对于这位副手，应该怎样做，才能既调动其积极性，又能实现有效的领导，保证组织整体目标的实现？

评析：这位副手属于成熟的人：自尊心很强，人很正直，对工作很有主见，也敢于负责，说明副手的心理成熟度高；好胜心强，总希望自己分管的工作做得比别人好，“个性强，不好合作，凡事都要听他的，有时经理决定了的事，如果他不同意，经理的决策就很有可能得不到有效的实施”，说明副手的任务成熟度高。宜采用授权式，即低工作—低关系，领导者几乎不加指点，只给副手明确目标和工作要求，由副手自己独立地开展工作、完成任务。但是，“信任不能代替控制”，需要定期检查这位副手工作的进展情况和权力的使用情况，根据检查结果，调整所授权力或及时收回权力。

**【作业九】**寝室里的几个人，作息习惯、个性特征、价值观念等都不一样，怎么样进行沟通？提示：“寝室里的几个人”不一定指代你们寝室里的六个人，也可以在网络上搜索典型案例，如复旦大学研究生投毒案等，这样更有说服力，更有教育意义。评析见第十二章第五节。

# 第十二章　沟通方法

沟通是管理者必须掌握的一项技能，它是管理者最普通、最重要的行为之一，没有沟通就没有管理行为。有效的沟通表现为一个“反馈圈”，是系统思考方法。个体行为，如态度、个性、情绪、知觉都会影响人际沟通的效果。“真诚”与“尊重”是做好沟通工作的关键。

## 一、沟通及其条件

1. 什么叫沟通

沟通是指信息从发送者到接受者的传递过程。沟通的目的：取得对方的理解与支持。有效沟通的标志：信息接收者愿意按照信息发送者的意图，采取相应的行动。

2. 沟通在管理中的重要性

（1）沟通把组织与外部环境联系起来，从而使组织得以与时俱进。组织需要与供应商合作，需要与同行交流，需要搜集顾客信息，需要上级支持，需要新闻媒体的宣传。

（2）对组织内部来说，沟通是使组织成员团结一致、共同努力来达成组织目标的重要手段。通过沟通使大家“心往一处想，劲往一处使”。

（3）沟通也是领导者激励下属、履行领导职责的基本途径。领导者需要指点迷津，指导工作方法；协调关系，调解矛盾；排忧解难，鼓舞斗志。这些都需要沟通。所以说，沟通是管理者最普通、最重要的行为之一，没有沟通，就没有管理行为。

3. 要进行沟通必须具备哪三个基本条件

①信息发送者（信源）和接受者（信宿）。②信息内容。③传递信息的渠道或方法（信道）。有三个人在海上坐着小木船，遇到了大风浪，把船打翻了。幸运的是，三个人都抓着木板，漂流到三个不同的孤岛上。第一个人的手机掉到海里了，他在岛上大声呼救，但方圆十里内都没有人。没有人来救他，是因为只有信息的发送者，没有接受者，没有信息内容，也没有传递信息的渠道。第二个人比较幸运，有一个受潮的手机，他对外呼救，但对方只

听得到“嗡嗡嗡”的声音，不知道他说什么。也没有人来救他，因为他虽有信息的发送者和接受者，有传递信息的渠道，但没有信息内容。第三个人最幸运，他的手机是好的，他对外呼救，有人来救他了，因为他既有信息的发送者和接受者，又有信息内容，又有传递信息的渠道。只有第三个人具备信息沟通的三个条件，达到了沟通的目的。

**【思考题】**若一名管理者不善于沟通，会发生什么情况？经常出差错，无法正常履行他的职责。中国人不善于沟通，所以我们经常说“理解万岁”。袁教授正在为一个重要的会议演讲做精心准备，全家人都为教授能够参加如此重要的会议而激动。为此，他的妻子专门为他选购了一套西装。晚饭时，妻子问西装是否合身，教授说很好，只是裤腿长了两厘米，倒是也能穿，影响不大。晚上教授很早就休息了，教授的母亲却睡不着，她想儿子参加这么隆重的演讲，西裤长了怎么行，就翻身下床，把裤腿剪短了两厘米并缝好烫平，然后安心地入睡了。早上五点半，妻子睡醒了，因为心里想着老公的西裤，所以起来比往常早些，看时间来得及，便拿来西裤又剪短了两厘米并缝好烫平，之后满意地去做早餐了。一会儿，教授的女儿也早早起床了，这时早餐还没有做好，女儿想自己也应该为爸爸做点事情，于是便拿来西裤，再剪短两厘米并缝好烫平。这个裤子还能穿吗？理解万岁！

## 二、有效沟通应满足的条件

(1) 发送者发出的信息应完整准确。像“我方击败了敌方取得了胜利”之类的报文有什么问题？可以解读为“我方击败了敌方，取得了胜利”，也可以解读为“我方击败了，敌方取得了胜利”。

(2) 接受者能接收到完整的信息并能够正确理解这一信息。一个电视节目主持人问小孩：“长大后，你的理想是什么？”小孩说：“当空军飞行员。”主持人又问：“如果在飞行过程中，飞机上所有的引擎都熄火了，你怎么办？”小孩说：“我让所有的人都系好安全带，我穿着降落伞跳下去。”所有的人都笑起来了。笑声平息后，主持人又问：“你跳下去干什么？”小孩说：“我去拿汽油。我还要回来的。”

(3) 接受者愿意以恰当的形式按传递过来的信息采取行动。一个推销员上门推销保健品，一个孤独的老人接待了她，认真听完推销员的介绍之后，老人说：“你的保健品是很好，但我没有钱。”推销员有没有达到她的目的？没有。只有老人把钱拿出来，才是有效的沟通。如果老人说：“我没有那么多钱，能不能分期付款？”这个推销员也达到她的目的了。

## 三、有效的沟通一般要经过的步骤

信息沟通模型如图 12-1 所示。有效沟通的七个步骤是：①发送者要明确信息内容。②把信息译成编码。③传递给对方。④接受者对信息进行译码。⑤接受者反馈信息以供核查。⑥发送者确认。⑦接受者采取行动。在我们的日常沟通中，通常只有前四个步骤，这时沟通环节之间构成了一条直线，这种“线性思维方式”不是有效的沟通。有效的沟通还应该包含后三个步骤，这时沟通环节之间就构成了一个反馈环或反馈圈（Feedback Loop）。系统动力学就是用增强反馈圈、调节反馈圈和时间滞延三个术语来表达。反馈环路是一种系统思考方法，我们小时候玩的许多游戏就是训练这种系统思维，如杠子打老虎，老虎吃鸡，鸡吃虫，虫蛀杠子，四个要素就构成了一个环；剪刀克布，布克石头，石头克剪刀，三要素之间也构成了一个环。

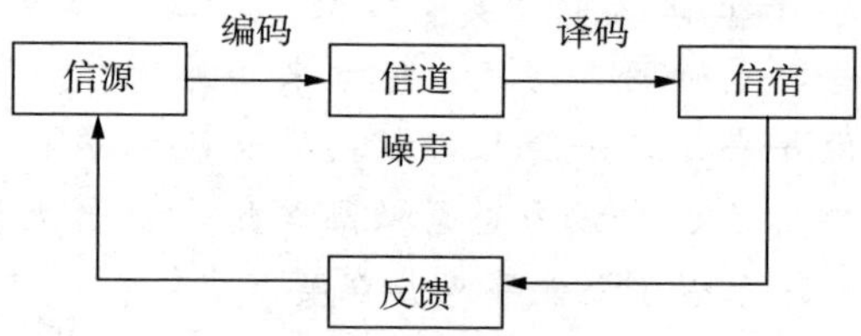


图 12-1 信息沟通模型

**【思考题】**在以上信息沟通过程中，有第四、五步与没有这两步有何区别？有第四、五步，沟通环节之间就构成了一个反馈环或反馈圈，属于系统思考方法，没有这两步，沟通环节之间形成一条直线，是线性思维方法。当我们以手机短信的方式，发送重要信息时，通常加上一句“收到请回复”，如果对方回复了，就达到了沟通的目的。老外给中国学生上课时，总要问“Any question?”，中国学生总是木呆呆地看着他，他又问“Any question?”，没有反馈嘛。弄得老外心里发毛，不知道讲得对还是不对，或者合适不合适，最后只好急匆匆地结束课程。

## 四、沟通的方式及其在组织管理中的作用

1. 方式

（1）口头交谈。面对面交流可以获得全面的信息，包括谈话人的音容笑貌、言谈举止、表情动作、情绪态度等。很多网恋的人，在网上聊得很热乎，可一见面就“见光死”。面谈作为甄选手段的效度，会随着管理层次的升高而相应提高。越是高层次职位的招聘，越是重视面试。如大学本科生入学是不

用面试的，只要笔试就行了；硕士研究生入学需要面试，仍然以笔试成绩为主；但博士研究生入学，面试是最看重的，笔试成绩是其次。通常招考单位只告诉你考试成绩，但不告诉你排名。也许你是第一名，但他们不录取你，而要笔试第三名的那个人。

（2）书面文书。书面文件可以修改，可以保存，比较正式。

（3）非语言和文字的形式。如手势“V”表示胜利，点头表示同意；交通路口的信号灯是非语言的；我们与婴幼儿交流，因为它们还不会说话，只能用眼神和面部表情。

（4）电子媒体。我们大学教师与学生交流、学院行政人员与教师交流、教师相互之间的交流、教师与外界的交流主要是通过电子邮件。电子邮箱终生不变，不受就业单位变换的影响；发送电子邮件时不会干扰对方；接收邮件也没有时间限制；还可以发送附件。此外，腾讯QQ、微博、微信都是现在很流行的沟通方式，不受国界的限制，是真正的“全球通”，而且可以群聊。一个人如果不学会这些新兴的沟通方式，即使学富五车，也会显得落伍，被时代所淘汰。

2. 作用

（1）使组织成为一个与外部环境发生相互作用的开放系统。沟通是意思的传递和理解。通过沟通，寻求组织与任务环境因素的交流与合作，并对其施加影响，积极主动地适应外部环境的变化。

（2）把抽象的组织目标转变为每一个成员的具体行动。远期目标近期化，抽象目标具体化，并通过计划工作和组织工作，把目标变成每一个成员的具体行动。这些都需要沟通，所以“沟通方法”未来将列入管理学教材的基础篇里去。

**【思考题】**信息技术领域对管理沟通有重要影响的两个新发展是什么？一是计算机网络系统；二是无线通信技术。智能手机就是这两种信息技术的结晶，可以玩微信、短信、电话、拍照、QQ、E-mail……我们生活在现实世界、虚拟世界和移动世界里。

### 五、个体行为对人际沟通的影响

1. 态度（个人倾向）

人们总是力求保持态度与行为的一致性，如我们反对污染环境，就不会做出污染环境的行为。我们喜欢一个人时，就喜闻乐讲，所以恋人之间总有说不完的话，尽管95%以上都是废话。我们不太喜欢一个人时，就听而不闻。我们讨厌一个人时，就不理不睬，我就当你不存在。我们说，要学会“做人”，就是要学会伪装：如果两个人见面时互相打招呼，说明两个人关系不错；若两个人见面时很热呼，老远就开始打招呼，“Long time no see”，他们就是朋友，但当你落难时，可能就是他加的最后一块石头，所以我们说“最大的敌人是自己的朋友”，事实上，他们根本就不是朋友，都是伪装出来的。若两个领导人不打招呼，我们就猜测“他们是不是有矛盾呀”，会延伸出一连串的冤假错案。如果一个人性格孤僻，我们就说他“有毛病”；如果他说的话，你都搞不懂，就说他“神经病”。

在业绩良好的企业当中，各种利益集团之间的动力关系是：高质量的环境（员工满意）—高质量的产品和服务—消费者满意—股东满意。态度是由意识决定的，我们应该具备哪些服务意识呢？酒店认为：我们的收入来自客人的消费，客人是我们的衣食父母。客人不是慈善家，客人需要我们提供舒适完美的服务，客人要让钱“花得值”。客人的需要与酒店的服务标准是我们提供服务的基本依据。我们应以自己优良的服务行为去影响客人、感化客人，不要被社会上的传统陋习所同化。宁可自己辛苦一点、麻烦一点，也要努力为客人提供方便、创造方便。尽管你有很好的口才，但客人不是你的争论对象，即“客人永远是对的”。实物产品是制造出来的，服务产品是表演出来的……一个优秀的管理者必须具有“宾客至上”“服务至上”的意识，并将其体现在自己的管理实践中。因为，如果你不是直接为客人服务，那么你的职责就是为那些直接为客人服务的人服务。客人直接接触到的部门，如前厅部、客房部、餐饮部、康乐部，称为“前台”；客人看不见的部门，如预订部、财务部、工程维修部、厨房、洗衣部，称为“后台”，与戏剧表演类似。再过 30 年，几乎所有的企业都将成为服务型企业，甚至制造型企业都成为制造服务型企业。

我们应该具备哪些管理意识呢？酒店认为：管理就是决策，管理就是借力，管理就是服务；沟通是管理者最普通最重要的行为之一，没有沟通就没有管理行为；不重视安全的经理，不是一个称职的经理，酒店最怕三件事，即着火、食物中毒、客人死在房间里；营销人员不只是一个好的销售员，还是一个好的设计师；营销的起点是市场调查，重点是潜在顾客；推销不过是营销冰山上的顶点；客人投诉并不可怕，可怕的是客人不投诉；要重事实、重调查研究，不要先入为主、不要轻下结论；在管理者心中有员工第一，在员工心中才有客人第一；管理者的微笑是员工心目中的阳光。

2. 个性（个人品性）

心理学上把人的气质划分为四种类型：多血质（如周星驰）、黏液质（如国家领导人）、胆汁质（如程咬金/李逵/鲁智深）、抑郁质（如林黛玉）。在日常生活中，我们根据人的社交倾向，把人分为内向的人和外向的人。内向的人，慎言细听；话没说，脸先红；说话之前先在大脑转三圈，所以声音是轻轻的，语速是慢慢的；“内功”还是内向的人深厚一些，他记性很好的，如果你得罪他了，他可以把认识你以来你所犯的错误全部指出来。外向的人，直爽粗心；反应敏捷，说话不经过深思熟虑；语速很快，声音响亮。所以我们给外向的人布置任务时，最好请他复述一遍。当然，一个人不会是绝对内向或绝对外向，大多数人都是偏内向一点，或偏外向一点。一个人的个性与职业也有关系：我读大学时，性格偏内向；在工厂当技术员时，性格也偏内向；当导游时，性格明显偏外向；现在当大学教师，性格又变成偏内向了。

我们成立一个家庭，要找什么样的人？我给大家描述一下。(1) 如果外向的人找外向的人，很容易“热战”。两个人生活在一起，不可能没有矛盾的。一个说：“你再这样，就跟你离婚!”另一个更急：“离就离，现在就离!”所以结婚快、离婚快的人就是这种类型。当然离婚后，双方又后悔了，又复婚了。所以外向的人与外向的人之间有矛盾时，最好脱离接触。(2) 如果内向的人找内向的人呢，很容易打“冷战”，一个表现就是两人不说话了，都在“肚子里面打官司”，说“你怎么能这样呢”；你做的饭，我也不吃；你吃完了，我再烧一遍。双方很容易陷入一种僵局，所以，这时候需要第三方介入，作为子女，你先到这边了解情况，再到那边了解情况，消除他们之间的误会，然后两人又在一起吃饭了。(3) 如果一个外向的人找一个内向的人，是不是就行了呢？也很难说。外向的人遇到一件高兴的事，就想与人分享，跟内向的人讲了一通笑话，扬长而去；内向的人她会把你的一句简单的话，演绎成复杂的三层含义，实际上，你没有这么复杂的，只有第一层含义，没有第二层、第三层。内向的人听了以后，一直在琢磨：“他给我讲这些话，到底是什么意思?”三天之后，终于憋不住了，问外向的人，外向的人说：“我说过吗?”内向的人气得脸都涨红了：“明明说过的，还要说‘没说’”。外向的人终于想起来了：“哦，原来是为这件事”。找到根源就好办了，这个时候外向的人要反复检讨，不是检讨一次就够了，同时表明，绝不做她的第二层和第三层含义的事情。有时候，外向的人发现，内向的人已经好几天没跟自己说话了，就主动去问：“最近，我是不是又做错什么事了？或者说错什么话了？你都不理我!”内向的人说：“还要问我，你也不想想，那天你都跟人家说什么了!”沟通的要诀是，用与对方相同的方式去沟通。外向的人用内向的人的方式去沟通，内向的人用外向的人的方式去沟通，经过磨合，最后的结局是什么呢？两个人的性格趋向于“中和”：外向的人变得深沉一点，说话之前，脑子里也要转一圈二圈了；内向的人变得开放一点、宽容一点。

从整体来讲，中华民族的个性倾向于内向，我们叫“含蓄”。一含蓄，各种该说的话没说，该说清楚的话没说清楚，“你猜，你猜”，最后猜出许多误会来。为什么金庸的武侠小说那么好看？主要是因为误会，引申出N个故事来，所以金庸写小说，一写就几大本。我们经过了五千年“血与火的考验”，一个个变得“有涵养”；美国人的个性倾向于外向，见面没几天，就勾肩搭背上去了，我们叫“粗野”。所以，学了“管理学原理”，我们有话就要说，有话要好好说。

3. 情绪（自卫机制）

我们判断他人，时常走的捷径是：有选择地接受、假设相似性、刻板印象、晕轮效应。有选择地接受，如“喜欢的东西未必要得到，得到的东西一定要喜欢”；假设相似性，如“我是这样想的，你也会这样想”；刻板印象，如“无商不奸”“天下乌鸦一般黑”；晕轮效应，如“情人眼里西施”“爱屋及乌”（因为喜欢这个房屋，连屋里的乌鸦也喜欢了）。当我们接收到信息时，要经过逻辑判断过程、情感分析过程、生理反应过程，才成为接收的信息。当人的内心情感与外在的客观事实发生矛盾时，就会产生对结论的困惑。我们经常说，“怎么会这样呢？”明知道错误或不合适，但千方百计地寻找借口。当这种困惑严重到相当程度时，人的自卫机制就会发生作用，从而影响沟通效果：有时，坚持己见，拒绝接受信息，“我是没错的，要错就是你错”；有时，被迫接受，带着偏执的情绪执行指令；有时，竭力控制不满。

我们劝慰一个人的策略：①当外向的人受挫折时，我们要“冷处理”。他受到挫折，会把原因归到外部，比如，他没评上奖学金，会到处去说，找辅导员议论，说“你们都搞不正之风”，这个时候你不要反驳他，否则是火上浇油，“你到处说风凉话，你和他肯定也是一路货色！”我们要耐心地听，不要自己做自己的事情，否则他说：“我来找你议论，你居然不理我，我把桌子给你掀了”，就掀了。我们应该给他倒一杯凉水，降一降他心头的怒火；不要倒开水，否则，他讲得口干了，就喝一口，说：“你想烫死我呀！”，就来烫你了。等他讲完了，讲累了，气也就消了。②当内向的人受挫折时，我们要“热处理”。他没考上大学，别人问他：“要不要安慰你呀？”他说：“不用”，就睡觉去了。平时一上床就睡着，今天晚上一夜无眠，他把自己出生以来所遇到的挫折和失败都回顾了一遍，由此否定了自己：“像我这样的人，活在世上，还有什么意义呢！”所以，我们要关注他，打断他的思维，不让他继续钻牛角尖。可以找他一起去喝酒，不断地跟他说话，否则他又想：“连我最好的朋友，都跟我无话可说了，‘告别酒’都喝过了。”我们劝他时，要把他失败的原因归于可变的因素，如努力不够、机遇不好，而不要归因于不可变或稳定的因素，如能力不行、任务太难。总之，要让他从失望走向希望，而不是绝望。

4. 知觉（理解能力）

对同一信息，由于理解力的不同，会产生不同的理解，从而产生不同的行为。比如，厂长说："我们要千方百计地提高效益"。中层管理人员理解得比较正确，销售部经理说："我们要千方百计地加强推销力度"；车间主任说："我们要千方百计地降低成本"。结果发现，工人在偷工减料，车间主任去查问，工人说："主任，不是你说的吗？不偷工减料怎么降低成本？"一个人理解能力的高低，主要与其受教育的程度有关。爱因斯坦说："理论决定了你能看到什么。"你拿一支粉笔，去问一个 3 岁小朋友，这是什么？他说："棒棒、小棒棒"，你告诉他："这是粉笔，可以写字的，可以掰断，可以磨成粉。"下次，他就知道了。

小结：态度决定沟通行为，即沟通或者不沟通；个性决定沟通方式，即以怎样的形式进行沟通；情绪影响信息接收，即接受或者不接受；理解能力决定效果，即是否能正确地加以理解。

**【思考题】**你对小商贩是如何看的？你对小商贩的这种看法对你与他们打交道时的沟通有何影响？我们对小商贩的刻板印象是缺斤短两、唯利是图、坑蒙拐骗……所以小商贩找给我们的 50 元钱零钱，一定要检验真伪；买排骨、水果、鱼虾后，再到公平秤上去称一下，看看有没有缺斤短两；买菜时，要检验质量、防止注水、以次充好。我们在超市购物，就不用这样了。这个月烦心的事比较多：①我在菜市场买了一条罗非鱼，是死鱼，煮熟之后都糊了，口感极差，只好扔了。②在菜市场的小商店买了一壶"菜籽油"，炒菜时毫无油香，而是微臭，总感觉不对劲，可能是地沟油，最后也扔了。③买了一块猪肉，煮熟以后，发现猪肉上起了许多"疙瘩"，可能是病猪肉，我们不敢吃，也扔了。④在海南大学南门外的小摊贩处买了两把新伞，其中一把伞第一次用就散架了，最后也扔了。⑤晚上我坐三轮车，从白沙门公园到海南大学南门，付给三轮车车主 100 元大钞，他找给我 93 元钱，其中有一张 50 元钞票，第二天，我到明珠广场的肯德基店用餐，当我把那张 50 元钞票递给服务员时，他说："对不起，请你另换一张 50 元的钞票"，我接过来一看，是假钞，原来三轮车车主找给我的 50 元钞票是假的！我气得把那张假钞当场给撕了。⑥我改装了"光纤"网线，但不能在海南大学网上图书馆数据库下载论文，经过多次努力，打了多次电话，去了海南大学网教中心，现在终于恢复原来功能，可以在网上下载论文了。⑦换了两个新马桶，居然一个马桶冲不了大便，原因是因为安装时马桶的孔与地面的孔没有对牢，还要返工，后来虽然弄好了，但影响了我的心情，而且几天不能正常上厕所。以上所列的是“实际管理问题”，“待研究的科学问题”是：随着我国中产阶级的崛起，人们消费从温饱阶段提升到追求品质的阶段，要求来一场“品质革命”。

**【思考题】**与脾气比较急躁的下属打交道时，应注意些什么？耐心听他把话说完，不打岔。有话开门见山地说，不兜圈子，不拐个弯、抹个角。

**【思考题】**当一条开会的通知登在一份分发给每一个人的信息简报中后，仍有不少人没有按时来开会，事后查问，很多人说不知道要开会。请问这是为什么？这个沟通只有三个步骤：发送者明确信息内容、对信息编码、传递出去。有效的沟通应该有七个步骤，还有四个步骤：接受者对信息进行译码，反馈信息，发送者确认，接受者采取行动。

## 六、改善人际沟通的方法

1. 作为信息发送者

影响别人的方法，是谈论他所要的，教他怎样去得到。①要有勇气开口——成为信息发送者。有次我上课时，说要点一个学生回答问题，有个女生脸涨得通红，生怕点她。我就点了她，让她握紧双拳，闭上眼睛，大吼一声，我是谁。她就是不敢开口。我说：“今天这堂课，就为你上了。”于是我做示范，大吼：“我是袁国宏，大家晚上好。”最后，她终于吼出来了，现在也成了一个会讲的人。②态度诚恳——使对方成为信息接收者。真诚加尊重，是做好沟通的关键；“商务礼仪”就是教人怎么尊重人的。③创造良好的气氛——开好头。消除陌生感，寻找共同语言，形成良好气氛。④提高自己的表达能力——讲好话。这取决于一个人的逻辑思维能力、文学修养、看人说话的能力。数学就是培养一个人的细心和严密，差一个小数点，意思就差很多。⑤注重双向沟通——注意沟通效果。注重反馈，提倡双向沟通；关心体察别人，鼓励他人不清楚就问；注意倾听反馈意见。⑥积极地进行劝说——达到沟通目的。晓之以理，动之以情，诱之以利，实在没有办法的时候，只好绳之以法。要站在对方角度考虑问题。

2. 作为信息接收者

只有弄清楚对方的观点，自己才能找到合适的应付措施。①听清内容——排除干扰，保持安静，即“我听到了”。②注意要点——集中精力，全神贯注，即“我知道了”。③理解含义——设身处地，开动脑筋，即“我懂了”。④掌握精髓——及时反应，达成目的，即“我会了”。苏格拉底说，为什么我们人长着两只耳朵、一张嘴巴？是为了让我们“少说多听”。

3. 结论

沟通的前提是：主动诚心，“会叫的狗多吃肉，会哭的孩子多吃奶”；沟通的出发点是：彼此平等；沟通的方式是：换位思考；沟通的结局是：双胜不败。分配谈判与综合谈判有何不同？分配谈判产生“输—赢”的解决办法，因为它把谈判的目标视为固定的；综合谈判则将可能的资源看作是可变的，因而产生了潜在的“赢—赢”的解决办法。有的人在沟通之后，说“你赢了”，这是不对的，因为沟通的结局是“双胜不败”。

**【思考题】**营销中的“爱达（AIDA）公式”是什么？争取注意（Attention）；引起兴趣（Interest）；激发欲望（Desire）；见诸行动（Action）。

**【思考题】**你认为你在日常生活中与一些人关系搞不好的主要原因是什么？缺乏有效的沟通；不懂得改善人际沟通的方法。

**【思考题】**在日常生活中，为什么有不少人缺乏沟通的勇气？怕说错了；怕说了也没用；怕打击报复；怕丢面子；怕别人笑话；怕损伤自尊心；怕损害自信心；怕受挫折；怕“热脸贴上冷屁股”；怕“越抹越黑”……总之，怕沟通失败。

**【思考题】**倾听是一种完整地获取信息的方法。“听”包含了四层内容，即听清内容、注意要点、理解含义、掌握精髓。要做到以上几点，应保持怎样的心境？外部的安静和内心的宁静。

**【思考题】**积极倾听或倾听艺术的四项基本要求是什么？不要随意打断对方的发言（即专注）；向对方做出相应的反应（即接受）；设身处地地对待对方，多站在对方角度看问题，不存在无理取闹（即移情）；保持耐心，控制情绪，生气的人常误解对方的意思（即对完整性负责的意愿）。

**【思考题】**如何让别人乐意去做你所建议的事？从对方的利益角度出发，转化为对方的需求。如有人说了一句你认为错误的话，除了说“不要这样做，你这样想不对”，你还可以说“是这样的！我倒还有一种想法，但也许不对……”“也许我们把这句话改成这样，会更好一些”“你觉得这样行不行……”

## 七、组织沟通与人际沟通的关系

1. 区别

人际沟通是指人与人之间的沟通；组织沟通是指在组织内部进行的信息交流、联系和传递活动。

2. 联系

在一个组织内部，既存在着人与人之间的沟通，也存在着部门与部门之间的沟通。

3. 组织沟通的主要障碍

(1) 角色地位，即等级观念的影响，如“是谁讲的”，有时一个地位高的人说了一些不重要的话，下面的人“拿根鸡毛当令箭”，而一个地位低的人，说了很重要的话，也引不起重视。

(2) 部门主义，即小集团的影响，如“县官不如现管”。

(3) 信息控制，即自身利益的制约，如“欺上瞒下”“制造假象”“报喜不报忧”。

(4) 文山会海，即信息的超负荷，会导致“麻木不仁”，即使一件很重要的信息也被疏忽，就好像给你五道菜，你每道菜都关照一下，但给你一千盘菜，你可能只关照眼前的几道菜。

(5) 小道消息，即非正式沟通，如政府部门在正式发文之前，先以小道消息散布出去，如果大家都反对，群情激奋，就辟谣，“我们从来没有考虑过这样的事情”；如果反映不错，就正式发文。

**【思考题】**非正式沟通与正式沟通有何区别？正式沟通是指通过正规的组织程序，按权力等级链进行的沟通，或完成某项任务所必需的信息交流。非正式沟通是指没有列入管理范围，不按照正规的组织程序、隶属关系、等级系列来进行的沟通，如朋友关系、兴趣小组等。

**【思考题】**为什么有时人们对同一件事情会有不同的说法？人们看问题的角度不一样；人们知觉或理解能力不一样。

**【思考题】**请列举出你在平时交往中所看到的不良习惯，并说明这些不良习惯是如何影响人们相互之间的沟通的？沟通时不良习惯有下列十种表现：①对对方所谈的主题没有兴趣。②被对方的姿态所吸引，而忽略了对方所讲的内容，“帅呆了”“酷毙了”。③当听到与自己意见不同的地方，就过分激动，以致不愿再听下去，把其余的信息也都抹杀了。④仅注意事实，而不注意原则和推理。⑤过分重视条理，而对欠条理的人的讲话重视不够。⑥过多注意造作掩饰，装腔作势，而不重视真情实感。⑦分心干别的事情，心不在焉。⑧对较难的语言不求甚解。⑨当对方的语言带有感情时，则听力分散。⑩在听别人讲话时还要思考别的问题，顾此失彼。

**【案例讨论题】**张某是某大学化学系的系主任，他最近非常烦躁，因为系办公室的秘书们老是出差错。例如：上星期，人事秘书未经他签字同意，就把一份“关于要求给某职工转正的报告”送交给人事处，而事实上，他当时是吩咐办公室主任要向人事处提出“该职工的工作安排问题”；一个月前，他要求办公室把教师的工作量统计出来，以便发放这学期的酬金，但至今还没有看到统计报表；学校昨天召开各系系主任会议，布置下学期的工作，通知登在学校下发的“每周会议安排”上，但办公室却没有通知他，以至于他因缺席而受到了校长的批评；等等。张某不希望再发生类似事件。请问：他应该怎么做？

评析：(1) 学会使用信息沟通的反馈圈。对人事秘书，在下达命令后，要求其“复述一遍”，看是否正确理解。

(2) 沟通的前提是主动诚心。对办公室主任，主动与其沟通，询问和了解为什么还不呈交教师工作量统计报表，而不是背后抱怨。

(3) 沟通的方式是换位思考。指定一个办公室秘书，要求其必须阅读学校下发的“每周会议安排”，只要涉及系主任的事情，都要主动提醒张某。

**【案例讨论题】**某公司因近年来市场不景气，准备辞退部分员工，并给予员工以一定的补偿，但公司领导在辞退哪些人和给予多少补偿问题上存在着较大的分歧。由于这项决定直接涉及员工的利益，因此要求慎重决策。请问：公司领导应该怎么做才能使公司的决策得到员工的理解和支持？

评析：(1) 成立“辞退员工决策领导小组”，避免某个领导者得罪人。

(2) 制定客观的“辞退员工标准方案”。对员工进行业绩考核，实行末位淘汰制。

(3) 召开“关于如何做出辞退员工决策”的动员大会，做好辞退员工的思想工作，同时激励在职的员工努力工作。

(4) 对拟辞退的员工信息，事先通过非正式渠道散布出去，看看有什么反应，避免引起公司的不稳定。

(5) 帮助拟辞退的员工找工作。

(6) 补偿数额可以每位辞退员工 10 个月的工资为标准，每个员工补偿的数额都不一样，这样比较公平，容易为大家所接受。

# 第十三章　激励原理

在一般情况下，一个人的潜力只发挥了20%至40%，而如果受到充分激励的话，一个人的潜力可以发挥到80%到90%，即提高4倍。人性模式主要有自然人、经济人、社会人、复杂人四种假设，不同人性假设的管理者所采取的激励手段不一样。激励理论研究“如何使人愿意做、能够做、继续做”。内容型激励理论主要研究激励的起点，如“需要产生动机，动机产生行为”。过程型激励理论主要研究一个人被打动的过程，如“努力导致绩效，绩效导致奖赏，奖赏满足需要”。

## 一、行为、动机与激励

管理者是通过他人的工作来实现工作目标的，因此，激励人是其必须掌握的一项基本技能。激，就是激发，让不动的人动起来；励，就是鼓励，让动的人动得更欢。激励的方法是：先“激”后“励”。“你想要的东西，这里有，想不想要?”“想，是吧；先做，然后再给你。”如果你说，“你想要的东西，我先给你，你把事情做一下。”东西他有了，就不做了，如图13－1所示。激励机制就是研究行为的控制问题，即如何使人做某事，由此产生了激励理论。而要控制人的行为，就要先了解人的行为是怎么产生的问题，即人为何愿意做某事，这就是动力机制，由此产生了动机理论。要了解人的行为产生机制，就要了解人性，了解人的本质，即人是什么，由此产生了关于人的学说。

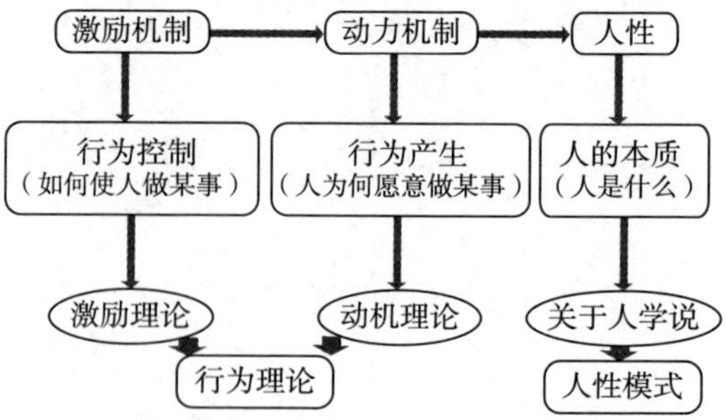


图13－1　激励机制、动力机制与人性

激励理论与动机理论属于行为理论，激励理论主要是管理学家研究的内容。动机理论主要是心理学家研究的内容。关于人的学说属于人性模式，是人类学家、社会学家、历史学家、哲学家研究的内容。这是我们管理学知识来源的广泛性。每一个管理者，心中都有一个“关于人是什么样的人”的模式，并且按照这一模式对下属采取相应的激励方法。

## 二、关于人性的认识

### 1. 自然人

从生物的角度来讲，人是动物，不是植物。人既然是动物，就具有动物的本性，如情欲、学习能力、求生本能。孔子说：“食、色，性也。”食是为了自身的生存，色是为了种族的延续。动物具有学习能力，学习（learning）的操作性定义是：由于经验的结果而带来，行为中出现的、比较持久的变化。我们通过观察和直接经验进行学习的观点称为社会学习理论。人有求生本能，贪生怕死是动物的本性，所以军人要有“节气”，节制自己的怕死本性，打仗要勇敢。

### 2. 经济人

人是自利的，又是理性的。第一，每个人在经济社会活动中追求的都是自身的利益。比如，你去买衣服，你是为了自己的利益，为了有衣服穿，才去买的；而服装店老板开店，也是为了自己的利益，为了谋取利润，才去卖的。同样地，学生来听课，是为了自己的利益，不是怕老师失业，才来的；老师来授课，也是为了自己的利益，不是怕学生没人教，才来的。所以俗话说，“人人为自己，上帝为大家”“主观为自己，客观为别人”“人不为己，天诛地灭”“有钱能使鬼推磨”，这些是经济人的主要观点。社会利益是由于个人利益之间的互相牵制而产生的。第二，每个人都追求自身利益的最大化。比如，一双皮鞋标价 200 元，你就问：“这么贵呀！100 元卖不卖?”鞋店老板说：“100 元怎么行呢，你要的话，150 元卖给你。”你把价格尽量压低，付出的钱越少越好，因为这样做符合你的利益最大化原则；鞋店老板尽量把价格抬高，得到的钱越多越好，因为这样做符合他的利益最大化原则。你们经过讨价还价，你得到了鞋子，他得到了利润，各得其所，社会利益就产生了。经济人观点认为，人是高度理性的，人的行为依据于他们的理性思考。人生性好争且很自私，唯一关心的是自身的生存，力求以最小的代价获得最大的满足。

### 3. 社会人

人是群居的动物，其行为不可避免地受到法律规章和群体规范的制约。

如果你仅仅为了自己的感受和利益，而不顾及别人的感受和利益，就会做出损人利己、损公肥私、以权谋私、见利忘义等恶的行为，就会被人们所鄙视、孤立和消灭，所以我们要“己所不欲，勿施于人”“设身处地”“换位思考”，这样才能赢得别人的接纳和尊敬。如果你能够做出舍己为人、助人为乐、克己奉公、大公无私、疾恶如仇、见义勇为等善的行为，就会被人们所称颂、敬仰和表彰，因为这样的道德楷模太少了。人可以根据理性的思考，来抑制自己本能的冲动。所以，我们常说，“多想想别人吧”“诸恶莫做，众善奉行”“勿以善小而不为，勿以恶小而为之”“恶有恶报，善有善报；不是不报，时候未到；时候一到，必然要报”。人类为了生存，在发展过程中形成了组织，并由此产生了法律规章和伦理道德，每一个个体都受此制约。每个人都生活在各种各样的组织中，都要接受社会再教育。我们既要看到人有向善的一面，又要看到人有从恶的一面。法律规章和伦理道德就是要“扬善抑恶”。

4. 复杂人

人是矛盾的统一体，如图 13 - 2 所示，太极图中的阴阳鱼互相盘绕，构成了一个整体。韩国的国旗就是太极旗。“一阴一阳之谓道”意思是：事物都有阴阳两个方面、两种力量，相反相成，相互推移，不可偏废，构成事物的本性及其运动的法则；无论物理、事理、人理，都表现此道。“道可道，非常道；名可名，非常名”意思是：物质运动是有规律的，没有一成不变的规律；规律是可以被人认识的，没有一成不变的认识。

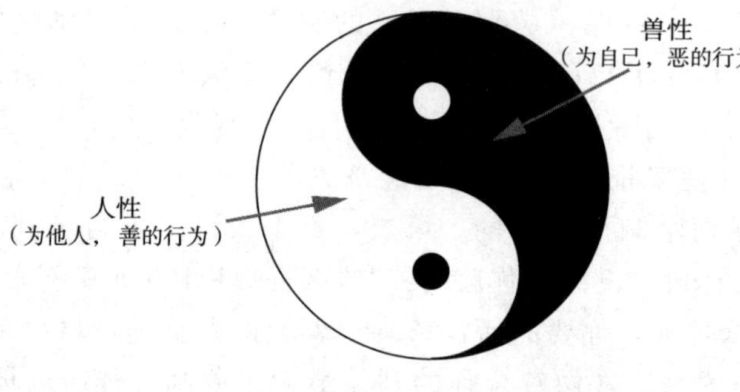


图 13 - 2 人是矛盾的统一体

（1）人有为恶的一面，表现为兽性，即“为自己”，如黑鱼所示；人也有为善的一面，表现为人性（理性和社会性），即“为他人”，如白鱼所示。

（2）黑鱼的眼睛是白色的，所以恶人也有“为他人”的东西，如“虎毒不食子”；白鱼的眼睛是黑色的，所以善人也有“为自己”的东西，如“帮助别人，快乐自己”。

（3）如果将阴阳鱼的分界线向左扩展，把白色的部分都侵占了，除了眼睛，太极图全是黑色的，我们叫他“狼孩”或者“大奸大恶之徒”。如果将阴阳鱼的分界线向右扩展，把黑色的部分都侵占了，除了眼睛，太极图全是白色的，我们叫他“大善人”。如果连眼睛都修炼成白色的，那就不是人了，而是“四大皆空即成佛”。

（4）人与人是不同的，每个人的阴阳鱼分界线因人而异。我们不要“以小人之心，度君子之腹”。

（5）人是会变的，阴阳鱼的分界线是动态的。每一个人由于受社会教育的程度不同，和不断地接受着社会的教育，因此处于不断的变化之中。一个恶人坐了几年牢之后，出来救人了，这也是正常的；一个善人，抵不住市场经济的诱惑，贪污受贿坐牢了，这也是正常的。他们一般在“悔过书”中写道：“最近放松了学习，以至于本性大暴露，兽性大发，犯下了如此罪行。”“从恶如崩”意思是，恶如山崩那样容易，比喻学好很难，学坏极容易。我们经常听说“当初你怎么说的？现在又这样！”因为人是会变的嘛。当我们听到别人说“我爱你”三个字时，要现实一点，知道他当时是爱你的，你要让他经常说，以验证现在还爱不爱你。

给大家讲一讲“孔融让梨”的故事。在孔融四岁那年，爸爸的一个学生来看老师和师母，并带来了一大堆梨。客人让孔融把梨分给大家吃。在爸爸点头同意后，小孔融站起来给大家分梨。他先拿个最大的梨给客人，然后再挑两个大的给爸爸、妈妈，再把大的一个一个分给了哥哥们，最后，他才在一大堆梨中，拿了一个最小的给自己。客人问小孔融为什么捡一个最小的给自己呢？孔融回答：“我年纪最小，当然应该吃最小的。”客人听了孔融的回答直夸奖他。爸爸也满意地点了点头。后来，爸爸的学生便把孔融分梨、让梨的故事写成了文章。于是大家就把它传诵开了，从古代一直讲到现在。

动物是怎么变成人的？你们以后生一个小孩看看，小孩四岁前就是一个动物，后来经过家庭教育才慢慢变成人的。我给大家描述一下：假定他一岁时会拿梨，你给他一堆梨，他说：“这个是我喜欢的，全都要。”在小孩眼里：天地万物，只要是我喜欢的，全部是我的，没有我和他人的概念，如小孩看到别人的三轮车，就会骑着玩，最后要推回家。你看他一堆梨都要，趁他现在还打不过你，就使用暴力，把梨抢过来，说：“你全都要，一个都没得吃”，他就哭，这个时候你不要心软，哭哭不要紧的，可以锻炼肺活量；你一心软，一个无法无天的人就出来了。然后，你给他两个梨，他当然两个都要，你又抢过来，同时告诉他：“两个都要也不行，你要学会与人分享。”他只好拿一个大的，说：“我拿一个总可以吧”，你告诉他：“拿大的也不行，大的梨要让给力量比你大的哥哥们，要学会保护自己。这样既有得吃，又不得罪比你强的人。”他又哭。经过 $N$ 次刺激以后，他尝试着拿一个小的，握得牢牢的，生怕你把小的也抢去了。这个时候你要及时表扬，同时把大的梨奖励给他。动物是具有学习能力的，以后他拿几个梨？最佳策略是拿两个，把小的梨揽在自己怀里，把大的伸出来，“妈妈，大的让给你。”等着你把大的梨也奖励给他。别看我这么几个动作，用了四年才教会的。

**【思考题】**为什么不同的管理者在对待下属时会有不同的态度和方法？因为他们对人性的假设不一样。自然人假设的管理者一般是有功就赏、有过就罚；经济人假设的管理者一般是金钱刺激、物质鼓励；社会人假设的管理者一般是规章约束、道德引导；复杂人假设的管理者考虑到此人非彼人、此时非彼时，方法因人、因时、因事、因地而宜。

### 三、动机理论

1. 动机

动机是指鼓励和引导一个人为实现某一目标而行动的内在力量，即“你想去做某事的内心的冲动”。做事需要产生动机，动机产生行为。你们学生来上课，是一种行为，这种行为的背后，是动机，你想获得“管理学”这门课的学分，想获得知识、提高能力、提升素质，而动机的背后是需要，如受人尊重的需要和自我实现的需要。

需要是使某种结果变得有吸引力的一种心理状态，是指人们对某种目标的渴求。需要是由人的生理机制决定的，就像一个人饿了，会胃收缩一样。如果某一天，你紧张不安、烦躁不安，可能连你自己都不知道的一个新的需要就产生或唤起了。一个礼拜后，终于想明白了：“哦，原来别人都有朋友了，我没有。”你就产生了意愿：我也要找朋友。以前到图书馆看书茫然无神，现在到图书馆上自习，眼睛就有了方向，你知道往哪儿看了，这叫“意向”。当受到外在刺激时，表现就是，某一天你突然眼睛发亮，看到了一个心仪的人，就产生了交友动机。是不是就变成交友行为呢？那不一定，你要创造条件去了，要等条件成熟了、时机成熟了，才会变成交友行为。如图 13－3 所示，一个人的内在需求和外在刺激相结合，形成了动机；动机与个人能力、行动条件共同作用下，产生了特定的行为；行为都是有目的的，行为与知觉结合在一起，知行合一，以实现个人目标。

人之所以会采取某种特定的行为，是由其动机所决定的；一个人愿不愿意从事某项工作，干劲是大还是小，全取决于他是否具有进行这项工作的动机及动机的强弱。

2. 形成动机的条件

（1）内在的需要欲望。只有当人的需要达到一定的强度时，动机才会

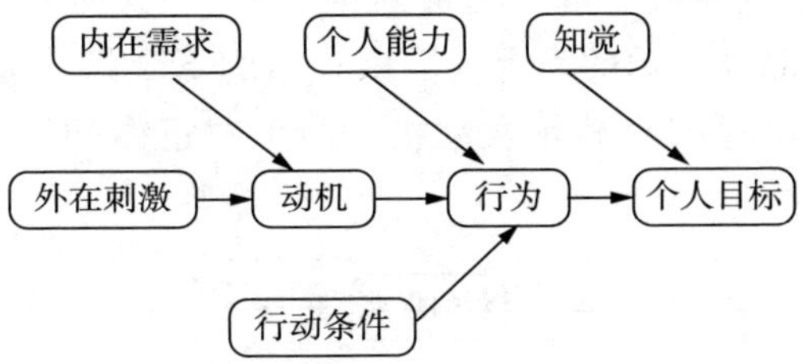


图 13 - 3　人的动机的形成

形成。

（2）外部的诱导刺激。例如，一个人肚子并不饿，但有时还是会到饭店用餐，请问这是为什么？外部的诱导刺激，如吃饭时间到了。所以，调动人的积极性的基础在于，了解被激励者的内在需求。把外在的激励手段和人的内在需求相结合，是调动人的积极性的关键。

**【思考题】**人是否只要有某种未满足的需要就会产生某种特定的行为？很难说。就像一个和尚不一定会娶妻生子一样。一个人在内在需要和外在刺激的共同作用下，才会形成动机；动机与个人能力、行动条件共同作用下，才会产生特定的行为。

**【思考题】**需要（need）、欲望（want）和需求（demand）是什么关系？人的需要是与生俱来的，你吃饱喝足了，还是有饮食的需要，只是没有欲望；你到一个五星级酒店餐厅里，龙虾、鲍鱼、大闸蟹你都想吃，这就是欲望；但是你身上只有 10 元钱，点了一碗面条，这就是你的需求，需求是相对于你的购买力而言的。

**【思考题】**什么叫"营销近视症"？一个钻头制造商会以为顾客需要一个钻头，而实际上顾客需要的是一个孔洞。这些销售者患有"营销近视症"。他们痴迷于产品，因而过于关注现有的欲望，而没有意识到潜在的顾客需要。这样，当一种新产品出现，并且能更好更便宜地满足消费者需要时，这些销售者就将陷入困境。在旅馆，过夜的游客真正要购买的是"休息与睡眠"。对于唇膏，妇女们真正要购买的是"希望"。对于牙膏牙刷，购买者真正需要的是"清洁"。对于牛排，购买者真正要买的是"滋滋声"。

## 四、激励机制

### 1. 激励的概念和机制

激励是指激发人的内在动机，鼓励人朝着所期望的目标采取行动的过程。激励机制如图 13 - 4 所示。解读这个图之前，要记住两句话：一句话是关于个人因素的，"需要产生动机，动机产生行为"；另一句话是关于组织因素的，

“努力导致绩效，绩效导致奖赏，奖赏满足需要”。这两句话构成了激励机制的主线。图的上半部分显示的是个人因素；图的下半部分显示的是组织因素。由此形成了个人和组织的双涡轮发动机，两个“正循环”为组织的发展提供了持续的动力。

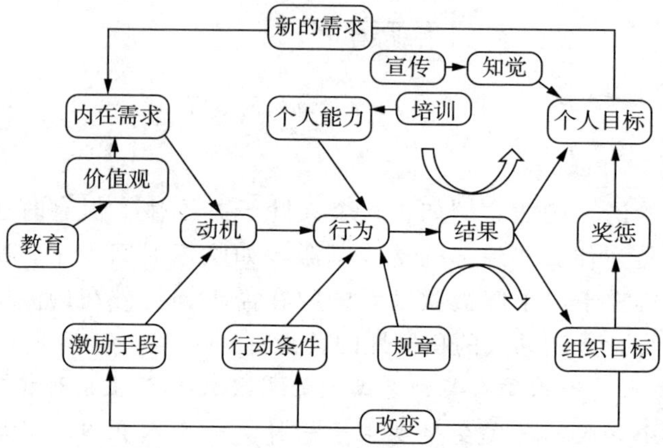


图 13－4 激励机制

人的内在需求与外在的激励手段相结合，产生了人的动机；动机与个人能力、行动条件、规章一起作用下，产生了人的行为。其中，人的内在需求可以通过价值观来引导，你说，“我想当科学家、企业家”，不是生下来就有的，而是社会引导。价值观主要与个人所受教育有关，每个时代的人崇拜的偶像是不一样的，这是社会教育的结果。个人能力可以通过培训得到提高。

人的行为表现为努力程度，导致的结果是绩效，从而影响组织目标和个人目标的实现。根据组织目标的达成度，对个人进行奖赏或惩罚，从而影响个人目标的实现程度。个人目标实现了，也就满足了个人需要。其中，组织目标的达成度，会导致激励手段的改变，并使个人产生新的动机；组织目标的达成度，也会导致行动条件的改变，并使个人产生新的行为。个人目标的实现程度与每个人的知觉有关系，组织可以通过宣传手段影响一个人的知觉，比如给他 10 元钱，告诉他“这 10 元钱不是一般人能拿到的”，并附一个证书，赋予了这 10 元钱的意义，他的感知就不一样了。个人目标实现后，潜在的新的需求又显露出来了，又会产生一个人的内在需求。

2. 激励基本原则

①激励的手段必须针对被激励者的没有得到满足的需求，而且要随着被激励者需求的变化而变化。针对需求使人“愿意做”。②通过合理分配任务、培训和授权等手段，创造条件使被激励者能够采取相应的行为，并通过明确

目标要求和规章，规范其行为。针对行为使人“能够做且做好”。③根据被激励者的行为结果，以及有助于组织目标实现的程度，给予公平的奖惩，而且奖惩的内容必须能够影响被激励者个人目标的实现程度。针对过程使人“继续做正确的事”。

3. 报酬的配方

一个组织所能给予员工的东西称为报酬，凡是一定程度上能满足人的物质和精神需要的东西都是报酬。从员工的角度看，报酬的东西多不多？远远不止工资、奖金、福利、津贴，还有工作环境、工作机会、工作氛围、发展空间、企业前景，甚至多看他两眼也是报酬，有的高层人员经常拍他的肩膀，“你干得不错呀！”就够他兴奋一个礼拜的，因为这代表了重视、重用和尊重。“管理者的微笑是员工心目中的阳光。”每个企业都可以形成有自己特色的报酬体系。有人问：有没有这样一种配方，使人像喝了“迷魂汤”，吃了“迷心丹”一样，比较忠诚于企业，又比较听话，让他干什么他就干什么，死心塌地为企业工作？有的，这个配方就叫报酬体系。①有能满足需要的报酬。②这个报酬在市场上有竞争力。③有内部公平性。报酬多少是按一定规则来的，并且与个人业绩贡献挂钩。④以上三个能够清楚感知。你只要满足这四个条件，你就可以获得一辈子的志愿工作者，他就会把一辈子献给你这个企业。为什么？因为你这里有我想要的东西，你给的还比别人多，你是根据我的所作所为公平地给我的，而且以上三点我都知道的，我就会死心塌地地为你工作。人什么时候会走？你这里没有我想要的东西，走了；别人给的比你多，走了；你说话不算数，真正给的时候还比别人给的少，走了；我感觉不是这样的，走了。

**【思考题】**根据动机理论，怎样才能使人产生某种特定的行为？通过外在的刺激影响人们的动机。

**【思考题】**影响一个人工作业绩的内在因素有哪些？一是能力，与人的先天遗传和后天学习有关。二是动机，与人的需求、外在的刺激和人的知觉有关。

## 五、激励的基本方法

最基本的方法是：工作激励、成果激励和培养教育。工作激励是指通过设计合理的工作内容，分配恰当的工作来激发员工内在的工作热情；成果奖励是指在正确评估员工工作成果的基础上，给予其合理的奖惩，以保持员工行为的良性循环；培养教育是指通过思想、文化教育和技术培训，提高员工的素质，从而增强员工的进取精神和工作能力。

1. 合理设计、分配工作

（1）工作内容要考虑到员工的特长和爱好。根据员工的特点来设计工作内容在实际工作中能做到吗？很难说。应该在因事择人的基础上，根据因材器使的要求，合理安排工作。

（2）工作目标应具有一定的挑战性。只有经过努力才能实现的，这样员工就有一种成就感，满足其自我实现的需要。

2. 针对员工的需求给予合理的报酬

（1）奖励必须能在一定程度上满足员工的需求。如果员工的需求都不相同，管理者如何设置奖励体系呢？制定奖惩规则，同时在实施时发挥领导者调动员工积极性的艺术。所以说“领导是艺术”嘛。

（2）奖励的多少应与员工的工作业绩挂钩。将个人目标与组织目标紧密关联。

3. 通过教育培训，增强员工自我激励的能力

（1）通过思想教育，树立崇高的思想和职业道德，这是使人“有德”。

（2）通过专业技能培训，提高员工的工作能力。教育培训工作，在一个组织中，一般由人力资源部门负责具体实施，这是使人“有才”。组织用人的原则是“德才兼备，以德为先”。“有德有才”的人是组织的宝贵财富，可重用；“有德无才”的人尚可用，但难以适应充满竞争的市场经济环境；“无德无才”的人是庸人，虽无大功，但危害不大；“无德有才”的人是组织的“负资产”和“定时炸弹”，可能给组织带来重大损失和潜在威胁，绝对不可以重用。

## 六、有关激励的理论

1. 内容型（愿意做）

从研究需求入手，着重探讨什么东西能使一个人采取某种行为。即着重于研究激励的起点和基础，研究如何从需求入手，通过满足需求，来激励、调动人的积极性；明确导致人的行为的各种因素，如需求内容和激励手段，以便选择相应的奖励措施来满足员工的需求，从而调动员工的积极性。内容型激励理论有：Maslow 的需要层次理论；Alderfer 的 ERG 理论，即生存（Existence）、相互联系（Relationship）、成长（Growth）理论；McClelland 的成就激励论；Herzberg 的双因素理论。

2. 行为改造型（能够做）

从行为控制着手，着重探讨如何引导和控制人的行为。行为改造型激励理论有：归因理论，个体有一种倾向是，把自己的成功归因于内部因素，如

努力程度或能力大小，而把失败归因于外部因素，如任务难度或机遇。这叫“自我服务偏见”。此外，还有 Skinner 的强化理论。

3. 过程型（继续做）

研究一个人被打动的过程，着重研究行为是如何产生、发展、改变和结束的过程。解释人们的行为是如何形成，又是如何发展的过程，以及行为与员工的满意程度、工作业绩之间的关系，以便提供相应的条件来引导员工的行为。过程型激励理论有：Vroom 的期望理论；Adams 的公平理论。

## 七、马斯洛（Maslow）的人类需要层次理论

人的需要划分为五个层次：生理的需要，如吃喝拉撒睡；安全的需要，包括人身安全、财产安全和信息安全，人身安全如“没有人打你、骂你”，财产安全如“没有人偷你、抢你”，信息安全如“你的银行账户密码不能告诉别人”；社交需要，如亲情、爱情、友情；受人尊重需要，如别人能站在你的角度看问题，能设身处地为你着想；自我实现的需要，如各尽所能、各得其所，“各尽所能”是指把自己的潜力都发挥出来，“各得其所”是指实现自己的理想抱负。人在成长过程中，五个层次需要是逐渐产生的：如小孩刚出生时，只有吃喝拉撒睡的生理需要；一两岁时安全需要逐渐出现，如怕光、怕风、怕水，慢慢适应以后才不怕的；上幼儿园、小学后，产生交友需要，想与其他小朋友一起玩；上中学了，受人尊重需要开始出现；上大学后，自我实现的需要是第一位的，是主导需求，起支配地位。人在不同的发展阶段，其需求结构也是不同的。如图 13－5 所示，横坐标表示心理发展水平，纵坐标表示需求相对强度。心理发展水平在 $OA$ 之间，生理需要占第一位、安全需要次之；在 $BC$ 之间，社交需要跃居首位，安全与受人尊重需要次之；在 $C$ 点之后，受人尊重和自我实现需要已成为主流。

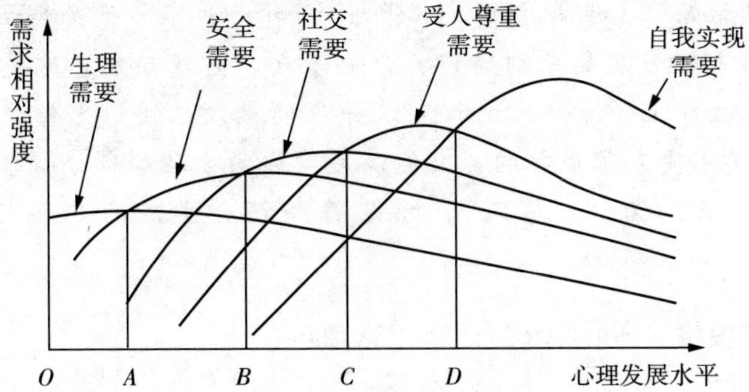


图 13－5　马斯洛的需要层次理论

需要层次理论的主要观点：①人的需要是分等分层的，呈阶梯式逐级上升。低层次的需要满足以后，就会产生高层次的需要。②需要的存在是促使人产生某种行为的基础。③当某种需要得到满足后，这种需要也就失去了对行为的唤起作用。只有没有得到满足的需要，才是唤起行为的原因。④越是高层次的需要，越难实现，但其实现后，所产生的激励作用持续的时间越久。

**【思考题】**什么是自我实现的需要？各尽所能，它是促使人潜在能力得以实现的愿望；各得其所，希望成为自己所期望的人，完成与自己的能力相称的一切事情。追求的目标有：能发挥个体特长的环境、具有挑战性的工作。

**【思考题】**人找对象是为了满足什么需要？①生理上的需要，如恋人间的拉手、抚摸、拥抱、接吻，甚至在财物上支援对方。生理上的需要也体现在“食”和“色”两个方面。在漫长的原始社会，男人和女人的结合主要是为了满足生理上的需要。“漂亮女友、有钱男友”，“男人爱漂亮、女人爱潇洒”都是动物原始本能作用的结果。“一山难容二虎，除非一只是公的，一只是母的”，动物都是由于生理需要结合在一起的，说明生理上的需要是恋人结合的最原始、最基本的需要。②心理上的需要，如人都会有孤独、寂寞、空虚、无聊的时候，找个能“谈得来”的伴侣，是人生的莫大幸福。将自己的喜悦、忧伤、经历与别人分享或分担，体现了人的本质是社会属性。恋人之间相互的理解、关心、支持、帮助、安慰，是建立亲情、爱情、友情的基础。有了这个基础，两个人就是一个“小世界”。③伦理上的需要，如生儿育女以满足长辈的“抱孙子”“传宗接代”愿望、适当帮助对方的亲戚朋友、尊敬对方的父母。有人说，“婚姻不只是两个人的结合，更是两个家庭的结合”，就是基于这个考虑。满足对方的伦理需要要求一个人具备“包容心”，因为对方的父母、亲戚、朋友毕竟在各方面都与自己的亲人相距甚远，求同存异，要多包容恋人的亲人，而不是挑剔、指责、嫌弃、疏远、鄙视、隔绝。④法理上的需要，包括领结婚证、互相忠诚（不背叛）、财产共享、子女共养。结婚后就是一家人了，离婚时就要分割财产、分配子女、另找新欢，这是极其伤害人的。领证能从法律上保障双方的权利，并且使双方从法律上接受应承担的义务。“同居”是不受法律保护的，只能满足双方的生理和部分心理需要，只有领证后才能真正成为“一家人”，才是符合社会主流的“个人私人生活”模式。

## 八、赫茨伯格（Herzberg）的双因素理论

1．主要观点

（1）表示满意程度的四种状态：满意的对立面是“没有满意”，不满意的

对立面则是“没有不满意”。例如学生食堂饭菜不好，你就不满意，食堂饭菜好了，并不能激励你努力学习，你只是没有不满意。又如学生宿舍卫生条件差，你就不满意，宿舍卫生条件好了，你只是没有不满意。你获得奖学金，你就满意，可以激励你更加努力学习，如果没有评上奖学金，你只不过是没有满意，而不会对海南大学不满。又如你获得保送研究生资格，非常满意，如果没有保研，你只是没有满意。

(2) 影响人的工作动机的行为，分为两类：保健因素和激励因素。保健因素是由外界环境引起的，这些因素改善了，只能消除职工的不满、怠工与对抗，但不能使职工变得非常满意，也不能激发他们工作的积极性，促使产量增长。激励因素是以人对工作本身的要求为核心的，这类因素的改善，能够激励职工的工作热情，从而提高生产率。如果处理不好，也能引起职工不满，但影响不大。

(3) 只有激励因素的满足，才能激发人的积极性。到外企一般五年内跳槽，刚到外企时，工资待遇高、环境好、培训机会多，你被高度激发了，但到了五年后，收入不变，培训机会少了。满意吗？没有；不满意吗，也没有。要么就这么混下去，要么就跳槽，一般都是跳槽到其他的外企，因为你习惯了在规范的环境中工作，但待遇跟原来的外企也差不多。

2. 双因素理论的贡献

它告诉我们一个事实，采取了某项激励措施后并不一定就带来满意，更不等于劳动生产率就能够提高。“物质有限，精神无限”。物质有限是指你能给他的物质数量是有限的，而且物质刺激的效果也是有限的。精神无限，如工作机会、清楚的前景、有魅力的领导人都是激励因素，甚至公司高管多看你两眼，偶尔在你肩膀上拍一下，就够你兴奋一个礼拜的。有的男人不明白：他在外面辛辛苦苦地赚钱，他老婆还跟别人跑了。他老婆怎么说的？“我只看到你的钱，看不到你的人啦！你连看都不看我一眼，他看了我三眼。”要调动人的积极性，不仅要注意物质利益和工作条件等外部因素，更重要的是要注意工作的安排，量才录用，各得其所，注意对人进行精神激励，对工作中的成绩给予表扬和认可，注意给人以成才、发展、晋升的机会。

3. 借鉴

①我们在实施激励时，应注意区别保健因素和激励因素，前者的满足可以消除不满，后者的满足可以产生满意。②双因素理论诞生在20世纪50年代的美国。我们看重的是它的理论，而不是它的具体指向，如哪些因素是保健因素，哪些因素是激励因素，在21世纪的中国我们要因人、因环境具体分析。③应注意激励深度问题。上级的赏识、荣誉感和成就感的满足，使当事

人得到深刻的激励，因为它来自工作本身，通常被称作“内在激励”，而工资、奖金、福利、工作条件、人际关系的改善，属于工作外部条件的改进，属于“外在激励”。④内在激励的重要性越来越明显。例如：如何增强工作本身的吸引力？如何使员工在工作中感受到无穷的乐趣？如何使工作更具挑战性，工作胜任后有更大的成就感？其中最重要的应用是“工作丰富化”。工作丰富化的中心思想是扩大工作内容，将工人由完成部分工作变为完成整体工作；增加工作中的自主性和独立性，减少外部的监督，并由工人自行评价工作状况；分担责任和管理，让工人分担一部分计划工作、组织工作和控制工作等。

**【思考题】**工作专业化、工作扩大化、工作丰富化的区别是什么？①工作专业化是将工作划分为细小的任务。②工作扩大化正好相反，它通过增大工作范围，而使之得到横向扩展，如让一个人成为“多面手”。③工作丰富化也扩展了工作的内容，但它是纵向扩展而不是横向扩展，即通过给予员工更大的对其工作的控制权，从而增加工作的深度。通常的反映是，工作丰富化使工人的工作兴趣增加，旷工减少，但在生产率和成本这两个关键问题上，效果极不肯定，有的下降，有的上升。

**【思考题】**食堂饭菜好坏、教学计划安排合理与否、老师授课质量好坏、学生考试及格、获得奖学金、学生出书、学生通过英语四级和六级、学生获得导游证、学生谈恋爱等因素分别属于什么因素？食堂饭菜质量、教学计划安排、学生考试及格、学生通过英语四级都是保健因素；学生获得奖学金、学生出书、学生通过英语六级、学生获得导游证都属于激励因素；老师授课质量、学生谈恋爱，很难说。

**【思考题】**按劳分配是什么因素？很难说。在我国改革开放前，一般企业是“吃大锅饭”、平均主义，干多干少一个样，干好干坏一个样，如果一个企业实行按劳分配，就是激励因素；现在实行社会主义市场经济，按劳分配这种待遇不是稀缺的，就是保健因素。

**【思考题】**教室里灯光明亮是什么因素？很难说。在农村贫困地区是激励因素，学生说，“要好好学习，对得起这么好的环境。”但在海南大学里，每间教室每天都是灯光明亮，大家习以为常，没有的话，反而要提意见了，所以是保健因素。

**【思考题】**把旅游作为奖品能激励人吗？为什么？是的。“人人都为礼品愁，我送北京海南游”“世界这么大，我想去看看”。因为奖励旅游有几个特点：一是豪华游。来回都坐飞机，叫“双飞”；住五星级宾馆；使用豪华进口空调车；吃得也很好。二是由公司高管作陪。通常公司董事长、总经理等高管都参加，在旅游过程中，大家互相认识，甚至召开座谈会，征求优秀职工对公司的发展大计。三是可以携带家属。家属会支持你的工作，也会更加爱你。

**【思考题】**“加强内在激励，工作重新设计是一条路，鼓励员工参与决策是一条路，强化精神激励是一条路，加强人员培训也是一条路。”这句话如何理解？这些都是“内在激励”，是以人对工作本身的要求为核心的，都是激励因素。

### 九、麦克利兰（McClelland）的成就激励理论

1. 除了生理需要外，其他需要是归属、权力和成就需要

（1）具有归属需要的人，通常从友爱中获得快乐，并总是设法避免“因被某个团体拒之门外”带来的痛苦。作为个人，他们往往比较注重保持一种融洽的社会关系，渴望他人的喜爱和接纳，希望与周围的人保持亲密关系和相互充分的沟通与理解。

（2）对权力的需要是指一种想使他人按照自己的意愿行事，即想要影响和控制他人的愿望或驱动力。具有较高权力欲的人，通常比较喜欢承担责任，这样的人一般倾向于寻求竞争性的、领导者地位取向的工作环境，力求对他人施加影响。“小丈夫不可一日无钱，大丈夫不可一日无权”。

（3）成就需要是指想要超过或达到一系列标准，希望把事情做得比以往更好，愿意为成功而努力的驱动力。

有的大学生对当班长、学生会主席很热心，对权力的需要强烈，有的人甚至有“官瘾”。也有的学生对当学生干部不热心，但对英语六级、计算机二级、加入中国共产党、考研很热心，对成就的需要强烈。

2. 具有强烈的成就需要的人往往显示出三个共同特征

喜欢能够发挥独立解决问题能力的工作环境；往往倾向于谨慎地确定有限的成就目标，工作具有适度的风险；希望得到对他们的工作业绩的不断反馈。

3. 启示

（1）麦克利兰的研究表明，对身居主管位置的人来说，成就需要比较强烈。因为“有为才有位，有位才有威”。

（2）归属需要和权力需要与管理的成功密切相关，最优秀的管理者往往是权力需要很高而归属需要很低的人。例如，大禹治水时，“三过家门而不入”。

（3）可以通过培训激发员工的成就需要。

**【思考题】**对于一些人来说，如经营自己的企业、管理大公司中的一个独

立部门、处理销售业务，成就激励理论是否实用？是的。他们都具有三个共同特征：发挥“独立解决问题”能力的工作环境；有限的成就目标和适度风险；对工作业绩的不断反馈。另外，导游、大学生也具有这三个特征，他们的成就需要也很强烈。

## 十、佛鲁姆（Vroom）的期望理论

1. 基本内容

（1）人是理性的人，对于生活与事业的发展，他们有既定的信仰和基本的预测；一个人决定采取何种行为，与这种行为能够带来什么、结果对他来说是否重要有关。

（2）激励力量（$M$）＝目标效价（$V$）×期望值（$E$）＝报酬的价值（$V$）×努力导致业绩的期望值（$E_1$）×业绩导致报酬的期望值（$E_2$）。其中，激励力量指动机的强度，目标效价指某人对目标价值的估计，期望值指某人对实现某一目标的可能性的主观估计。

2. 努力的意愿是指值不值得付出那么大的努力

例如：父亲为了鼓励孩子努力学习，向孩子提出，如果在下学期每门功课都考 90 分以上，就带其到北京去玩一趟。此时，孩子是否会因此而努力学习？按照期望理论，在进行激励时要处理好以下三个关系。

（1）努力导致绩效 $E_1$。时间就像一张网，你撒在哪里，就在哪里收获。如果你把时间撒在学习上，就在学业上收获；如果你把时间撒在工作上，就在事业上收获；如果你把时间撒在谈恋爱上，就在爱情上收获；如果你把时间撒在玩手机游戏上，就在娱乐上收获。分析：如果 $E_1=0$，$M=V\times E_1\times E_2=0$；如果 $E_1=1$，$M$ 等于多少？取决于其他因素。说明：如果这个孩子每次考试都 60 多分，每门功课考 90 分以上几乎是不可能的，父亲的承诺起不到什么激励效果。

（2）绩效导致奖赏 $E_2$。分析：如果 $E_2=0$，$M=V\times E_1\times E_2=0$；如果 $E_2=1$，$M$ 等于多少？取决于其他因素。说明：如果父亲说话一向不算数，孩子听了后说，“又来骗我了。”父亲的承诺也起不到什么激励效果。

（3）奖励满足需要 $V$。分析：如果 $V=0$，$M=V\times E_1\times E_2=0$；如果 $V=1$，$M$ 等于多少？取决于其他因素。说明：如果孩子说，“哦，北京有什么好玩的！”父亲的承诺也起不到什么激励效果。

只有当 $E_1=1$，$E_2=1$，$V=1$ 时，$M=1$。说明：只有当孩子经过努力能够达到每门功课 90 分以上，父亲说话一向算数，到北京去玩是孩子梦寐以求的，激励的力量才非常大，孩子才会受到高度激发。

如果当 $E_1=0.5$，$E_2=0.5$，$V=0.5$ 时，$M=0.125$。说明：努力导致绩效的期望值还可以，绩效导致奖赏的期望值还可以，奖赏满足需要的效价也还可以，但这时激励力量非常小。

3. 有益的启示

(1) 管理者不要泛泛地抓一般的激励措施，而应当抓多数组织成员认为效价最大的激励措施。如海南大学及其下属的各个学院，都非常重视国家自然科学基金和国家社会科学基金项目的申报工作。

(2) 高难度的重奖政策，激励效果是很低的，更多的是一种象征性的意义。如有的大学提出，如果谁评上了“院士”，包括中国科学院院士和中国工程院院士，奖励1000万。大多数人听了也就过去了，只有对极少数具备条件的人，才有激励效果。因为努力导致绩效的期望值 $E_1$ 太低了。

(3) 设置某一激励目标时应尽可能加大其效价的综合值。获得国家基金项目不仅有经费资助，而且与年终科研奖励、职称评定、职务晋升、人才工程遴选挂钩，甚至工作调动时可以提高身价，从而大大增加效价的综合值。

(4) 加大组织期望行为与非期望行为之间的效价差值，如只奖励不罚与奖惩分明。海南大学规定，课堂教学质量评估为A的，职称评定和职务晋升时优先；评估为D的，教务处长要“诫勉谈话”和教师写“保证书”；连续两年评估为D的，教师调离教学岗位。

**【思考题】** 在布置一项重大任务时，为什么常常要进行动员和形势分析？$M=V\times E_1\times E_2$。进行动员和形势分析，可以提高“努力导致绩效”的期望值 $E_1$，还可以提高“奖赏满足需要”的目标效价 $V$。

## 十一、亚当斯（Adams）的公平理论

1. 基本内容

(1) 人是社会人，一个人的工作动机，不仅受其所得报酬绝对值的影响，而且受到相对报酬多少的影响。

(2) 社会比较或横向比较：把自己所得的报酬（如金钱、工作安排、获得的赏识）与付出的劳动（如所受教育、努力、耗用在职务上的时间）之间的比率同其他人的比率进行比较。

(3) 历史比较或纵向比较：把自己“现在的所得所费比率”同“过去的所得所费比率”进行比较。

2. 公平理论方程式

$$\left(\frac{O}{I}\right)_A=\left(\frac{O}{I}\right)_B$$

其中，$O/I$ 为所得所费比率。所得（Outcome），即报酬，指工资、奖金、津贴、晋升、荣誉、地位等；所费（Input），即贡献，指工作数量与质量、技术水平、努力程度等。正如，歌曲《祝你平安》中唱道："你的心情，现在好吗？你的脸上，还有微笑吗？人生自古，就有许多愁和苦。请你多一些开心，少一些烦恼。你的所得，还那样少吗？你的付出，还那样多吗？生活的路，总有一些不平事。请你不必太在意，洒脱一些过得好"。

如果你的"所得所费比率"比别人低，就会产生不满情绪；如果你的所得所费比率比别人高，通常就会产生一种内疚感。例如，2004 年海南省考试局委托我出全省"旅游经济学"科目的自学考试试卷，我当时准备考博士，忙于复习，就找了 H 老师一起出卷。H 老师花了两天整的时间，把试卷出好了，我审核后提交了。省考试局给了我 1700 元的劳务费，我付给 H 老师 700 元。心想：因为我是这个项目的代理人，需要对试卷质量负全部责任，多拿点也是应该的。当时 H 老师说："试卷是我出的，我应该多拿。"我说："那你要多少？" H 老师没说话，就走了。事后几年里，我都怀有愧疚之心，2008 年一件偶然的事触发了我，我又补给了 H 老师 500 元。这实际上是自我折磨。再如，对来历不明的钱，我们不敢收。去年 10 月，我突然收到一个包裹，打开一看，里面是一个手机，发票上写着 1700 元。我觉得很纳闷：我没买手机呀！谁给我买的呢？而且还给我一个"surprise"！胡思乱想一番后，我打了包裹上留的电话号码，是浙江宁波市一家物流公司的。他们告诉我这个手机是苏宁电器寄过来的，并告诉我苏宁电器邮寄人的手机号码。最后我才弄清楚：原来一个星期前，我在海口市的苏宁电器买了一个平板电脑的保护套，留下了我的联系方式，苏宁电器的业务员弄错了，把别人买的手机寄给我了，当天晚上，我就把手机退还给了苏宁电器的业务员。

有的国有垄断行业，职工的工资比社会上其他行业偏高，但职工积极性并不高，甚至"拿着更多的钱，干着更少的活"。你去调查，他们就说："某某某，几乎没干什么事，拿得和我一样多。"他们是内部比较。"端起碗来吃肉，放下筷子骂娘。"生活条件很不错了，有肉吃，但他们还愤愤不平，这是社会比较。"不患寡，而患不均""人比人，气死人""人比人得死，货比货得扔"。这些也是社会比较。深圳华为集团提出：绝不让雷锋吃亏！

3. 公平理论的启示

"公平感"是人的一种感觉，包括客观上的不公平感和主观上的不公平感。"客观上的不公平感"是指同工不同酬，消除它的办法是"公正"，即分配是按照规则来的，而且与个人贡献挂钩。"主观上的不公平感"是指由于信息不对称，不知道别人付出更多，消除它的办法是"公开"，原来愤愤不平的人就会说，“哦，原来他还干了那一块，那是应该比我多拿一些。”所以，在收入分配原则中，都写着要“坚持公开、公正、公平的‘三公’原则”。

工资全部公开又会产生新的问题，要做大量的解释工作。有人说：“为什么我比她差500元，而不是200元?”领导说：“我们是根据‘360度考评法’来的，你比她差了5分，所以少了500元。”“为什么我比她少了5分?”“分数是群众打的，你找群众去。”跟找上帝一样的嘛！到最后，这个分数是流于形式，你不知道老板改过分数了，只不过，以前是随便分分，现在是群众打出来的，有了分配的依据和说法，并不能真正地解决问题，只是把别人的不公平感压抑到自己心中而已。

工资全部保密也会产生新的问题，即主观上的不公平感。比如说分奖金，全部保密，谁最不满意？拿得最多的人最不满意，他觉得“我贡献这么大，怎么拿这么一点。”这是我的亲身经历，2002年旅游学院还没有副院长，张院长把教学、科研上的事情全部交给我做，发工资时，我去找院长：“为什么我拿这么少?”院长说：“你是我们学院拿得最多的。”她一边说，一边拿出抽屉里的工资单，我比院长还多拿500元。那就算了。全部保密，谁最满意？拿得最少的人最满意，本来是惩罚他的，但是他没感知。我们学院有个老师在营销公司里当副总，他把学校授课看作是“兼职”，发工资时高兴得要命，他对我说：“我每周只讲4节课，一个月还能拿3000多元。”虽然他“身在曹营心在汉”，却始终没有辞职。有的老师在海南大学附近开服装店，有的老师在三亚市旅游协会当秘书长，有的老师开酒吧，有的开咖啡馆，都是身兼数职，乐此不疲。

海南大学现在实行工资“半公平”，即公开薪酬导向、薪酬结构、分配依据和分配规则，公开岗位工资的最高线、最低线、平均线，工资直接打到个人银行账户上。如果能公开校长、副校长、书记、副书记、院长、副院长的工资，那更好，但我们许多大学都做不到。

**【思考题】**为什么“干多干少一个样”会挫伤人们的工作积极性？干得多的人与干得少的人“所得”是一样的，但“所费”不一样。干得多的人“所得所费比率”低，感觉不公平。这是奖“懒”罚“勤”。我国过去实行计划经济体制，“吃大锅饭”，“干多干少一个样，干好干坏一个样”，员工的积极性很低。行政人员上班就是“一杯清茶一支烟，一张报纸看半天”；操作工人就是“一个人闲，一个人干，还一个人在捣乱”。所以，不符合人性的制度，都是很难长久的。

**【思考题】**在现实生活中，造成不公平感的主要原因是什么？权力不平等、机会不平等、规则不平等。比如有的人出生在农村，有的人出生在城市，中国的城乡差别，造成人一生下来就不平等。所以《中共中央关于全面深化改革若干重大问题的决定》提出："以工促农，以城带乡，工农互惠，城乡一体。"

**【思考题】**在我国社会主义市场经济的建立中，如何处理好效率与公平之间的关系？效率优先，兼顾公平；初次分配注重效率，再次分配注重公平。

**【思考题】**"拿多少钱干多少活"的危害是什么？在公平问题上，按酬付劳是造成恶性循环的主要杀手。我拿得少，就干得少；干得少，拿得就更少……这是一个"死循环"。

## 十二、斯金纳（Skinner）的强化理论

1. 基本内容

（1）人是自然人、学习人。要猴戏的人怎么训练猴子？如果猴子听话，你就赏它一颗花生；如果猴子不听话，就扬起鞭子，虚张声势要打它。军警怎么训练军犬的？如果军犬听话，你就在它脖子上抚摸一下；如果军犬不听话，就吆喝一声。幼儿园的老师怎么教育小朋友的？好孩子，好孩子，摸摸脸；坏孩子，坏孩子，打屁股。斯金纳认为，无论是人还是动物，为了达到某种目的，都会采取一定的行为，这种行为将作用于环境，当行为的结果对他有利时，这种行为就会重复出现；当行为的结果对他不利时，这种行为就会减弱或消失。这就是环境对行为强化的结果，也就是"条件反射"。

（2）通过表扬和奖励可以使动机得到加强，行为得到鼓励；通过批评、惩罚等可以否定某种行为，使不好的行为越来越少。"奖"起着正面引导的作用，"惩"起着劝阻和警告的作用，奖和惩就好像一条航道上的左右两个航标，是保证船只的正确航行所必不可少的东西。

2. 强化的类型

（1）正强化（伴随着愉快事件）：奖励那些组织上需要的行为，从而加强这种行为。如某人偶尔打扫寝室，你及时地予以表扬，这种行为就会持续。下次他还打扫，你又表扬，慢慢地，他就养成了习惯。又如奖金、成绩的认可、表扬，改善工作条件和人际关系，安排负责挑战性工作，给予学习和成长的机会，都是正强化。

（2）负强化（逃避不愉快事件）：通过人们"不希望结果"的结束，而使行为得以强化。就是：杀鸡给猴看、末位淘汰制、掐头取尾法。例如，我有位同学在外资企业当副总，主管销售，他说："我每个月专门找那个销售业绩最差的人，不断地骚扰他。销售部的人为了避免我的骚扰而努力工作。"再如，我上课点名时，不是普查，而是抽检，专门点那些有迟到旷课记录的人。又如，海南大学教务处安排督导组听课，并给老师打分，如果得分为D，该

教师就要被“诫勉谈话”，并要求写“保证书”，连续两次评估为D的，就要被调离教学岗位。又如，老总对门卫说：“老伯，从明天开始，你把所有迟到的人都记下来，把最后10个人名单报给我。”然后，这件事以小道消息散布出去。老总每天专门找这10个人谈话，一个月后就没有人敢迟到了。老总又让宣传科的人，拿着摄像机，架在公司门口，把所有早退的人都摄下来，然后把最先早退的10个人名单交给老总，老总每天专门找这10个人谈话，一个月后就没有人敢早退了。这叫“掐头取尾法”。有的中层管理人员对下属说：“你好好干，我就提拔你。”他说，“哦，太辛苦了。”你很难激发他，那么可以倒过来做：“你再不好好干，我就让你下去。”他过惯了好日子，再下去，那不行的。他就不是为了往上爬，而是为了保牢现在的位子而努力工作。

(3) 惩罚：与正强化相对应，即惩罚那些与组织目标不相容的行为，从而削弱这种行为。批评、记过、处分、降级、不给予奖励或少给奖励，都是惩罚。随着人们素质的全面提高和社会的进步，人的自尊心越来越强。你惩罚别人，别人会记恨你的，他们在“民主测评”和“组织部考查”时，就会给你差评。比如，有的学生考试不及格，就给这门课的任课老师，每个“题项”都打最低分，发泄怨恨。所以，有的教师干脆就做“老好人”。“老好人”行吗？不行，因为“老好人”没有原则，实际上是得罪了所有的人。

(4) 忽视：对某种行为不采取任何措施，既不奖励也不惩罚。下属说：“老总，我能不能换到另一个岗位上去?”对下属的不合理要求，你不理不睬。他提了几次后，自觉无趣，就不再提了。

(5) 综合：对某人的不同行为，采取一种以上的策略。有些方面表扬他，有些方面批评他，有些方面威胁他。

3. 启示

(1) 要依照强化对象的不同需要采用不同的强化措施。人们的年龄、性别、职业和文化水平不同，需要就不同，强化方式也应不一样。

(2) 小步子前进，分阶段设立目标。在鼓励人前进时，不仅要设立一个鼓舞人心而切实可行的总目标，而且要将总目标分成许多小目标、小步子。完成每个小目标都及时予以强化，不仅易于目标的实现，而且通过不断地激励可以增强信心。

(3) 及时反馈。即通过某种形式和途径，及时将工作结果告诉行动者。无论结果好与坏，对行为都具有强化的作用。好的结果能鼓舞人心、继续努力，坏的结果能促使其分析原因、及时纠正。

**【思考题】**“驴子拉磨”“胡萝卜加大棒”对你有什么启示？在驴子的前方悬挂着胡萝卜，驴子想吃，就一直往前拽；在驴子的后面用大棒威吓，驴子怕挨打，不敢停步或往后退。这叫“威逼利诱”。美国的外交政策经常是“胡萝卜加大棒”。

**【思考题】**根据强化理论，怎样才能控制人的行为？有功就赏，有过就罚，赏罚分明。

**【思考题】**管理者激励他人，那么他们怎样激励他们自己呢？管理者也有上级，他的上级也会激励他的，而且管理绩效本身也是一种激励：绩效好，有功劳记录，有利益保障；绩效差，有失误记录，要问责。

**【思考题】**期望理论、公平理论、强化理论对人性的假设不同吗？是的。期望理论假设人是理性人；公平理论假设人是社会人；强化理论假设人是自然人，具有学习能力。

**【案例讨论题】**当你面临毕业找工作时，你从报纸上看到几则招聘广告：某实业有限公司招聘一名市场部经理，年薪 100 万元；某大公司招聘若干推销员，年薪 6 万元；一中外合资企业招聘一位基层管理人员，要求管理专业本科生，懂外语，底薪一年 4 万元；某大商场招聘若干营业员，要求高中以上文化程度，月收入大约 1600 元。

请问：你对每一则广告的反应是什么？你会去哪一家应聘，为什么？

评析：(1) 第一则广告，感觉自己可能经验不足，没信心；第二则广告让人眼睛一亮，还“招聘若干名”呢；第三则广告让人心动，可能竞争激烈；第四则广告大材小用，不予考虑。

(2) 根据期望理论，激励力量 ($M$) ＝目标效价 ($V$) ×期望值 ($E$)。第一则广告招聘市场部经理，目标效价是很高的，但期望值很低，所以激励力量并不大。第二则广告招聘推销员，目标效价较大，期望值较高，所以激励力量比较大。第三则广告招聘基层管理人员，目标效价还可以，期望值最大，所以激励力量也比较大。第四则广告招聘营业员，目标效价较低，而且一个本科毕业生去当营业员，有点大材小用，营业员通常要求“颜值”较高，所以期望值也较低，激励力量并不大。

(3) 我会去第二家应聘，因为它的激励力量最大，并且它招聘若干名，而其他广告只招聘一名。

**【案例讨论题】**朱某是一家房地产公司负责销售的副总经理，他把公司里最好的推销员 A 提拔起来当销售部经理。A 在这个职位上干得并不怎么样，她的下属说她待人不耐烦，几乎得不到她的指点与磋商。A 也不满意这工作，当推销员时，她做成一笔买卖就可立刻拿到奖金，可当了经理后，她干得是好是坏取决于下属们的工作，她的奖金也要到年终才能定下来。过去，人们说她是“被高度激发了”，她拥有一幢价格昂贵的市区住房，开着“奥迪”车，全部收入都用在生活开销上。A 现在和过去判若两人，朱某被搞糊涂了。

一位管理咨询专家被请来研究这一情况，他的结论是，对 A 来说，销售部经理一职不是她所希望的，她不会卖力工作以祈求成功。

请问：就以上的资料，管理咨询专家为什么会得出这个结论？

评析：（1）根据麦克利兰（McClelland）的成就激励理论：人除了生理需要外，其他需要是归属（友谊）、权力和成就需要。具有强烈的成就需要的人往往显示出三个共同特征：喜欢能够发挥独立解决问题能力的工作环境；往往倾向于谨慎地确定有限的成就目标（有适度风险）；希望得到对他们的工作业绩的不断反馈。A 的成就需要强烈，当推销员时“被高度激发了”，而权力需要并不强，当销售部经理时“在这个职位上干得并不怎么样……A 也不满意这工作”。

（2）根据佛鲁姆（Vroom）的期望理论：激励力量（$M$）＝目标效价（$V$）×期望值（$E$）＝报酬的价值（$V$）×努力导致业绩的期望值（$E_1$）×业绩导致报酬的期望值（$E_2$）。A 当推销员时，目标效价高，期望值也高，她是公司里最好的销售员，所以激励力量大，A“被高度激发了”。她拥有一幢价格昂贵的市区住房，开着“奥迪”车，全部收入都用在生活开销上。现在当销售部经理，目标效价不知道，期望值不知道，激励力量也不清楚，因此，A 也不满意这工作，销售部经理一职不是她所希望的。

（3）根据亚当斯（Adams）的公平理论：人也会历史比较，把自己现在的所得所费比率同过去的所得所费比率进行比较。过去 A 当推销员时，所得所费比率高，而现在当销售部经理，所得所费比率不知道。她有一种不公平感、失落感。因此，A 在这个职位上干得并不怎么样，她的下属说她待人不耐烦，几乎得不到她的指点与磋商。

（4）根据斯金纳（Skinner）的强化理论：在鼓励人前进时，不仅要设立一个鼓舞人心而切实可行的总目标，而且要将总目标分成许多小目标、小步子。完成每个小目标都及时给予强化，不仅易于目标的实现，而且通过不断地激励可以增强信心。及时反馈，即通过某种形式和途径，及时将工作结果告诉行动者。无论结果好与坏，对行为都具有强化的作用。好的结果能鼓舞人心、继续努力，坏的结果能促使其分析原因、及时纠正。A 当推销员时，每做一笔买卖都有反馈，都得到强化；现在当销售部经理，干得是好是坏取决于下属们的工作，她的奖金也要到年终才能定下来，所以 A 宁可当推销员，也不愿当销售部经理。

**【作业十】** 从管理理论界中任选一人：如德鲁克、余世维、席酉民、邢以群、刘慈欣；从管理实践界中任选一人：如张瑞敏（海尔）、柳传志（联想）、王石（万科）、马云（阿里巴巴）、董明珠（格力）、任正非（华为）、郑强（贵州大学）。也可以写管理理论界和管理实践界的其他人。每个“标杆”要写500字，可以写他的人生经历、创业经历、管理体会、成功感言、经验教训、名言佳句等，最后一堂课请同学们登台表演，与大家分享。提示：这是个人作业，但要以小组名义交。

# 第十四章　控制基础

管理的控制职能包括两章内容：第十四章"控制基础"和第十五章"控制方式与方法"。控制也称为监督、监管、监控，主要做"检查"和"纠编"两件事。控制的着眼点是"纠正偏差"。教师上课点名，就是检查你有没有来上课；期末考试就是检查你掌握这门课的知识程度，补考就是纠偏；交通警察要检查你有没有驾驶证和是否酒驾，扣分和罚款就是纠偏。信任不能代替控制，没有控制就没有管理。控制工作可以避免计划工作、组织工作、领导工作流于形式。

## 一、控制的含义与目的

1. 控制

控制是指组织在动态的环境中，为保证既定目标的实现，而采取的检查和纠偏活动或过程。控制又称为监督、监控、监管。这个定义的要点：①在动态的环境中。国家的政治、经济、社会、文化、技术等一般环境在变；供应商、竞争者、顾客、上级主管部门、新闻媒体等任务环境也在变；组织所拥有的人力、物力、财力、信息、士气等经营条件也在变；组织所拥有的文化理念、规章制度、标识口号等企业文化也在变。②为了保证既定目标的实现。为什么各项工作常常起不到预期效果？关键之一在于，组织在明确目标计划、分工协作关系等的同时，没有跟进相应的控制工作。控制也是一种手段，是为了达到既定目标，不能为控制而控制。③控制做"检查"和"纠偏"两项工作。检查是看完成任务的进展情况和权力的使用情况，纠偏是保证实际活动与控制标准的一致性。④控制可以是一种活动，也可以是一个过程。根据组织的实际需要，可以采取某个控制动作或环节；也可以根据实际需要，使控制工作有计划、有组织、有领导地进行。

2. 控制的目的

控制的根本目的在于保证组织活动的过程和实际绩效，与计划目标及计划内容相一致，最终保证组织目标的实现。为了保证既定目标的实现，是否都需要控制？是的，就像学校教育没有考试、医院看病没有诊断、企业没有产品质量检验等不可思议一样，没有控制就没有管理。控制工作可以避免计划工作、组织工作、领导工作流于形式。

**【案例讨论题】**2006 年 3 月 28 日，广西游客林女士等 6 人，以 350 元/人的价格参加“海南双飞五天四晚游”。一路上，导游带游客不断进购物点，加收自费景点门票款、汽油费、强制游客买香拜佛等。5 天下来，林女士一行的额外花费已远远超出参团费。2006 年 4 月刚参加泰国游的金先生夫妇，他们就是图便宜报名了 3800 元/人的“新马泰 11 日游”，为了防止“再掏钱”的事发生，他们还留了个“心眼”，就是两人故意不带银行卡，只携带了少量现金。然而，当金先生以没钱为由推脱购物时，导游立刻掏出手机，让他给家里人打电话把钱直接打到导游卡里。最后，在泰国，夫妻俩又多掏了大约 3000 元。2015 年 5 月 1 日，有游客发布视频显示，在云南旅游过程中，一名导游因部分游客消费金额低或有的游客没有消费，向游客大发怒火。视频中，一名导游直言不满自己所带游客的购物少，甚至使用侮辱性的语言攻击游客。在这段时长 2 分 31 秒的视频里，一名女性导游手拿话筒，向游客大发怒火：“这辆旅游大巴是给有德行、有道德、有良心的游客坐的，你们的良心和道德在哪里？来云南你抱着什么心态？骗吃骗喝骗玩吗？一车人没人家一个人买的多，你们对得起谁……”视频最后，该名导游还点出了到达下一站游客需要购买黄龙玉、烟嘴、化妆品等。

“零负团费”现象就是旅行社以等于甚至低于行业平均成本的团费报价来吸引游客报名参团，到了旅游目的地，再通过带游客参加自费旅游项目和购物等方式，赚取“回扣”，从游客身上把钱挣回来。这是一种旅游业的恶性竞争，因为游客的交通、住宿、日常餐饮、导游接待等，是旅游中必须发生的成本，但“零负团费”故意模糊这些成本，致使导游和接待社必须首先“倒贴钱”为游客服务，再用一种不透明的方式从游客身上赚取利润。旅游“零负团费”现象的危害性：①严重损害旅游目的地形象，从而损害目的地的整体利益。②严重损害了旅游接待系统中各要素之间的内部公平。游客、组团社、接待社、地方导游、全程导游、旅游车司机、购物商店、景点、餐馆等各利益主体形成了一条“食物链”，失去了共同的目标，也就失去了相互协调配合的基础，甚至互相伤害，“与其自杀，不如自相残杀”。③严重损害了旅游接待系统中各要素的外部公平。损害了游客的利益，强迫消费，影响回头客；损害了地方导游的利益，优秀导游流失；损害了旅行社的自身利益，无法成长。为此，2006 年 7 月至 9 月，海南开展旅游市场“零负团费”专项整治。

“亮剑”行动阶段，控制对象是旅行社。整治内容：旅行社低于成本价来组团和接团的经营模式。起始时间：2006 年 7 月。具体检查项目：①全面检查旅行社与组团社的旅游接待合同，重点检查旅行社有无低于成本价竞争行为，确认组接团价格是否属“零负团费”经营的行为。②检查旅行社团队业务档案和财务凭证是否相符，收支是否相符。③检查旅行社与导游之间的劳动合同关系，旅行社是否与导游人员签订规范的劳动合同，是否约定了双方权利义务、劳动报酬和社会保险等事项。④检查旅行社是否收取或变相收取导游人员“人头费”“管理费”“押金”或其他不合法费用。⑤是否存在导游人员垫付团款或拖欠导游人员劳动报酬的行为。⑥检查旅行社是否按规定使用全省统一旅游行程表，是否安排游客到非星级饭店、A 级景点以及其他非旅游目录单位住宿、游览、购物、消费等。

“天网”行动阶段，控制对象是旅游团队项目组。整治内容：导游人员、旅游车司机违规进行旅游业务操作，对游客进行商业欺诈行为。起始时间：2006 年 8 月。具体检查项目：①检查导游人员、旅游车司机是否规范上岗。②检查导游人员是否按规定使用全省统一旅游行程表，检查导游人员、旅游车司机是否有在旅游行程之外以自理、自费加点等方式对游客进行二次收费等违规行为，是否存在擅自改变行程、增减旅游服务项目等方式欺诈游客的行为。③检查导游人员、旅游车司机有无向游客兜售商品的行为，以及有无强迫游客购物、中途甩团、甩客的行为。④检查旅游车司机是否服从导游人员的指挥，按照预定的行程线路规范驾驶，有无恶意刁难导游人员、恶意刁难游客的行为。

“阳光”行动阶段，控制对象是旅游接待企业。整治内容：旅游景区点、购物点、餐饮点等单位以高额回扣方式进行商业贿赂的现象。起始时间：2006 年 9 月。具体检查项目：①检查旅游景区点、购物点、餐饮点、星级饭店明码标价行为是否合法规范。②检查旅游景区点、购物点、餐饮点与旅行社的接待合同，旅游接待价格和佣金支付比例是否符合规定。③检查旅游景区点、购物点、餐饮点的会计、财务凭证是否存在账外支付旅行社、导游人员、旅游车司机回扣等行为。④检查旅行社是否有向下游企业非法转嫁经营风险、索要收取除合法佣金外的回扣等行为。

## 二、控制的重要作用

### 1. 组织环境的不确定性

为了使目标计划与变化的环境相适应，需监控环境的变化和发展。有的组织成立了战略规划部、投资发展部、研究与开发部、政策研究室、信息管理部，搜集内外部环境变化信息，通过改变自身的结构和行为方式，积极地适应环境变化。如日本三菱公司，在全世界设置了115个海外办事处，约900名日本人和2000多名当地职员从事信息搜集工作。搜集信息的重点放在搜集新的信息，只有新的信息才能反映科技、经济活动中的最新动态、最新成果，这些往往对企业有着直接的利害关系。

2. 现代组织活动的复杂性

为了避免“部门主义”“本位主义”，保证各项活动的顺利进行，要监控各部门及其各岗位的工作情况，尤其是一个企业做到了集团公司这个程度，每个地区事业部都是各霸一方的“诸侯”，每个产品事业部都是独当一面的“军阀”，需要每个季度把各事业部的总经理回笼回来，开几天“务虚会”，讲一讲集团公司的最新思想动态、战略构想、文化理念，听取各个事业部的经营状况、工作进展等情况汇报，以统一思想、协调行动。麦当劳在世界121个国家和地区拥有超过30000多家店，全球营业额约406亿美元；沃尔玛在全球开设了超过7000家卖场，员工总数190多万人，分布在全球14个国家。因为各事业部各霸一方，总裁经常要问他们：“你还是不是我们公司的人?”因为，有的人名义上是我们公司的，但价值观念、团体意识、行业规范、思维模式已经与公司不合拍了。

3. 管理失误的不可避免性

为及时发现失误，明确问题之所在，必须进行经常性的监督检查。“授权必须受控”“有失误并不可怕，可怕的是你居然不知道”。

4. 提高组织的效率和竞争力

管理者要提高运作效率，必须掌握企业利用资源的现状，准确评估组织已有的生产或服务效率。

管理者通过他人完成任务，并负有最终的责任。为此，管理者就需要建立控制系统，以便使自己可以自始至终地掌握他人完成任务的情况和进度，确保预定目标的实现。

## 三、控制系统的要素

1. 控制目标体系（目标要求）

要求控制在怎样的范围之内。任何控制活动都有一定的目标取向。在一个组织中，控制的目标体系常常以各种形式的控制标准体现出来，它是与组织的理念体系、目标体系和计划体系相辅相成的。它包括总目标、分目标及各项计划指标；控制本身不是目的，无目标的控制是不成立的；控制的目标体系应该是组织目标体系和计划指标的细化、分解，应该具体化、近期化和客观化，是可衡量、可操作的。为什么要强调一个“体系”？下面举例说明。我国经济在高速发展过程中，对铁矿石的需求量大大增加，导致国际市场上铁矿石价格大大上扬，那么，购买价格低、含铁量低的铁矿石，就能控制成本吗？铁矿石的购买成本是下去了，但炼铁所需要的焦炭等辅助材料使用量大大增加了，用电等能耗大大增加了，铁矿石、铁渣等运输成本大大增加了。总体来讲，炼铁总成本反而大大增加了。那么购买含铁量高的铁矿石，是不是炼铁总成本就降低了呢？也很难说。要经过系统的计算和试验，以确定铁矿石含铁量多少是炼铁总成本最低的。

2. 控制的主体（考核人或部门）

谁来履行控制的职责。主体包括各级管理者及其所属的职能部门。中、基层管理者执行的主要是例行的、程序性的控制，而高层管理者履行的主要是例外的、非程序性的控制。控制主体的控制水平高低决定了一个控制系统的控制水平。我们经常听说，“下一环节检查上一环节的工作。”这样每个人都可能成为控制的主体。“先自检，再他检，再抽检”：“自检”的主体是自我，如研究生毕业论文要自我检查和修改，毕业论文指导老师要指导；“他检”的主体是下一环节的人，如毕业论文答辩委员会要提出问题和修改意见；“抽检”的主体是专门的控制部门，如教育部学位与研究生管理中心要委托专家进行网上通信评议。我是教育部学位中心研究生抽检论文评议专家，每个月都要评议几篇研究生毕业论文。如果论文写得好，符合学术规范，做了大量工作，有定量研究，我通常只需要花 20 分钟就搞定了，但是如果论文写得不好，论文中对策、建议都是“拍脑门”拍出来的，写作不规范，创新点不突出，我通常至少要花 2 个小时才能搞定一篇，要指出论文中的毛病和问题，并提出具体的修改意见。每评议一篇研究生毕业论文，教育部学位中心给我 200 元。

3. 控制的对象（考核内容）

控制什么？包括整个组织。组织的控制应该是全面的、统一的控制，组织控制对象原则上应是整个组织的各个方面。从管理要素看，包含人、财、物、时间、信息等；从组织中各个层次看，包含部门、车间、班组、各个岗位和环境；从组织内不同的业务阶段和业务内容看，包含研发、供应、生产、销售等；从组织成员影响业绩的各方面因素看，包含思维、行为、态度、业绩等。如果管理者未能控制组织的各个方面，会产生什么后果？会出现薄弱环节、漏洞、真空地带、短板、瓶颈、软肋。这里讲到，控制应该是全面的、统一的控制；后面会讲到，控制要坚持重点原则。这两句话矛盾吗？不矛盾，两句话可以合起来说，“以重点控制的方式达到全面的控制效果”。就像牵一头牛，不是把牛的每根毛抓牢就行了，而是要钩住牛鼻子，达到把整头牛牵走的目的。

4. 控制的方法和手段系统（考核方法）

怎样确定实际达到控制目标体系的程度。可以根据控制对象和目标的不同，采取各种不同的控制类型、手段和方法。它包括控制的方法、手段和管理标准。各个组织应视其不同的情境，选用相应的控制方法和手段。从纵向看，各个不同管理层次的控制，都有相应的方法、手段和控制标准；从横向看，生产、财务、质量控制等，都有相应的方法、手段和控制标准。研究生毕业论文要经过“自己满意”“查重率”检测、导师签字把关、答辩委员会无记名投票表决、数据库上传、教育部学位中心网上通信评议等环节和方法。博士研究生毕业论文更严格一些，要请三位外校“盲评”专家进行“同行评议”、校学术委员会表决等。国家自然科学基金项目立项要经过学院组织专家“预评审”、学校科研处“形式审查”、国家自然科学基金委（NSFC）组织五位“盲评”专家进行同行评议即“内容审查”、NSFC委员会开会讨论、反馈同行评议的意见、给予立项、科研经费下拨到授权管理单位等。

**【思考题】**一个组织的控制系统是否就是管理信息系统？不是。管理的对象包括人、财、物、时间、信息、士气、技术、市场八大资源，信息只是其中的一种资源。

**【思考题】**你能根据上述的控制系统构成要素形成一个部门内部的岗位控制系统吗？控制的目标体系应根据部门目标来制定，控制的主体是部门负责人，控制的对象是各个岗位的工作，控制的方法和手段系统应具体问题具体分析。

### 四、实施有效控制的基本前提

1. 有计划

有一个科学的、切实可行的计划。第一，有效的控制是建立在科学的计划基础之上的。如果计划本身不科学、有问题，你控制得越严密，组织死得越快。第二，控制工作本身也需要有计划地进行。如学生期末考试，需要提前一个月通知老师出试卷，经审核后到学院教研办领“试卷印刷通知单”，送到印刷厂去印，考前两周领“考场情况登记表”。

2. 有组织

有专司控制职能的组织机构或岗位。一个组织，如果没有专门的控制机构，就难以防止管理部门和执行部门由于自身的切身利益，而出现制造假象、阳奉阴违、报喜不报忧等情况。三个层面的控制如图14－1所示。

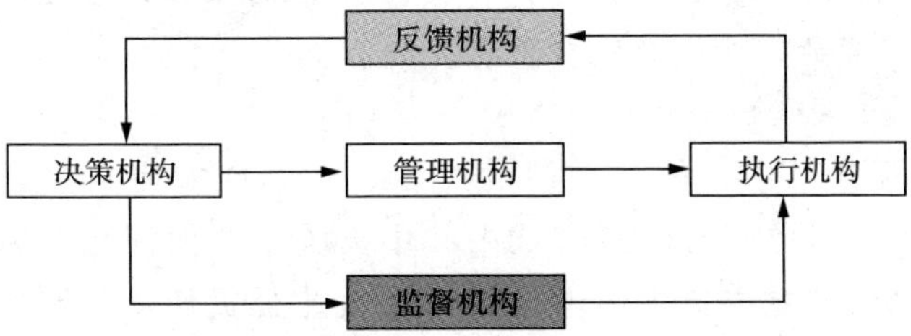


图 14-1　三个层面的控制

(1) 假定只有决策机构、管理机构和执行机构，这个时候的控制就叫自我控制，也叫“凭良心控制”。决策机构问管理机构，“上个月让你们做的事情，做好了吗?”如果管理机构良心不好的话，明明没做，阳奉阴违也说，“做了，做得很好。”如果管理机构良心好的话，就说，“哎呀，忘了，还没做呢。”同样的事情也会发生在管理机构与执行机构之间。

(2) 如果加了组织控制，即设立专门的监督机构，管理机构就不敢胡说八道了，因为监督机构还会向决策机构汇报的。监督机构包括审计署、纪律检查委员会等。时间一长，管理机构就知道了，自己的绩效汇报取决于监督机构，所以就打通关系，在监督机构里安插内线。环保部门来检查，我都是不排污的，环保部门一走我又排污了。有时由于人事调动，一个人以前在管理机构，现在调到纪委去了，他也会充当管理机构在纪委里安插的内线，这样决策机构又成了“聋子”“瞎子”，所以需要反馈机构。

(3) 反馈机构是社会控制，某种程度上讲也叫舆论控制，如举报中心、12345 市长热线、报纸电视等新闻媒体、信访办、网络等。舆论一起来，人人成了监督员。监督机构是主动去检查的，而反馈机构是等人上门的。有的人怕打击报复，所以反馈机构就实行匿名举报。有的人说，“我吃饱了撑着？干吗要举报呀!”所以反馈机构又实行有奖举报。2006 年，海南大学旅游学院的几个学生没有找到工作，就骑着自行车在海南各地逛游，发现有“零负团费”现象、“四黑”现象（黑导游、黑旅行社、黑购物店、黑旅游车）就举报，一举报就可以拿奖金，据说这几个学生的收入也还可以，因为有奖举报是按照罚款的一定百分比给的。这也是履行社会职责，当然要注意人身安全。

**【思考题】**对组织中的监督机构如何进行控制？由监督机构的上级主管部门进行控制和社会舆论控制。如海南大学教务处成立了督导组，由教授和副教授构成，直接归教务处处长领导。学生每个期末都要给老师打分的，不打分的学生下学期不能选课。课堂教学质量由督导组和学生共同评估。

**【思考题】**检察院和纪委有什么区别？检察院是国家的，对国家法律负责；纪委是中国共产党的，对党的纪律负责。

3. 有领导

有畅通的信息反馈渠道。信息反馈的速度、准确性如何直接影响到控制指令的正确性和纠偏措施的准确性。《中共中央关于全面深化改革若干重大问题的决定》提出："党委负主体责任，纪委负监督责任，制定实施切实可行的责任追究制度。"全面深化改革领导小组，负责改革的总体设计，统筹协调，整体推进，督促落实。"总体设计"体现了管理的计划职能；"统筹协调、整体推进"体现了管理的领导职能；"督促落实"体现了管理的控制职能。

控制要以计划为依据，有计划、有组织、有领导地进行。控制与其他管理职能之间存在着密切的关系。计划、组织、领导职能是控制的基础，控制是在这三者的基础上，对具体组织活动进行检查和调整的过程，离开一定的计划、组织、领导，控制就无法正常进行。

**【思考题】**旅游"零负团费"现象治理为何要采取"阶段性打击""在发展中规范、在规范中发展"的控制方式？旅游"零负团费"出现"边犯边治，治完再犯"现象，旅游主管部门需要将"控制的成本"与"失控造成的损失"进行权衡。2006 年 6 月 22 日海南省召开全省旅游市场综合整治暨长效监管机制建设动员大会。时任省委副书记、省长卫留成指出，海南旅游会在发展中规范、规范中发展，要以政府为主导，以《海南省人民政府关于建立旅游市场监督管理长效机制的若干规定》为主线，加快建立旅游市场长效监管机制。卫留成对旅游市场打击"四黑"行动给予充分肯定，并分析了当前旅游市场现状和存在的问题。卫留成指出，目前旅游业最基本的问题还未得到解决，这些问题包括基础太差、规模太小、效益还有待提高等。由于我国经济体制处于转轨时期，市场机制的不成熟必然在旅游行业有所反映，表现为旅游市场本身不成熟、管理体制不健全、市场主体不成熟、部分旅游企业缺乏诚信意识、导游等从业人员管理没有及时跟上等等。这些问题如不从本质和根源上加以治理，将会成为旅游业长远发展的严重障碍。对了，你们知不知道什么叫"黑导游"？带游客进购物店的导游就是黑导游吗？长得黑的导游就是黑导游吗？黑导游是指没有"导游证"的导游。同样地，没有"营业执照"的购物店就叫"黑购物店"；没有"业务经营许可证"的旅行社就是"黑旅行社"；没有"营运证"的旅游车就叫"黑旅游车"。企业三证是指营业执照、税务登记证和组织机构代码证。你们知道"黑户"吧？它是指没有进行户口登记的，即没有"居民户口簿"的人。

## 五、控制的基本过程

1. 确定控制标准

标准可分为几个维度。

(1) 定量标准与定性标准：定量标准便于度量和比较，是控制标准的主要表现形式，主要分为数量标准、时间标准、质量标准、成本标准。数量标准如产量等，时间标准如工时定额、工期等，质量标准如 ISO 9000 等，成本标准如原材料采购成本等。定性标准，主要是有关服务质量、组织形象等方面的，这些方面一般难以量化。定性标准也要尽量客观化，如“做完”“无违纪行为”“书面投诉不超过三次”“几号前、几点前、几个小时内”。美国麦当劳提出 QSCV 标准，即品质（Quality）、服务（Service）、清洁（Clean）、价值（Value）；美国花旗银行提出 ART 标准，即准确性（Accurate）、对顾客的反应性（Response）、及时性（Timely）。

(2) 工作标准和管理标准。工作标准以期末考试为例：做完 5 道大题、32 道小题是数量标准；8 点开始、9 点 40 分结束是时间标准；无违纪行为，成绩在 60 分以上是质量标准；30 分钟到 100 分钟之间完成答卷是成本标准。可以简单记为“多快好省”。管理标准是指管理的力度，做好做坏如何衡量，以及各种奖惩措施。

(3) 合格标准和优秀标准。如果按优秀标准来衡量，绝大多数研究生毕业论文都是有一定问题的，是在 100 分的基础上倒扣分。这不是说你不行，而是说你不够优秀。如果按合格标准来衡量，基本上都能过关，是在 60 分的基础上加分。另外，海南大学研究生毕业论文还采取了“有条件通过”的标准，即按照答辩委员会的修改意见，修改后，经确认才算通过。海尔集团提的口号是“有缺陷的产品就是废品”，“不够优秀”的就是废品，它是以优秀作为产品标准的。

检验标准合理性的准则：

(1) 符合目标和理念导向。无论是工作标准还是管理标准，都应体现组织的理念，及是否有助于目标的实现。

(2) 清楚明确，保证员工能清楚地开展工作。无论是工作标准还是管理标准，都应做到清晰明确。标准不明确，会使员工无所适从。

(3) 客观合理，保证检查监督的客观性。在确定标准时，工作标准和管理标准的描述应该准确无误，不会产生歧义。为了做到标准的客观化，应尽可能量化，不能量化的要细化、形态化、行为化，使得标准可衡量、可操作。

上级让下属打印一份材料，说：“小王，打印一份东西。”上级然后走了。

12点钟，上级跑过去，问："小王，打印好了吗？"小王说："还没呢。我打算把手头上的这份材料打完，再打你的。"上级说："哎呀，我1点钟要用的，你赶快给我打。"小王立即着手打，上级又走了。上级1点差10分过去，问："打印好了吗？"小王说："打印好了。""哎呀，我要打印成PPT的，下午要做汇报的，你怎么打成Word了！"小王说："你又没说清楚，那我现在帮你制作成PPT。"上级说："来不及了，算了。"上级很懊恼，下级很郁闷。你看，上级交代事情，先是没有明确时间标准，后是没有明确质量标准，上下级都有一种挫折感。你能不能一次性把要素讲完整，说："小王，麻烦你把这份材料打印一下，制作成PPT的，其中第三章要做得花俏一点，我下午1点钟要用的，所以希望你在12点前交给我。"12点钟，你过去："小王，打印好了吗？""好了。""你做得真漂亮，谢谢你呀！"上级愉快，下级也愉快。标准不清，会导致效率低下、工作质量不符合要求和上下级挫折感。

**【案例讨论题】**海南省140多家签订《海南旅行社行业经营公约》的旅行社，抽调近百人组成的海南旅行社行业自律检查工作组，从2006年5月8日开始，蹲点机场、码头、火车站、景点，配合该省旅游局、"四黑"整治办公室检查旅行社和导游接团情况，一旦发现低于成本价接团，将予以罚款甚至吊销旅行社营业执照，实行举报奖励制度。海口市旅行社协会成立专项工作小组，在政府指导价的基础上，按照行程消费项目核算人均成本价，研讨制订了"关于海南省旅游团队地接成本价格方案"。方案包括：海口、万宁、琼海、三亚及其他市县不同星级酒店成本价；不同星级酒店的团费餐费标准；旅游车车费成本价格等，其中景点门票价格，按照海南省规定的景点门票价格标准和佣金提取比例执行。按照这一标准，今后参加海南地接旅游团队的游客，享受博鳌五星级酒店每间每晚至少需要支付480元，一星级酒店至少也要支付每间每晚50元；五星级酒店早餐至少30元/人，正餐30元/人；一天行程车费成本为61元/人，七天行程车费290元/人。

**【思考题】**在控制中为什么要进行实际业绩的衡量？看看实际做得怎么样，以便确定是否存在需要解决的问题、是否要纠偏。教师不批改试卷，就不知道哪些学生需要补考，学生也不知道自己学得怎么样。医生不检查、不化验、不诊断，就不知道怎么开药方。

2. 衡量实际业绩

为了防止被控制者歪曲或隐瞒实际情况，管理者可建立专门的部门，如统计部门、审计部门、政策研究部门等来从事这项工作。

（1）注意到信息的滞后问题：不要把实际绩效简单地理解为某项工作或某个项目的最后结果，有时它可能是中间过程或状态，有时它也可能是由中间过程或状态推测出来的结果。比如他努力了，结果没出来，我们予以惩罚，但打击了他的积极性。“酿酒是需要过程的!”控制不是为了衡量绩效，而是为了达到预定的绩效。

(2) 在实际业绩的衡量中，责任的明确：“这个事情没做好，到底是谁的责任?”这个信息的掌握就非常重要。一直追问下去，“你为什么没有那样去做?”一直追问到因素是外部的为止，只要中间有一项，你可以努力的，而没有努力的，那就是——你有责任。

绩效考核是一个系统的过程：考核不以职责为依据，考核工作就会偏离轨道；考核权力若不与其承担的职责相对应，就会导致权力滥用或难以尽责；考核标准（工作标准、管理标准）若无明确规定，就会导致考核的随意性；考核结果若不与个人目标挂钩，考核就不会被重视，就起不到指挥棒的作用。因此，考核要有明确的目标、标准，权力要与职责相对应，考核结果要与个人目标相挂钩。

3. 进行差异分析

若偏差在允许的范围之内，则工作继续进行，但要分析偏差产生的原因，以便改进工作，并把问题消灭在萌芽状态，例如，有的旅行社提出“每团必访”，即在旅游行程中，旅行社的部门经理会打电话到酒店客人的房间里，进行电话访谈。提出“不让客人把怨气带回家”，有问题及时处理，如“临时换导游”。若偏差在允许的范围之外，则应及时地深入分析“产生偏差的原因”。

差异分析首先要确定偏差的性质和类型。偏差的产生，可能是在执行任务过程中，由于工作失误而造成的，也可能是由于原有计划不周所导致的，必须对这两类不同性质的偏差做出准确的判断，以便采取相应的纠偏措施。正偏差：指实际业绩超过了计划要求，需要分析原因。负偏差：指实际业绩未达到计划要求，更需要分析原因。

4. 采取纠偏措施

第一，改进工作方法，如生产技术问题。第二，改进组织工作。组织方面的问题，或许是计划制订好之后，组织实施工作没有做好，或许是控制工作本身的组织体系不完善，不能对已产生的偏差加以及时跟踪与分析。第三，改进领导工作：领导方面的问题是由于执行人员能力不足或积极性不高而导致的。第四，调整或修正原有计划或标准：调整计划归根到底还是为了实现组织目标。在一般情况下，不能以计划迁就控制，任意地根据控制的需要来修改计划，这叫“目标侵蚀”。

**【案例讨论题】**云南导游辱骂游客事件的处理。2015 年 5 月 22 日，云南省旅游发展委员会公布了“云南女导游嫌购物少大骂游客”的行政处罚决定书，涉事导游被吊销导游证，涉事旅行社停业整顿，旅行社直接负责人被处2万元罚款。行政处罚决定书称，经云南省旅游执法总队和昆明市旅游执法监察支队联合调查，4月9日至12日，昆明F旅行社有限公司委派的导游陈某某在带团游览昆明、大理、丽江的行程中，存在辱骂游客、胁迫游客购物的行为。

**【思考题】**是否所有的控制都包含这四个步骤？不是。控制可以是一个动作或活动，因为控制过程中的其他环节可以快速通过。

**【思考题】**在控制的基本过程中，哪一步最容易引起员工的反对？哪一步最容易使管理者犯错误？以学生期末考试为例："采取纠偏措施"即让学生补考，最容易引起学生的反对；"衡量实际业绩"即教师批改试卷，最容易使教师犯错误。

## 六、进行有效控制的基本原则

1. 重点原则

抓住关键和重点，进行局部和重点的控制。把力量集中在目标和例外情况上。在任何组织中，目标、影响目标实现的重要环节，"事先没有预料到"却"实际发生"的重大例外是管理者控制的重点。事无巨细，胡子眉毛一把抓，什么都抓不住。组织的致命缺陷就体现在关键细节上，所以关键细节是成功的关键。

**【思考题】**如果有可能控制活动的全过程，是否还要遵循重点原则？是的。遵循重点原则可以降低控制成本。要抓牛鼻子；四两拨千斤；打蛇打七寸；打巧仗。

2. 及时性原则

一方面要求及时提供控制所需的信息，避免"时过境迁"；另一方面纠偏措施的安排应有一定的预见性。发现问题要迅速，解决问题是不是要迅速？不是，解决问题要适时，等条件成熟了、时机成熟了才处理；可以先把问题挂起来，列入议事日程；也可以先稳住，再"秋后算账"。

要使控制准确客观，一是要尽量建立客观的衡量方法，对绩效用定量的方法记录并评价，把定性的内容具体化、客观化。二是管理人员要从组织的角度来观察问题，尽量避免形而上学，避免个人偏见和成见，特别是在绩效的衡量阶段，要以事实为依据，如管理人员认为"这怎么可能呢？他不可能做得那么好的。"三是要明确信息不是整人的依据，以确保信息的可靠性，因为谁也不愿意提供对自己不利的证据。如果说，考核就是为了扣你钱，大家就提供虚假信息，这样滥用职权、公报私仇都来了。

**【思考题】**单纯地根据现有的偏差情况采取纠偏措施，会出现什么后果？矫枉过正。应该根据现有的偏差情况和事物的未来发展趋势采取纠偏措施。

3. 灵活性原则

制定多种应付变化的方案，留有一定的后备力量，并采用灵活的控制方式和方法。一是要有弹性。成本控制最好是“不留缺口，但要留有余地”，以应付原材料涨价、返工等变化。如果销售业绩大大提高了，销售费用预算也会大大提高，可以采用弹性预算和零基预算。二是要有替代方案。当有重大例外发生时，我们的一般做法是成立“应急指挥部”，然后召集专家研究行动方案，最后是表彰有功人员，来一个“英雄篇”。如东方航空公司的飞机有两个轮子坏了，下不来了，所有领导一齐轰向机场，然后召集专家研究行动方案，把《应急手册》翻出来，说：“甩两下、甩两下”，“你先绕两圈、绕两圈”，飞行员说：“没油了”，领导说：“那你就强行着陆，试试看”，最后总结说：“哦，如果当初我们在地上多铺几块泡沫就好了”。早干吗去了？最后还好意思拍了一部电影——《紧急迫降》。老外是不太主张这种做法的。几乎与此同时，欧洲过江隧道在刚建好时，就制定了火灾应急方案，认为总有一天会发生火灾这类事故，所以就制定了A、B、C、D、E应急方案，每年都演习。着火时，现场人员知道信息往哪里通达，打个电话上报；指挥人员也很简单，“按E方案执行”。一切都平平静静的，没有什么英雄事迹。

**【思考题】**使控制系统具有一定的灵活性的直接目的是什么？应付变化。当“事先没有预料到的例外事件”实际发生时，控制仍然有效。为什么这么多的人反对控制？不是反对控制本身，而是反对僵化的控制方式。

4. 经济性原则

把控制所需的费用与控制所产生的效果进行经济上的比较。一是要求实行有选择的控制，全面周详的控制不仅是不必要的，也是不可能的，要正确而精心地选择控制点，太多会不经济，太少会失去控制。二是要求努力降低控制的各种耗费，从而提高控制效果。费用的降低使人们有可能在更大的范围内实行控制。检查的频率越高，成本就越高；检查的间隔有多长，失控的时间就有多长。所以，需要将“控制的成本”与“失控造成的损失”进行权衡。

我们过去实行“运动式控制”。当犯罪猖獗的时候实行“严打”，但犯罪率复苏得太快了，所以“严打”的频率越来越高。一到冬季，就搞财务大检查、税务大检查……为什么要这样做？因为这样成本最省。随着近年来人们生活水平的提高，我们也养得起更多的警察了，就采用常规的控制方法。现在实行“专项打击”，如深圳专项打击“抢包”案件；2014年春季东莞扫黄。

**【思考题】**在实际工作中，如何确定适当数量的控制点？在你认为重要的地方，这又是一个经验问题和艺术问题。

**【案例讨论题】**广州加强食品安全管理的对策。①重视对食品安全事件频发领域的监管。这体现了食品安全监控的重点性原则。食品安全管理是一项庞大而复杂的社会系统工程，要完全控制食品安全工作的全过程几乎是不可能的，因此应抓住工作过程中的关键和重点进行局部的和重点的控制。譬如，城乡的社区是食品安全管理的薄弱社区，“建筑工地食堂”是食品安全管理的薄弱场所，外来禽、畜、蔬菜的卫生检测和中小餐馆的卫生检测是食品安全管理的薄弱环节，这些领域都需要政府加强监管。②加强食品安全的“分段式管理”。这体现了食品安全监控的及时性原则。高效率的食品安全监管系统，要求能迅速发现问题并及时采取纠偏措施。这一方面要求及时准确地提供监管所需的信息，避免时过境迁，使监管失去应有的效果；另一方面要估计可能发生的变化，使纠偏措施的安排有一定的预见性。“分段式管理”是指将食品“从农田到餐桌”全过程划分为生产、采购、加工、包装、储存、运输、销售、消费等各个供应链环节，分别针对各个环节的特点，由质量技术监督局、工商局、经贸局、卫生局等相关部门进行监督与管理。这叫“齐抓共管”。③建立食品安全预警和突发事件应急处理机制。这体现了食品安全监控的灵活性原则。未来的不可预测性始终是客观存在的，为了保证在发生某些未能预测到的事件情况下，食品安全监控仍然有效，要求制定多种应付变化的方案和留有一定的后备力量，并采用多种灵活的监控方式和方法来达到监控的目的。④完善食品安全信用体系。这体现了食品安全监控的经济性原则。花费少而效率高的食品安全监控系统才是有效的监控系统。食品安全监控的经济性，一是要求实行有选择的监控，要正确而精心地选择“监控点”，太多会不经济，太少会失去监控，以达到“四两拨千斤”的效果。二是要求努力降低食品安全监控的各种耗费而提高监控效果，改进监控方法和手段，以最少的成本查出偏离计划的现有或潜在的原因。三是要通过各种渠道，对公众开展灵活多样的宣传教育，进一步增强全社会的信用意识，创造信用文化，营造信用氛围，培育“优”的企业，淘汰“劣”的企业。

### 七、常见的控制类型

1. 按控制点分

事前、事中、事后控制。例如，高考是大学的入学考试，就是事前控制；在海上拦截走私船只，就是事中控制；有奖举报和匿名举报是事后控制。事后控制是总结和反思，为下一轮的控制打下基础。

【思考题】实行事前、事中、事后控制的前提条件各是什么？事前控制要有预见性；事中控制要及时；事后控制能起到“以儆效尤”“杀一儆百”的作用。

2. 按控制的性质分

预防性、纠正性控制。例如，普法宣传就是预防性控制；把犯罪分子抓起来审判就是纠正性控制。预防性控制相当于“防火”，纠正性控制相当于“救火”。

【思考题】“救火”与“防火”的关键各是什么？救火的关键是及时，不能等财产烧光了再救火；防火的关键是要有预见性，预计可能发生什么样的火灾，应准备什么样的灭火工具和采取什么样的消防措施。

3. 按控制信息的来源分

反馈、前馈控制。前馈控制是根据未来的信息来决定现在的行为；反馈控制是根据过去的信息来决定现在的行为，反馈控制存在着“时滞现象”。如库存控制就是前馈控制，大学食堂看食品原材料快用完了，在用完前几天就要提前采购。大学教育应该是前馈控制，预计 4 年后什么样的人才会紧缺，我们现在就要着手培养什么专业和多少数量的人才。根据游客投诉信息，决定对旅行社进行处罚是反馈控制。在数学上，微分控制是前馈控制，积分控制是反馈控制。

【思考题】前馈控制存在什么困难？前馈控制要根据未来的预测信息，来决定现在的行为。问题是，你的预测能力没有那么好。我们通常是根据现在的信息来决定将来的行为，如前几年，金融投资专业非常热门，但现在金融投资专业的毕业生找不到工作。

4. 按采用的控制方式分

集中、分层、分散控制。生产指挥部、中央调度室、前线指挥部都是集中控制；事业部制是分层控制；游击队是分散控制。成立前线指挥部，命令迅速，统一行动，但是如果被敌人“先干掉指挥部，群龙无首”，就全瘫痪了。游击队就不一样了，被敌人干掉一些，对整体也影响不大。大学里，英语四级、六级考试是集中控制；各门功课的期末考试是分散控制。

前馈控制属于预防性控制，前馈控制、预防性控制都属于事前控制，反馈控制、纠正性控制属于事后控制。这种分类又是可以对应的。

【思考题】集中控制、分散控制、分层控制各适用于什么场合？集中控制适合于重要的事情，如“高考”；分散控制适合于不太重要的事情，如期末考试；分层控制适合于组织层级很多、规模很大时，如事业部制。

【思考题】怎样才能建立起一个有效的控制系统，以衡量自己在管理学课程学习方面所取得的进步？一是要有纪律观念，不要迟到、早退、旷课。二是认真完成作业。三是上课主动积极参与，留下良好的记录。四是把考前复习题背得滚瓜烂熟、理解含义、掌握精髓。五是看讲课笔记、教师授课课件和查阅教材。六是掌握有效的学习方法。“由厚到薄，再由薄到厚”是指：先把教材通读一遍，这是“厚”；然后把章节后的复习题和你认为重要的题目及答案整理成 8 页纸，大约 166 道题，这是“薄”；再把这薄薄的 8 页纸背得滚瓜烂熟，看到问题就能说出答案；最后再把教材通读一遍，这个时候，你看书的感觉就完全不一样了，有一种“一切尽在掌握之中”的感觉，这也是“厚”。另外，“反复做错题”，先把 166 道题一条一条地背，再把答案蒙住，看是否记住了答案，筛选出没有记下来的题目，比如 20 道题；再把这 20 道题背一遍，筛选出不会背的 5 道题；最后专门背这 5 道题……总之，一遍一遍地筛选，反复做错题，反复背“难记的题目”。因为你是“撒网式”地自学，“大鱼”都在网中，即使你漏掉了一些“小鱼”，但无论老师怎么出题，你都会得高分。这是我高考、考导游证、考研、考博的两条自学秘诀。七是确保考试 60 分以上，争取 90 分以上。

**【思考题】**如何进行有效的控制？建立良好的文化氛围；实施目标管理；健全控制机构和制度；建立检查监督体系；建立合理的奖惩制度。

**【案例讨论题】**王某担任某五星级酒店总经理已经一年多了，他刚看了酒店今年实现目标情况的统计资料。酒店里各方面工作的进展出乎他的意料之外。记得他任总经理后的第一件事就是亲自制定了酒店一系列工作的目标，例如：为了减少浪费、降低成本，他规定，在一年内要把原材料成本降低 10%至 15%，把后勤保障费用降低 3%。他把这些具体目标都告诉了下属的有关方面的负责人。现在年终统计资料表明，原材料的浪费比去年更严重，浪费率竟占总额的 16%，而后勤保障费用则根本没有降低。

他找来了有关方面的负责人询问原因。负责业务接待系统的副总经理说：“我曾对下面的人强调过要注意减少浪费，我原以为下面的人会按我的要求去做的。”而后勤保障方面的负责人则说：“后勤保障费用降不下来很正常，我已经想了很多办法，但汽油费等还在涨，我想，明年的后勤保障费可能要上升 3%至 4%。”

王某了解了原因，并进行了进一步的分析以后，又把这两个负责人召集起来布置第二年的目标：业务接待部门一定要把原材料成本降低 10%，后勤保障部门即使是运输费用要提高，也绝不能超过今年的标准。

请问：王某的控制有什么问题？怎样才能实现他所提出的目标？

评析：(1) 控制的目标是王某“拍脑门”提出来的，不科学；没有控制的主体；控制对象仅限于业务接待部门和后勤保障部门，没有营销部门；没有提出控制的方法和手段系统。

(2) 第一，王某要召集酒店中、高层管理人员开会，商议成本控制的目标体系。总体目标要分解落实到各部门目标、各岗位目标，年度目标要落实到季度目标、每月目标、每周目标，总体目标要分解落实到战略目标、行动目标。总体目标一直分解到：谁，在什么时候，做到什么样的程度。第二，成立"'目标成本'控制领导小组"。王某自任组长，负责业务接待系统、后勤保障系统、营销系统的副总经理任副组长。第三，研究并制定成本控制实施方案，拟定各部门的责任书，相关方面负责人要在"责任书"上签字，并做出承诺。第四，制定成本控制的管理标准。落实责任与个人利益挂钩，达到预定绩效该如何奖励，达不到预定绩效该如何惩罚，并在月度考核时兑现。第五，每月定期检查成本控制效果，及时地采取纠偏措施。

# 第十五章　控制方式与方法

管理的对象是“八大资源”，即人、财、物、时间、信息、士气、技术、市场，所以控制方式也包括：对人的控制、资金控制、数量和质量控制、时间控制、信息控制、安全控制等。基于责任感的控制方法，它是用“自觉”来进行控制的，它能及时地进行调整。

## 一、常见的经营控制方式

经营控制是指管理者对组织中的人、财、物等各方面资源运用状况和成效的控制，包括资金（财务）控制、时间控制、数量和质量控制、安全控制、人员行为控制和信息控制。

北方一家旅行社，外联部招待费用年年攀升，达到一年 80 万。为了遏制增长，公司出台了一项政策：假定一年 80 万的招待费用是合理的，如果你们能节约的话，节约额的 50%作为奖励。这样外联部员工在请客时就想：如果不请了，100 元里，就有 50 元是我的，所以能不请就不请。第一年下来，招待费用降至 60 万。这项政策达到了两个效果：一是招待费用没有继续升高；二是为公司节约了 20 万元，其中 10 万元奖励给员工。第二年，公司又出台新政策：假定一年 60 万的招待费用是合理的，如果你们能继续节约的话，节约额的 80%作为奖励。政策效应也出来了，第二年招待费用降至 50 万。第三年，公司规定，一年招待费用不能超过 50 万，超额的部分 80%作为惩罚，由外联部员工自己掏。旅行社通过奖惩机制达到了成本控制的目的。

**【思考题】**什么叫例外控制？例外控制就是通过报表分析、现场走访、预警制度、风险管理，一旦发生例外，及时采取行动。对于风险管理，我们就要事先预计：最容易出现的问题在哪几个方面？出现问题的症状是什么？一旦出现，我们应采取什么样的措施？如果能事先建立这样的体系，管理就比较容易。

## 二、资金控制

财务控制主要致力于资金的合理运用和增值。三种财务控制方法：预算控制、会计稽核、财务报表分析。其中，预算控制属于预防性控制，会计稽核和财务报表分析属于纠正性控制。

1. 预算控制

预算是一种以货币和数量表示的计划，是关于“为完成组织目标和计划，所需资金的来源和用途”的一项书面说明。预算的特点是：有时间期限；数字化的计划；通常由专门的职能部门或预算委员会负责编制；执行情况通常由财务部门负责收集反馈。预算在管理中能起到什么作用？①帮助管理者掌握全局和控制整体情况。②有助于管理者合理配置资源和控制组织中各项活动的开展。③有助于对管理者和各部门的工作进行评价。④便于培育勤俭节约、精打细算的工作作风。

零基预算的基本思想：对任何一个预算期，任何一种项目费用的开支，都不是从原有的基数出发，而是一切都以零为基础，从零开始考虑各项目费用开支的必要性及其预算的规模。由于这种预算不受现行和传统预算的束缚，所以能充分调动各级管理人员的积极性和创造性。例如，我们申报“国家自然科学基金地区科学项目”都要编制预算的：设备购置费 0.30 万，材料费 1.10 万，差旅费 6.60 万，会议费 3.50 万，国际合作与交流费 5.00 万，著作出版费和论文版面费 8.30 万，劳务费 5.40 万，专家咨询费 1.00 万，其他支出 0.50 万，间接费用 6.28 万，合计 37.98 万元。

2. 会计稽核

会计稽核目的是通过对财务成本计划和财务收支计划的审查，以及对会计凭证和账表的复核，及时发现会计中存在的问题。有的企业说，我们实行的是“一支笔审批”，这样总控制牢了吧？“一支笔审批”就是由老总一个人审批，这样要求老总对所有的财务报账制度都很清楚，而且连假发票都知道。这怎么可能呢？所以，现在大多数企业都实行“分层控制”，先是经手人签字，然后找部门经理签字，再找分管副总签字，最后财务人员签字并做账付款。这样控制牢了吗？如果责任不明确，仍然是控制不牢的。签字就意味着责任，经手人签字意思是：“我承认，这笔钱是经我的手花出去的”；部门经理签字表示：“我承认，这笔钱是我们部门用的，是我们所需要的”；分管副总签字表示：“哦，我知道了，这笔钱用过了”；财务人员签字表示：“我承认，花这笔钱是符合项目预算的，在预算范围内的，而且发票等凭证是符合财务制度的”。例如，销售人员出差了，回来后把飞机票找销售部经理签字，销售部经理心想：“反正副总还要把关的”，就签了；销售人员再找分管副总签字，副总心想：“部门经理已经签了，应该没问题的”，就签了；最后到了财务人员手上，说：“你这个怎么能坐飞机呢？你超标了。”销售人员说：“反正老总都签了，你管那么多干吗！”财务人员心想，多一事不如少一事，就做账付款了。事后某一天，销售人员在餐桌上谈起这件事，这个有示范效应的，大家知道以后，每个人都超标使用。直到有一天，分管副总发现，部门经费大幅度上扬，就训斥财务人员：“你们怎么能这样呢，也不加以控制？”财务人员说：“不都是你批的吗？你批的，我们还能不付钱吗？”你看，控制牢了吗？没有。有没有超标，谁最清楚？当然是财务人员。所以应该是，先财务人员签字，再是分管副总签字，否则财务人员说：“副总怎么乱签呀！”你要分管副总记得“每个档次、每个层面的报销额度是多少”，那不搞死他嘛！

有一名会计，是一个爱思考的人，当全国人民欢呼神舟十一号圆满回家时，他在考虑一个非常头痛的事：景海鹏和陈冬的差旅费咋报？按出差呢，还是会议？有文件没？住宿费咋开？发票是嫦娥姐姐开的吗？财务人员承认吗？住宿费比照哪个省的标准？算淡季还是旺季，上浮多少？算不算带车跑长途？伙食补助按我国哪个省标准？飞船是按机票报销还是按船票报销，按几等舱位报销？他们俩是部级、厅级还是处级？除去过去和回来的两天，中间是算“住勤”，还是其他事务？算“公出”还是旅游？对方接待单位是谁？他们住的太空舱算周转房吗，有多少平方米，是否超标？……唉！越想越头疼。想了一宿，仍未搞明白，决定继续好好学会计知识，理论指导实践！

**【案例讨论题】**大学教师的科研经费，如袁某申报的海南省自然科学基金项目获得立项，资助 5 万元。这个钱并不是直接打到袁某的个人银行账户上，而是打到海南大学的账户上，即“这个钱不是给你的，而是给你花的”。海南大学是科研经费的委托管理单位，经费到账后，教师要在规定时间内拿发票到海南大学财务处报销。先是经手人签字，再找项目负责人签字，再找学院主管科研的副院长签字，最后到学校财务处报销。2012 年 12 月以来，由于中央制定了“八项规定”，学校财务处对科研经费的报账审查极严，账务报账制度不断地更新，给科研系列教职工带来了许多麻烦：①去年 4 月，袁某拿“打印、复印、装订”的发票去报销，学校规定“超过 1000 元的打印费，财务处不能直接付钱，而是把钱打到打印店的银行账户上”。当袁某找海南大学发展规划处的处长 Z 签字时，Z 让袁某先把发票放在他那里。三天后，Z 打电话告诉袁某：这个发票上的印章不对，他在网上搜索了，印章所在单位不经营打印、复印、装订业务，所以他不能签字。②去年 7 月，袁某因为事情紧急，没有用“公务卡”在“政府采购公务网”上买飞机票，而是在海口美兰机场买的票。出差回来后，袁某把飞机票拿去报销，到了海南大学财务处那里，他们说：“你的往返飞机票，因为不是在‘政府采购公务网’上买的，所以，飞机票上没有‘GP’字样，而且没有购票截图，不能报销。”③去年 10

月，袁某因为科研需要，邀请了几个专家，安排在“海南大学邵逸夫学术交流中心”住宿，费用约 1 万元。袁某事先还打电话问了财务处，财务处副处长说：“开一张发票就可以了。”当袁某把住宿费发票找财务处报账时，她们让袁某到海南大学审计处去咨询一下，审计处的负责人说：“因为专家是你邀请过来的，所以报账时需要附上‘邀请函’，而且这几个专家是与你进行科研合作的，你还要附上‘科研合作协议书’，另外，这些专家需要在每张发票上签字。”现在，袁某通常让研究生去帮他报账，让研究生了解科研项目及其经费使用流程。如果科研经费在规定时间内不能用完，经费将被相关部门收回。所以，有的研究生说：“老师，我们宿舍旁边有个打印店，我去打印店帮你买些发票，这样科研经费不就可以用完了吗?”袁某说：“这是不行的，这种行为叫‘洗钱’，是‘科研腐败行为’，是要犯罪的。”有的大学教师科研经费比较多，需要想方设法把经费使用完，但只能像“挤牙膏”一样的，一点一点地往外挤。

3. 财务报表分析

财务报表是用于反映“组织期末财务状况”和“计划期内的经营成果”的数字表。财务报表分析就是以财务报表为依据来分析判断组织的经营状况，从中发现问题。财务报表包括资产负债表、现金流量表、利润表、成本核算表等。财务人员每个月月底的时候最忙，因为要呈交各种各样的报表。

**【思考题】**什么叫内部成本、外部成本、质量体系成本？内部成本指企业在“产品还没有到达消费者手中”之前，对“所发现的那些问题加以改正”时发生的成本。外部成本指“顾客已经体验到的错误”所造成的损失。质量体系成本是指那些“被看作是公司对未来的投资”的成本，它们有助于培养回头客。

### 三、时间控制

(1) 任何组织的活动都是在一定的时间内进行的。对时间进行控制的目的是：使组织对其实现目标过程中的各项工作做出合理的安排。时间控制的关键是确定各项活动的进行是否符合预定时间表的时间安排。

(2) 甘特图是用“条状图”来表示各项活动的实际工作状况和计划要求之间的差距，其实质是通过对各项活动完成情况的了解，调整工作程序和时间，以完成该项任务。如图 15 - 1 所示，横坐标表示时间，纵坐标表示任务；柱状图中的实线表示计划要求，空心线表示实际完成情况。从图中可以看出：报告日期是四月初，“编辑加工”“设计版式”“制图”“设计封面”这几项活动都达到了目标，“打印长条校样”只完成了四分之三，“印刷校样”则根本没有做。

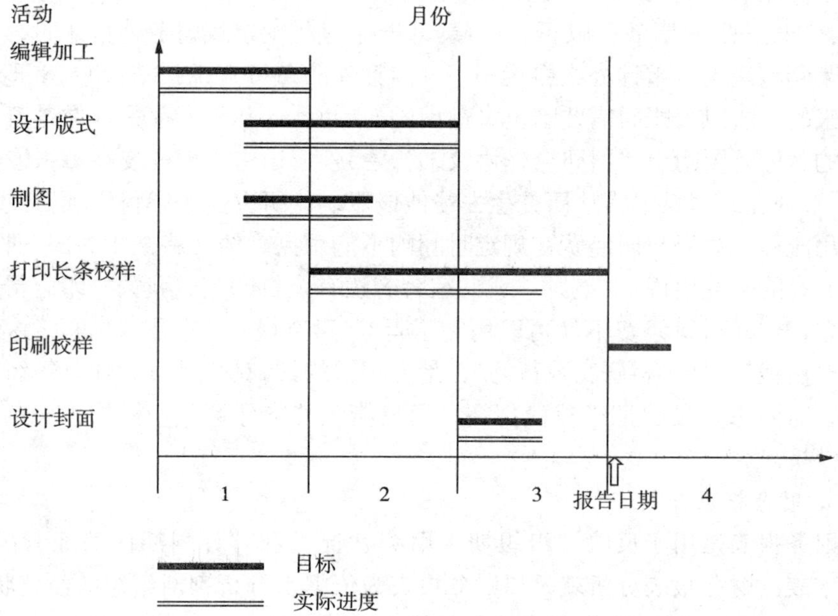


图 15－1 甘特图举例

(3) 特点：从甘特图上可以看出，某一时刻实际进度与计划要求之间的差距，但它无法表明产生这种差距的原因，无法确定在众多差距出现的情况下，哪些差距是管理者应当着力去解决和控制的关键点。甘特图虽然清楚地反映了各个局部的状况，但它无法表明各项活动之间的相互影响和逻辑关系，对于一些应加以控制的局部应控制到什么程度，也缺乏明确的交代。

## 四、人员行为控制

控制工作从根本上来说是对人的控制，因为任何组织活动的开展都有赖于员工的努力，其他几方面的控制也都要靠人来实行和推行。

人员行为控制一般有三种方法：一是目标，目标是一切成员的行动指南。二是规章制度，它规定了一个组织中员工必须遵守的行为准则。三是各种工作表现鉴定方法，包括“鉴定式评价法”和“指标考核法”。绩效考核，建议期限是一个月一次。360 度考评法也称全员评价法，它通过征询被考核人的上级、同级、下级和服务的客户等各方面的意见，对他的工作进行评价，根据评价结果的反馈，使其清楚自己的长处和短处，从而达到提高员工素质的目的。360 度考评法不是拿来做绩效考核的，而是做人员素质测评的。

【思考题】对人的行为能否进行事前控制？可以的。用文化去引导人的思维，用制度去规范人的行为。文化就像一个过滤器，它影响到一个人的判断、思维及感觉，并决定哪些行为是可取的，哪些行为是不可取的。海南大学规定，期末考试作弊的学生将拿不到学位证，所以你们千万不要有考试作弊的想法。比如，你堂堂正正地考，可以得 70 分；如果运气好，考试作弊没有被发现，可以多考 5 分，那么，你为了这 5 分冒这么大的风险值得吗？不值得。我这是给你们学生“打预防针”，它属于事前控制、预防性控制、前馈控制。

### 五、质量控制

全面质量管理（TQM）的要点是：强烈地关注顾客；坚持不断地改进；改进组织中每项工作的质量；精确的度量；向雇员授权。著名的质量管理专家戴明提出了“PDCA 质量循环圈”，就是强调计划、执行、检查、处理四个环节的反复循环。大环套小环，一环扣一环，从而达到质量“持续改善”的目的。每个公司有自己的 PDCA 大循环圈，每个部门、车间有自己的 PDCA 中循环圈，每个班组、岗位有自己的 PDCA 小循环圈。质量管理就像斜坡上推球一样，不进则退，所以需要持续发力、持续改善、永无止境。如果每天进步 1%，一百天后，质量就提高了 2.7 倍（1.01 的 100 次方）。以旅行社为例，“PDCA 质量循环圈”包括四个阶段和八个步骤：

1. 计划阶段（Plan）

步骤一：分析现状，找出问题。如游客对海南某旅行社服务质量不满意。步骤二：找出问题出现的原因。例如，价格不合理，导游服务态度不好，服务水平不高，旅游线路安排不合理，餐饮不好，住宿不好，导游带游客去购物太多。步骤三：找出出现问题的关键原因。例如，反映导游服务态度不好、服务水平不高的游客人数最多，所以其关键原因是服务水平不高。步骤四：制定解决问题的目标和计划。从服务的硬件质量、软件质量、环境质量和感知质量着手，提高其服务质量。

2. 执行阶段（Do）

步骤五：严格执行目标和计划的内容。一是要提高服务水平。服务水平属于服务的功能质量，应加强服务的技能、效率培训，以及培养服务人才。二是要纠正服务者的态度和行为方式，并建立合理的员工激励和督导机制。三是要提高导游的职业道德，带游客去购物应适当，不能过火。四是要提高服务的技术质量即硬件质量，改善设备设施和实物产品的质量。五是要注意游客的感知质量。

3. 检查阶段（Check）

步骤六：检查执行目标和计划的效果，并找出存在的问题。建立监督标准，检查执行后的效果。严格执行目标和计划后，解决存在的问题就只是时间长短问题了。

4. 处理阶段（Action）

步骤七：对已经解决的质量问题采取措施进行巩固。加强改变服务质量的强度来缩短其改变的时间。步骤八：对尚未解决的问题则转入下一循环圈继续解决。

ISO 9000 质量认证体系是一系列国际质量管理标准，它是由国际组织确定的，专门为各种工序设立统一指标，以确保产品符合消费者要求。六西格玛（6σ）也是一个质量标准体系，它的目标是每百万单位产品或工序不超过3.4件缺陷或过失。

服务质量的四个公式：顾客满意值＝顾客期望值－顾客体验值；顾客损失＝顾客真正期望所得－顾客不得不接受的所得；客户惊喜＝客户感觉到的－客户期望得到的；客户悬念＝客户还不知道的－客户对过去的记忆。

## 六、信息控制

信息相当于人的血液，一个组织的报告体系和保密制度都属于信息管理。报告体系非常重要，你有这样的报告体系，就知道他在干什么、干到什么程度、存在哪些例外，你可以迅速得知。授权必须受控，如果授权会导致失控，你还不如不授权，所以有时我们讲“集权总比失控好”。

你可以把做事情的拍板权交给下级，但你要求下级把信息及时地反馈回来，包括你开什么会、每周工作情况、你自己的工作计划和总结、你部门的工作计划和总结，你都抄送一份给老总。比如，部门经理在向分管副总汇报工作时，这个礼拜的工作、下个礼拜的安排，以及你的工作建议，在发送一份给你上级的同时，抄送一份给老总，他就知道了每个部门在干什么。同时，部门经理和分管副总对下面下达指示、加以指点、进行总结、进行布置的时候，你同时也抄送一份给老总，他就知道你对下面又干了些什么。

没有问题，你就不用管它了；有问题，就及时找他们来开会，及时地加以干预。这个前提条件就是报告系统的健全。没有相应的信息系统的建立，你要去控制就比较困难。

当一个企业做到集团公司这个程度，就要注重信息控制，既要放得开，又要控得住。一是要注重文化建设，如战略构想、文化理念、规章制度、标识口号等；二是要注重信息平台建设，如每个季度开“务虚会”、建立微信群等。

留人还要留知识。有位企业老总给我讲了许多时髦的名词：情感留人、待遇留人、环境留人、事业留人……我说：“人终归是留不住的。”他问为什么，我说："因为老天爷要他走的。人终归是要死的，这是自然规律。"有的人昨天下班时还和你打招呼，今天听说被车撞死了。"昨天给他说的那个工程，不知道他钱送出去了没有。成了秘密。"我们叫"知识真空"或"知识恐慌"。

保密制度也属于信息控制。深圳有一家软件公司，开发了"源代码"，100 万元一个，但因为保密制度没有做好，业务员把"源代码"拷贝了，出去卖 5 万元一个，原来的公司就倒闭了。一个日本人是研究中国古代四大发明的专家，他到安徽宣纸厂参观，陪同参观的副厂长有保密意识，只让日本专家参观陈列室，没让他参观生产车间。安徽宣纸制造技术是怎么泄露出去的？这个日本专家到安徽宣纸厂的配套企业"L 造纸厂"参观时，厂里领导傻乎乎的，让总工程师负责讲解，还允许拍照。这个日本专家回去后，把安徽宣纸制造技术卖了，就这么泄露出去的。

**【思考题】**为什么说"信息不对称"会产生代理成本？例如，让你的小孩去买菜，实际是 10 元钱，他告诉你 12 元。但烟价通常是固定的，就没有这个问题。

## 七、基于责任感的控制方法

**【思考题】**传统的控制方法与"基于责任感的控制方法"有何区别？①传统的控制方法：依据详细的规章、程序和标准；基于责任感的控制方法：依靠价值观、团队和成员的自我控制能力。②传统的控制方法：用可衡量的标准定义最低工作要求；基于责任感的控制方法：强调目标和结果，鼓励创新。③传统的控制方法：运用正式的权力系统进行监督检查；基于责任感的控制方法：柔性权力、扁平结构、专家权力、人人参与。④传统的控制方法：强调外部的激励方式，如薪酬、福利、地位；基于责任感的控制方法：外部激励和内部激励相结合。⑤传统的控制方法：有限的、拘于形式的员工参与，如可申诉；基于责任感的控制方法：员工广泛参与各项活动，从确定目标到纠偏。

《责任制造结果》《责任胜于能力》，你在网上去搜索，一定可以找到这样的书名。在我们人的智商和人的能力普遍得到提高以后，你会发现，决定结果的是责任心。大家出去应聘也好，工作也好，你要取得成果也好，你一定会发现，责任心越来越重要。有的企业在招聘的时候说："能力，每个人都差不多的，主要是考查他的责任心。"为什么说自我控制的效果最好呢？从成本上讲，它的成本最省，你不用去单独设立外部人员。另外，效果最好，它是用自觉来进行控制的，它能及时地进行调整。但是，传统的控制方式仍然有它的必要性。两者结合起来，会产生更好的效果。

有人说："这门课，其实我是不喜欢的，但因为是必修课，所以呢，我还是认真地学，考得还是不错的。"别人就想："你不喜欢的东西，都这样；喜欢的东西，不得了的。这个人行呀!"如果上级让你做事，你说："我不喜欢。"上级就会想："这个人比较难弄的啊！一定要喜欢的才行。"《中共中央关于全面深化改革若干重大问题的决定》中提出要通过建立健全社会征信体系，褒扬诚信，惩戒失信，这样可以提高人们的责任感。

## 八、其他常用的控制方法

1. 统计分析法

统计分析法是运用各种数量分析方法，对有关的历史数据进行统计分析，从而了解有关因素的发展情况，并据此进行趋势预测的方法。用易于理解的方式编排统计资料和事先确定比较标准，是运用统计分析法的关键，因为用图表等方式所表示的相互关系和趋势，可使人一目了然。大多数用图表来表示的统计数据，即报表体系，都应该按时间来提供。

大数据或称巨量资料，指的是"需要新处理模式"才能具有更强的决策力、洞察力和流程优化能力的海量、高增长率和多样化的信息资产。如何从海量数据中提炼出你所需要的信息？这需要统计分析法。最常用的统计软件是 SPSS，意即"统计产品和服务解决方案（Statistical Product and Service Solutions)"。SPSS 统计软件的功能非常强大，可以充分地进行"数据挖掘"。SPSS 的基本功能包括数据管理、统计分析、图表分析、输出管理等。SPSS 统计分析过程包括描述性统计、均值比较、一般线性模型、相关分析、回归分析、对数线性模型、聚类分析、数据降维、生存分析、时间序列分析、多重响应、卡方检验等几大类。SPSS 由于其操作简单，已经在我国的社会科学、自然科学的各个领域发挥了巨大作用，该软件还可以应用于经济学、数学、统计学、物流管理、生物学、心理学、地理学、医疗卫生、体育、农业、林业、商业等各个领域。像我带的研究生，不管是"学术型研究生"还是"专业型研究生（MTA)"，写毕业论文时，都要发放几百份调查问卷，而问卷回收后的数据处理必须要用 SPSS 统计软件，同时还鼓励"学硕"用 LISREL 或 AMOS 统计软件做"结构方式模型"。我给"学硕"带了两门课——"旅游市场营销理论与方法"和"现代管理科学理论与方法"，给"专硕"带了两门课——"服务管理"和"旅游市场营销定量分析工具"，我就通过实例讲解 SPSS 的操作及其统计学原理。"知其然，然后知其所以然。"

**【思考题】** 统计分析法常运用于哪些方面的控制？数量和质量控制。

2. 专题分析法

专题分析法由专门的人员针对某一专题进行专门的调研，并做出专门的报告和分析的方法。专题分析法有助于对特定问题的控制。2015 年 8 月，天津化工厂爆炸案已造成至少 42 人死亡，400 多人受伤。事后，国务院调查组成立并开展工作。调查组由公安部牵头，有关部门和天津市人民政府参加，并聘请有关专家参加事故调查工作，最高人民检察院派人员参加调查组。调查组在国务院的领导下，依法依规彻查事故原因，查明事故性质和责任，并对事故责任人提出处理意见，一查到底，严肃追责，给党和人民一个负责任的交代。

3. 审计法

审计法即通过经营审计的方法进行控制。从广义上说，经营审计就是企业聘请外部的或内部的审计人员，对企业的会计、财务和其他业务经营活动所做的，独立的，定期或不定期的评价。经营审计人员除了弄清会计账户是否反映实际（防止“做假账”）之外，还要对政策、程序、职权行使、管理质量、管理方法的效果、专门问题以及经营的其他各个方面做出评价。你们听说过“注册会计师资格证”吗？考取了注册会计师证，可以到“会计师事务所”工作，也可以给企业当“财务顾问”，听说很赚钱的。还有“审计师资格证”，考取了审计师证，可以到“审计师事务所”工作。

4. 现场观察法

通过现场观察，即使是偶然到车间和办公室走马观花地转一圈，也能得到相当多的信息，这就是所谓的“走动管理”。通过现场观察法，可以及时察觉基层的情况，从而进行有效的过程控制。

## 九、内部管理平台（“发动机”）的构建

业务经营和内部管理要同步和谐。科学管理的平台，如图 15－2 所示，构成了一个组织内部的“发动机”。五个体系间相互关联，形成一个系统：

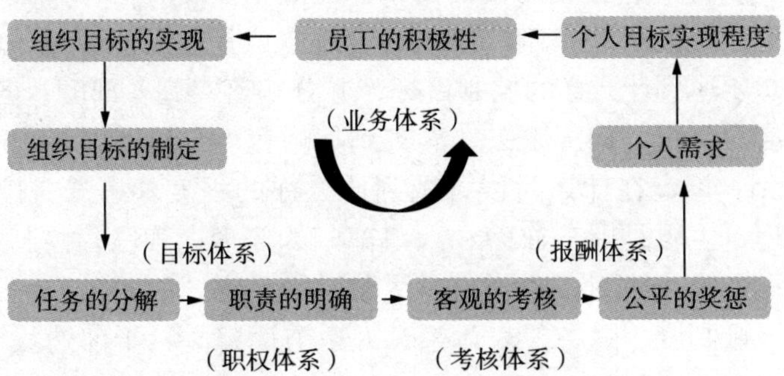


图 15－2　科学管理平台的构建

● 目标体系（行动指南）：说明组织要干什么，要求做到什么样的程度，是组织中一切成员的行动指南。

● 职权体系（目标的分解）：说明为了完成目标，各部门、各岗位要做什么，要求做到何种程度。

● 考核体系（控制手段）：说明怎样来检查各岗位职责履行情况，怎样算好、怎样算不合格。

● 报酬体系（动力源泉）：回答为什么要做，做好做坏有何区别。

● 业务体系（协调准则）：各项工作应怎样开展，各岗位应怎样履行职责，组织如何来协调各项工作。

**【案例讨论题】**张某在几天前被任命为一家AAA级景区的总经理，他很快就发现这家公司存在着很多问题，而且其中的大多数问题都与公司不适当的控制管理有关。例如，他发现公司各部门的预算是由各部门自行制定的，前任总经理对各部门上报的预算，一般不加修改就签字批准。公司内部也没有专门的财务审核人员，因此对各部门的预算和预算的实施情况根本就没有严格的审核。在人事方面，服务一线人员流动率大，常有人“不辞而别”，行政工作人员迟到早退现象严重，而且常有人在工作时间利用公司电话炒股票。

公司对这些问题都没有采取有效的控制措施，更没有对这方面的问题进行及时调整或解决。不少中层管理者还认为，公司业务不景气，服务人员想走是很正常的，行政工作人员在没什么工作可做的情况下，迟到早退、自己想办法赚点钱也是可以理解的，对此没有必要大惊小怪。

张某认为，要改变公司的面貌，就一定要加强资金、人员等方面的控制，为此，就需要制订出一个综合控制计划。

请问：为了改变公司的面貌，这个综合控制计划应包括哪几方面内容？在实施过程中又会遇到什么样的问题？

评析：（1）第一，控制的目标体系。建立企业发展目标和战略构想，因为目标是一切成员的行动指南。组织的控制应该是全面的、统一的控制。张某要明确：想要达到什么样的控制目标，并分解落实到各部门、各岗位上去，落实到每季度、每月、每周上去，落实到战略目标和行动目标上去。总体目标一直分解到：谁，在什么时候，做到什么样的程度。第二，控制的主体。如各部门经理，主要是财务部门和人事部门的经理。第三，控制的对象。主要是资金、人员等。第四，控制的方法和手段系统。如财务方面建立：预算制度、会计报账制度、财务报表体系；人事方面建立：干部选拔制度、员工出勤制度、月度考核制度。

（2）在实施过程中，新制度很可能会与原来的企业文化相冲突，因为中层管理者的价值观念、团体意识、行为规范、思维模式与张某不合拍。遇到的问题可能有：现有干部的执行力不够；对抗某项制度；提供片面的或错误的信息；制造控制的假象；故意怠工与破坏。

**【案例讨论题】**一家生产电视机的公司，发现它的一些主要竞争对手在和它进行一场价格大战。为了保持一定的市场占有率，公司决定也大幅度地降低产品销售价格。为了弥补降低了的销售利润，公司经理安排了一项成本削减计划，其主要内容是要减少10%的原材料成本、15%的生产成本及5%的销售成本。

请问：公司可采用哪些控制方式来达成这些目标?

评析：许多企业提出了“目标成本”的概念，就是根据竞争需要，确定产品价格，在保障利润的前提下，再根据“成本＝价格－利润”，从而确定“目标成本”。丰田公司认为价格是由市场决定的，企业要获得利润只有靠降低成本，创造出独特的丰田生产方式，成为经营效益最好的汽车公司。丰田的精准生产方式成为世界生产方式之新典范。

(1) 预算控制，包括研究与开发费用、原材料的采购费用、生产费用和销售费用都控制在一定程度范围内。

(2) 人员行为控制，包括提出“‘目标成本’实施方案”，把目标作为组织成员的行动指南；严格财务报账制度；建立月度绩效考核制度。

(3) 有助于在采购过程中控制成本的策略有：采购效益最大化；比较供应商；比较品牌；比较产出量；利用具有成本效益的各种折扣；运用单位价格比较不同的包装；采购适量的存货；采购节省人工的产品；比较现金采购与赊购；比较利率；仔细阅读和理解合同；警惕那些看起来“合算的交易”；以符合道德的方式与知名商家进行交易。

(4) QC小组，即质量控制小组，俗称“品管圈”。它是指在生产或工作岗位上从事各种劳动的职工，围绕企业的经营战略、方针目标和现场存在的问题，以改进质量、降低消耗、提高人的素质和提高经济效益为目的而组织起来，运用“质量管理的理论和方法”开展活动的小组。QC小组是企业中“群众性质量管理活动”的一种有效组织形式，是“职工参加企业民主管理的经验”同“现代科学管理方法”相结合的产物。QC小组解决课题所涉及的管理技术主要有：遵循PDCA循环、应用统计方法、以事实为依据和用数据说话三个方面。

(5) 标杆比较(Benchmarking)，它是寻求竞争者和非竞争者中“获取优异绩效”的最佳方式，其基本思想是：管理当局通过“分析各个领域的领先者”的方法，然后“模仿他们的做法”来改进自己的质量。环境扫描、预测、面向全面质量管理的基准化，是评价环境的三门技术。

（6）实行价值链管理。价值链就是从“原材料加工”到“产成品到达最终用户手中”的过程中，所有增加价值的步骤所组成的，全部的有组织的一系列活动。价值链管理是管理“关于在价值链上流动的产品”的、有序的、相互关联的活动和信息的全部过程，其目的是建立价值链战略，来满足和超越顾客的需要和欲望，并使价值链上的相关群体达到无缝的整合。进行价值链管理的益处，包括客户服务提高、成本节约、交货速度加快、质量提高、存货降低、后勤管理提高、销售量提高、市场份额增加等。

# 第十六章　管理创新

创新是一个民族进步的灵魂，是国家兴旺发达的动力源泉。在21世纪，特别是伴随知识经济时代的到来，科学技术日新月异，知识信息高速传播，新材料、新工艺不断涌现，这些无一不是创新的成果。可以说，知识经济时代的发展动力就是创新。我国现阶段的五大发展理念是：创新、协调、绿色、开放、共享。2016年9月在杭州举办的G20峰会，主题为“构建创新、活力、联动、包容的世界经济”。

## 一、管理创新的含义与特点

1. 含义

创新是指对原有事物的改变或新事物的引入，是创造新的理念，并将其付诸实践的过程。管理创新是指为了更有效地利用资源以实现目标而进行的创新活动或过程。该定义，一方面强调了管理创新的功能，指出管理创新着眼于更加有效地利用资源以实现目标，其不仅注重新颖，也注重预期效益的实现，从而把管理创新与其他创新相区别；另一方面认为管理创新是一个过程，即从“一个新思想提出”一直到“付诸实施”，并取得预期效益的过程。这一过程可以是非连续的，但是有规律可循，如“所有权”与“管理权”的分离。周三多认为，传统的管理职能属于管理“维持职能”，而有效的管理在于“适度的维持”与“适度的创新”的组合。创新是“一种思想”及“在这种思想指导下的实践”，是“一种原则”及“在这种原则指导下的具体活动”，是管理的一种基本职能。

2. 特点

(1) 管理创新与其他管理职能不同，它着眼于资源的更有效利用。管理创新是一个将资源从“低效率使用”转向“高效率使用”的过程。计划、组织、领导、控制四大职能，一般都有其固定的内容、工作程序和特有的表现形式，一旦展开，就具有其相对稳定性。创新则不同，尽管也有一定的规律性，但它本身并没有某种特有的表现形式。它贯穿于组织的各项管理活动之中。通过组织的各项管理活动，来体现自身的存在与价值。

(2) 管理创新是企业其他各类创新的基础。无论是技术创新，还是营销创新，它们要付诸实施，都必然会对现有的管理体系、生产组织方式带来一定的冲击，并有赖于新的管理体系和组织方式的建立。没有相应的管理创新作为基础，其他创新就很难实现或难以为继。我国不少高技术企业，之所以昙花一现，很大程度上，不是因为它们技术不行，而是因为管理跟不上。(3) 管理创新是一个系统的过程，需要有组织的管理。一项管理创新，从“目标提出”到“取得效果”，一般要经过四个阶段：

第一，提出创新目标阶段。如果缺乏明确的目标指引，创新往往会演变成管理者“显示自己才能和突出自己与众不同”的工具，导致管理者为创新而创新；注重个人目标，而忽视组织目标。管理创新目标一般为“解决一个难题”“创造行业新标杆”等。

第二，创意产生阶段。有了新观念、新思想、新方法的创意，才会有创新；能否产生创意，是关系到能否进行管理创新的根本。

第三，创意评估筛选阶段。参与创意评估的人员的选择十分重要，这些人员需要有丰富的管理经验、好的创造性潜能、敏锐的分析判断能力，否则极易扼杀优秀的创意。同样在评估“最高管理者提出的创意”时，如果没有外部专家的参与评估，一个不切合实际的创意很容易通过，并进入实施阶段，从而给企业经营带来风险。

第四，创意实施与修正阶段。许多好的创意，往往由于“找不到合适的具体操作方法”，而导致“这一创意无法最终成为创新成果”。

**【思考题】** 斯蒂芬·罗宾斯认为，创造 (Creation) 与创新 (Innovation) 的区别是什么？创造是“以独特的方式”综合各种思想，或在各种思想之间建立起“独特的联系”的这样一种能力。创新则是指形成一种“创造性思想”，并将其转换为“有用的产品、服务或作业方法”的过程，即富有创新力的组织能够不断地将“创造性思想”转变为“某种有用的结果”。

**【思考题】** 熊彼特 (Schumpeter) 认为，创新有哪五大类型？他认为，创新就是“新的组合”，包括：①生产一种新的产品——也就是消费者还不熟悉的产品——或一种产品的一种新特性。②采用一种新的生产方法，也就是在有关的制造部门中，尚未通过的鉴定方法；这种新的方法，绝不需要建立在“新的科学发现”基础之上。③开辟一个新的市场，也就是某一制造部门以前不曾进入的市场，不管这个市场以前是否存在过。④掠夺或控制原材料或半成品的一种新的供应来源，也不问这种来源是已经存在，还是第一次创造出来的。⑤实现一种工业的新的组织，比如，造成一种垄断地位（如通过“托拉斯法”）或打破一种垄断地位。

【思考题】为什么说“竞争”与“创新”是推动旅游购物品市场演进的两股力量？市场演进理论认为：市场“再结合”的基础是创新，而“分裂”的基础是竞争。旅游购物品市场在“分裂”和“再结合”之间摆动，竞争带来市场的分裂，而创新带来市场的再结合。旅游购物品市场的演进，就这样被竞争和创新两股力量所驱使而前进。

## 二、管理创新的分类

1. 观念创新

它是指形成能够比以前更好地适应环境的变化，并更有效地利用资源的新概念或新构想的活动。管理理论的创新是从不同角度对旧理论的完善和补充，往往是一种兼容并蓄关系。如行为管理思想的出现，并不意味着泰勒制的结束，即使在美国，泰勒的科学管理方法仍然是其管理的基础。管理创新的“还原原则”就是要求创新主体在管理创新过程中，不要就事论事，就“现有事物本身”去研讨管理创新问题，而应进一步地寻找“源头”，从“前提假设”出发，寻找“创新的原点”。如企业再造理论，它的提出就是源自对“传统的分工理论前提条件”的否定。

2. 手段创新

它是指创建能够比以前更好地利用资源的各种组织形式和工具的活动，其可进一步分为组织创新、制度创新和管理方法创新。其中，组织创新是指创建“适应环境变化与生产力发展”的新组织形式的活动；制度创新是指形成能够更好地“适应环境变化与生产力发展”的新的规则的活动；管理方法创新是指创造更有效的“资源配置工具和方式”的各种活动。方法创新更多的是基于理论和科学技术的发展；组织创新和制度创新更多的是基于管理实践。

3. 技巧创新

它是指在管理过程中为了更好地实施对观念的调整、制度的修改、机构的重组，进行制度培训、贯彻落实员工思想教育等活动所进行的创新。技巧创新的重点放在管理的实际应用上，而不是改变管理思想或实现手段。技巧创新保证了观念创新和手段创新能够为大家所接受。

【思考题】管理的创新职能的基本内容有哪些？目标创新；技术创新；制度创新；组织机构和结构的创新；环境创新。

【案例讨论题】18 世纪末期，英国政府决定把犯了罪的英国人统统发配到澳洲去。一些私人船主承包了从英国往澳洲大规模运送犯人的工作。英国政府开始实行的办法是以“上船的犯人数”支付船主费用。起初船主为了牟取暴利，尽可能地多装人，使船上条件更加恶劣，因此死的人很多。为了改变这种状况，英国政府采取了新的措施。在每一艘船上都派了一名政府官员监督，再派一名医生负责犯人的医疗卫生。同时，对犯人的生活标准做了硬性规定。但是，死亡率不仅没有降下来，有的船上的监督官员和医生竟然也不明不白地死了。原来一些船主为了贪图暴利，贿赂官员，如果官员不同流合污，就被扔到大海里喂鱼了。政府支付了监督费用，却照常死人。后来英国政府又采取了新的办法，把船主召集起来进行教育培训。教育他们“要珍惜生命，不能把金钱看得比生命重要”。但是，情况依然没有好转，死亡率一直居高不下。一位英国议员认为，是那些私人船主钻了制度的空子。制度的缺陷在于，政府给船主的报酬，是以“上船人数”来计算的。他提出从改变制度开始：政府以“到澳洲上岸的人数”为准计算报酬，不论在英国上船装多少人，到了澳洲上岸的时候，再清点人数支付报酬。问题迎刃而解。船主主动请医生跟船，在船上准备药品，改善生活，尽可能地让每一个上船的人都活着到达目的地。他们十分清楚，上岸一个人就意味着一份收入。这是历史上一个“治理制度建设”的著名例证。从这个历史故事中，我们可以得到许多有益的启示：①追逐利润是人的本性。“天下熙熙，皆为利来；天下攘攘，皆为利往。”古今中外，概莫能外。②推行制度，必须采取强有力的手段。不痛不痒的监督和约束不会起什么作用，甚至会让人“有机可乘”。实践已反复证明了这一点。③在推行制度时，思想教育是必不可少的，而且是长期发挥作用的重要因素，但必须有坚强的制度做保证。没有铁的制度，思想教育会显得软弱无力。④设计制度，规避人的自利性，需要采取釜底抽薪的办法，必须将其行为同其利益挂起钩来。遵纪守法，可以得到其应得的利益；违法乱纪，则要使其利益受损。情节严重者，则要严惩，罚得他们心痛；“连利如连心”，心痛不已，才会痛改前非。

## 三、管理创新的重要性

### 1. 管理理论和方法的发展需要创新

从经验管理思想、科学管理思想、行为管理思想、定量管理思想、权变管理思想到创新管理思想，管理理论的发展史，本身就是一部管理创新的历史。管理未来的发展也需要创新，因为环境的变化是永恒不变的真理。只有致力于持续的创新，才能使“管理理论和实践”与“不断变化的环境”相适应，才能使管理这一工具在人类追求不断发展的过程中显示出勃勃生机。

### 2. 中国的发展更需要管理创新

从我国企业的管理现状看，经验管理仍然是我国企业管理的主流，企业的成败在很大程度上取决于“企业领导人的经验、经历和能力”。企业为了在新的环境下求得进一步发展，就必须告别过去那种“凭借个人素质，来赢得并把握机会”的时代，要建立起一个“依靠企业整体素质来实现持续发展”的管理体系。这一新旧机制转换过程的关键在于：推陈出新，用新的管理模式替代旧的模式，即从原来随机的、无序的、感情化的管理模式转变为有计划的、规范化的、制度化的管理模式。

3. 相对于管理实践，中国的管理理论研究更需要创新

从总体上而言，我国的管理研究还非常落后，还停留在主要是“跟踪国外管理研究”和“为学术而研究”的阶段，但更重要的是，要在此基础上，结合中国的实际，创建“适合于中国国情”的管理理论与方法，也就是要进行管理理论与方法的“本土化”创新。在当前的国际市场中，短期内中国大部分企业的实力比西方企业弱，如果“以刚对刚”则会失败，若以打太极拳的方式“以柔克刚”，则可能是“中国企业走向世界”的最佳方略。中国企业应充分发挥以“情、理、法”为一体的“中国式管理制度”的优势和特长。

**【思考题】**如何从系统论的观点看管理创新的重要性？任何社会系统都是一个由众多要素构成的，与外部环境发生物质、能量、信息交换的，动态开放的非平衡系统。系统的外部环境是在不断发生变化的，这些变化必然会对系统的活动内容、活动形式、活动要素等产生不同程度的影响。同时，系统内部的各种要素也是在不断发生变化的。系统内部某个或某些要素在特定时期的变化必须要求或引起系统内其他要素的连锁反应，从而对系统原有的目标、“活动要素间的相互关系”等产生一定的影响。系统若不及时根据内外变化的要求，适时进行局部或全局的调整，则可能被“变化的环境”所淘汰，或为“改变了的内部要素”所不容。这种为“适应系统内外变化”而进行的局部和全局的调整，便是管理的创新职能。

## 四、管理创新模式及其特点

1. 自主创新

自主创新是指企业通过自身的努力，依靠自身的力量，不断发现问题、解决问题的管理创新活动。专利制度，从法律上确立自主创新者的技术创新地位，保护自主创新者的权益。因此，自主创新企业能在一定的时期内，独占某项产品或工艺的核心技术，使自己在竞争中处于有利的地位。如果说，技术创新主要是“由于竞争推动”，那么，管理创新更需要“自我否定”。任何一种管理创新成果，由于组织文化的惰性，其管理效用会逐渐降低。自主

创新，如果突破不了这种障碍，又没有借助外部力量推动创新，那么企业会因此消亡。

2. 模仿创新

它是通过学习、模仿别人的创新思路和创新行为，吸取别人先进经验与管理模式，并在此基础上形成“自己独特的管理模式”的过程。管理上的模仿创新，实际上是风险最大、最困难的创新，因为真正有生命力的管理创新，肯定是植根于特定企业文化之上的，而文化的移植是相当困难的，没有相应文化支撑的先进经验与管理模式，是苍白无力的。要进行模仿创新，企业首先要具备一定的管理创新能力，其主要包括判断能力、吸收能力和转换能力。历史上，美国工业的发展正是得益于对欧洲国家先进技术的模仿创新；日本战后经济振兴的奇迹，正是得益于对“世界发达国家尤其是美国”工业技术的模仿创新；韩国也是通过模仿创新，迅速改变落后面貌，一跃进入“新兴工业化国家”行列的。

3. 合作创新

合作创新是指企业与科研机构、高等院校、管理咨询公司等共同进行的联合创新。合作创新是管理创新中最重要、最富有创新成效的一种创新模式。它的最大特点是能够突破原有的思维定式，否定原有的管理模式，进行较大的管理创新活动。如深圳华为公司与中国人民大学合作形成的管理创新成果《华为基本法》，这对指导深圳华为公司管理工作产生了较大的影响，在较长一段时间内，规范了该公司管理的基本取向。再如，美国通用电气公司，每年管理咨询费用的支出高达 1 亿多美元；而国内，愿意在管理创新方面投入几百万元资金以上的，主要是外资企业和一些著名的内资企业。

**【思考题】**技术创新包括哪三种类型？原始创新、综合集成创新、引进—消化—吸收—再创新。

**【思考题】**如何利用旅游纪念品的“文化性”来进行创新？旅游纪念品可以代表一地的文化品格，甚至成为象征。换一个角度说，旅游者希望购买的旅游纪念品，能够真正代表某地的优秀文化，具有较高的文化品位。如瓷器(china) 成了中国的英文名称。现代旅游的性质是一项以“不同地域间的人员流动”为特征，涉及经济和政治等许多方面的社会文化活动。文化渊源是旅游纪念品的生命力之所在。在设计和生产旅游纪念品时，除了眼睛朝“窗外”看，看到广大的国内外旅游市场，了解旅游者的心理和需求之外，更为重要的是眼睛向“镜子里”看，即深深挖掘自己的文化，以文化背景为依托，设计出独具特色的纪念品。实践证明，文化特征越鲜明、文化品格越高的纪念品，价值越高，也越受欢迎。“今日的精品，明日的文物”。

## 五、突破思维定式的方法

1. 不按常理出牌

逻辑思维对创新活动来说是必需的。逻辑思维的主要特征是遵从“无矛盾”法规，即凡事都要“说出个道理”来。然而，创新思维的“胚芽”都植根于逻辑的中断处。这就要求我们：要想找到这种创新的“胚芽”，就必须大胆地抛弃“硬性的逻辑思维”，而涉足“弹性较强的非逻辑思维”的大海中去，这样才会找到你所需要的东西。

2. 放纵模糊性思维

创新是从模糊到清晰的过程。当你的思维处于模糊状况时，说不定会出现一些自相矛盾的观念，它可能会激发你的想象力，去突破原有的、狭窄的思想，产生新的创造性思维的“胚芽”。如果你能放纵自己思维的模糊性，而不担心“会变成傻瓜”，很可能创新成果迭出。如企业薪酬和考核的绝大部分内容、规则应该是明晰的，但也需要保留一部分的模糊，以更好地适应很多特殊的情况。也正是这一部分模糊的存在，给管理者提供了更大的“管理技巧创新”的空间。

3. 主动向规则挑战

在管理创新中，如果我们能勇敢地向未抛弃的概念、法则、规律、方案等大胆质疑，提出挑战，我们的思维定式就会一扫而光。为了能够主动地向规则挑战，在企业内部，可形成对企业的各项制度、流程、作业方式进行“定期评审”的制度，以不断地促使企业废除“已与企业发展不相适应”的老规则，建立“与企业发展相适应”的新规则。

4. 克服思想上的“随大流”

在市场经济中，产品滞销的厂家，多属“随大流”之列，别人生产什么，他就生产什么，结果自然是“大路货”的积压。相反，那些受到市场欢迎的产品，多是不“随大流”的、有特色的产品。旅游演艺产品，如黄巧灵的“千古情”系列、张艺谋的“印象”系列，结合了当地景点的文化和地域特色来打造，所以取得了巨大的成功。

5. 善于寻求多种答案

思维定式的重要特点之一就是它的确定性、单一性，而事物的发展，总是指向多样化、复杂化的方向。只满足于一种状态、一个答案，世界就凝固，创新就停止。如果我们能不拘泥于已有的经验和知识，主动地寻找多种答案，就可能帮助我们克服思维定式，全方位、多角度地看问题，从而获得更多的创新成果。法国哲学家艾米·查提尔说过：“当你只有一个点子时，这个点子再危险不过了。”充分地发挥想象力，是寻求多种答案的关键之一。“如果……”思考法是恢复想象力的有效工具。因为当一个人的思考，有了“如果”的意识，那么他的想象力，将从法律、规章、制度、传统等束缚中解放出来。

6. 逆向思维

当我们决定一件事“干”与“不干”，也需要逆向思维。即使决定“干”了，也要想到“不干”会怎么样，“不干”有没有什么好处，能不能把“不干”的好处放到“干”的里面来，从而做得更完善。这些都需要逆向思维。逆向思维通俗地说，是站在“对立面”思考问题，或者是指与一般人思考问题的方面不同，人家不想的，认为是正常的事情，你却加以思考，从中发现问题。

**【思考题】**为什么说需求是旅游购物品创新的源泉？市场是由那些具有特定的欲望和需求，愿意并能够通过交换，来满足这种需要或欲望的全部潜在顾客所构成。旅游商品、旅游纪念品是卖给外国人、外地人的。因此，我们就必须研究他们的审美标准、欣赏情趣、购物取向，并将之有机地和传统文化结合起来。同时，必须防止商品化对民族文化、地区文化的冲击，因为真正的艺术品必须能够继续保持独特的构思、表现手法和文化内涵。“越是民族的，就越是世界的。”

**【案例讨论题】**前几天，一鱼塘开张，钓鱼费用是100元。老板说：“没钓到鱼就送一只鸡。”于是很多人都去了，回来时每人拎着一只鸡。后来，鱼塘看门老大爷说，老板本来就是个养鸡专业户，这鱼塘就没有鱼。这个方法叫作“去库存”。过了几天，另一个鱼塘也开张了。钓鱼免费，但钓上的鱼要15元每斤买走。结果还是有许多人去了。奇怪的是，不管会不会钓鱼，都能一天钓几十条，所有人都觉得自己是“钓鱼大师”。后来，鱼塘看门老大爷说，鱼是从批发市场3元钱每斤买来的，老板的儿子潜在水下，一条一条挂在了他们的鱼钩上……这个方法叫作“供给侧改革”。过了两天，第三个外地连锁鱼塘开张了，这个鱼塘实行撒网式捕鱼，让顾客穿上蓑衣，戴上斗笠，乘上小舟，扮成渔夫模样，体验传统文化。鱼塘专门负责派人拍照美图，给顾客发微信朋友圈，提升顾客“Biger”，最后网到的鱼只要10元每斤。许多人高兴地去了，一网下去就是好几十斤鱼。鱼塘日销售量从500斤上升到10000斤，而且时间周期大大缩短，顾客体验捕鱼很高兴，批发市场也去了库存。后来，鱼塘看门大爷说：这个方法叫作“去杠杆改革”。第四个鱼塘又开张了，受前面三个鱼塘的启发，这个鱼塘钓鱼免费，钓上的鱼也可免费拿走，居然有人钓到了美人鱼！然后钓鱼的人和美人鱼共进午餐，“餐饮服务收入”比之前“钓鱼收入”高得多！看鱼塘的老大爷说：其实美人鱼都是花钱请来的！这个方法叫作“深层次挖掘客户需求”。最近鱼塘开张比较多，成了热门项目。老板对经常钓鱼的顾客讲，投资鱼塘太赚钱了，半年回本，一年翻倍。为了回馈老顾客，现推出会员激励计划：一次性投入1.8万元，可享受终身会员待遇，同时享有1%股份，每年分红5000元，如果需要钱，还能转让股权。顾客正愁没处投资呢，这么好的项目，不到一上午，100个人交了钱。后来鱼塘看门大爷说，老板去年跟银行贷款20万元，一直逾期，今天终于还上了，欠了半年的工资也发了，这个方法叫“资产证券化”。第五个鱼塘开张当天，媒体广泛报道，很多大腕级的企业家都去取经求道，鱼塘老板招架不住啦！最后只得交代：原来看门大爷才是鱼塘幕后的大股东，主导了每次变革转型的成功。老大爷在接受记者访谈时饱含眼泪哽咽着说：“我以前只是个企业中层，能有今天成就，来源就是不断地学习！”这叫：知识改变命运，思路决定出路！

## 六、常用的管理创新技法

1. 识别问题方法

正确地界定问题是进行有效管理创新的基础。人们往往为了追求结果，而没有耐心去界定问题。我们经常只“花几分钟的时间”就提出问题，却“花几个月的时间”去解决“不是问题的问题”。其实，如果我们善于界定问题，把问题简单化、明确化，那么问题也就解决了一半。“为什么法”是识别问题的最为简单的方法，通过不断变换“对原始问题的定义”，获得“新的问题视角”，从而产生解决问题的可行方法，直到获得最高层次的问题抽象。“为什么法”对扩大问题范围和探索其各种各样的边界，十分有用。

2. 头脑风暴法（Brainstorming）

它是目前最为实用、最为有效的一种集体式、创新性解决问题的方法。它之所以有效，应归功于在群体活动情境下所具有的、彼此相互促进的动力机制。每当一个人提出一个新的想法，这个人所激发的，不光是他自己的想象力，在这个过程中“与会的其他人”的想象力也将被激发。头脑风暴法鼓励提出新观点，接受新观点。这样，反过来进一步激发与会者提出更多的新观点。

3. 列举法

它通过列举有关项目来促进全面思考问题，防止遗漏，从而形成“多种构想方案”的方法。列举法在列举事项、方案和评选方案时，均可结合“头脑风暴法”进行，以获得更多、更新颖的构思。列举法包括特性列举法、缺点列举法、希望点列举法等。特性列举法，通过“列举现有事物的特征”，针对其中需要改进的问题，提出新的创新设想，这特别适合于“老企业”改进管理。

4. 联想类比法

它的核心是通过“已知事物”与“未知事物”之间的比较，从“已知事物”的属性去推测“未知事物”有类似属性。类比推理的不确定性可以帮助我们突破逻辑思维的局限性，去寻找一个新逻辑的起点。如通过“读万卷书，行万里路”的古训，从已知的“求学供给系统”推测未知的“旅游供给系统”。再如，股份制运用于工商企业的改革取得了成功，那么农村经济进一步深化改革，是否可以借鉴股份制的经验，实行“股田制”？银行的最大功能是资金的存储功能，那么，能否借鉴银行的运作方式经营其他业务，例如建立“时间银行”呢？

5. 移植法

这是指将某一领域的技术、方法、原理或构想移植到另一领域，而产生新事物的方法。例如，把生产管理中“标准化的管理技术”运用到商业经营领域，就产生了全新的经营方式——连锁经营，通过统一形象、统一进货、统一价格、统一管理制度等方法，实现商业规模化经营。“移植法”这种创新技法最大的好处是不受逻辑思维的束缚。当想把一项技术或原则等从一个领域移植到另一个领域时，并不需要在理性上有多理解，往往是“干了再说”，这就为新事物的形成提供了多种途径，甚至为许多“外行”搞创新提供了可能。

**【思考题】**请根据“读万卷书、行万里路”的古训，用“联想类比法”梳理旅游学领域基础概念体系，并预测旅游供给系统有哪些发展趋势？将人们的“行路活动（或旅游活动）”类比成人们的“读书活动（或求学活动）”，将“大学”类比成“旅游目的地管理”的“实验室”或者“模型”，就会对旅游学领域若干基础概念有一个深刻的认识。旅游者的阅历∽求学者的学历（“∽”表示“相当如”）；大学建设与管理∽目的地建设与管理；大学建设规划∽旅游开发规划；编制大学发展规划∽编制旅游发展规划；建造教学楼、实验室、图书馆、学生宿舍、编写教材∽旅游开发；大学教育系统的管理∽旅游接待系统的管理；大学招生∽目的地营销；求学产品∽旅游产品；培养学生拥有某专业学历∽协助游客拥有某目的地阅历；学生∽旅游者；教室里上课∽旅游设施的配套服务；大学校园∽目的地；学生“生源地”∽客源地；班级∽旅游团队；班长∽领队；学生上自习∽游客自主活动；校园环境容量∽旅游环境容量。需要注明的是：求学供给系统管理的宗旨是教书育人、培养人才，而旅游供给系统管理的宗旨是展示体验、游客满足；求学供给系统管理强调教化功能，而旅游供给系统管理强调服务功能；大学教育的对象是需要“长期经历”的学生，而旅游接待的对象是需要“短暂经历”的游客；大学教育系统属于上层建筑的范畴，旅游接待系统属于经济基础的范畴。一个人外出旅游的次数达到一定数量时，可以申请“阅历认证”，并授予其“旅行家”称号和相应的“游位”品牌，从而获得相应的地位和声望，受到别人的尊重。目前，世界上有许多的探险家，如“独步周游世界”“跑遍中国”的人就受到社会的尊重和景仰。再如，借鉴大学“校园一卡通”的经验，未来社会将出现“旅游一卡通”。

### 七、管理创新的主要障碍

1. 资源短缺与缺少管理层的支持

管理创新的最大障碍之一是“组织缺乏对管理创新的投入和支持”。在绝大多数企业中，管理者注重的是经营活动和日常管理工作，对管理者没有创新要求，也没有安排一定的时间、资金和人力用于管理创新。

2. 僵化的组织结构与官僚主义

一个“对环境能做出快速反应”的组织机构是有效创新的必要条件，只有这样的机构才能迅速地发现管理中的问题，并及时地通过管理创新予以解决。层次太多、办事刻板、缺乏生气、部门本位主义、官僚主义盛行的组织机构必然会阻碍创新工作的开展。

3. 害怕失败，抵制变化

人们之所以不愿意发表自己的创新性、建设性的观点，多半是因为害怕受到嘲笑与批评。禁锢创造力的障碍还来自我们对生活一成不变的、习惯性的态度。创造和创新则与变化相关。创新意味着员工之间、部门之间利益的重新分配；意味着工作习惯的改变、组织结构的变化、工作职责的重新分配、工作方法的改变等。“各方利益的调整”必然带来矛盾：既得利益者会抵制变化，阻碍创新，而许多管理者为了息事宁人，也会反对创新。

4. 从众心理或对创新行为过分挑剔

创新就意味着其观念有别于一般人，这样就与“组织现有的行为规范”不一致，那么，创新者就有可能被认为“行为古怪”或“思想偏执”。这种群体规范压制了创新，使得多数人更愿意服从现有的规范和标准，即跟着“多数人的意见”走。另外，为了减少创新风险，对创新行为做出评价与分析，以确保这项创新是好的、有价值的，这本身无可厚非。但如果到了过分挑剔的地步，就会导致时间的浪费和竞争优势的丧失。因为，创新本身就包含着时间的先机，把大量的时间和精力用于“检验观念的优劣”，往往会错过许多机遇，导致新奇感和影响力的消失。同时，创新过程中的不确定因素始终是客观存在的，不管做什么样的分析，分析到什么程度，都无法消除。

5. 创新中贪大求洋、急于求成

海尔集团管理创新就是从“制定企业内部管理的十条规定”开始的。在十条规定中，其中一条是“禁止在车间里大小便”。就是这样的起点，经过十几年坚持不懈的管理创新，形成了以“日事日毕、日清日高”为代表的海尔“OEC管理模式”。因此，管理创新要从“小事”做起，从“细节”做起，从“点点滴滴”做起。如果管理创新一味“贪大求洋”，就可能演变为“大的创新搞不了，小的创新不想搞”，企业就在两难中、在轰轰烈烈中消亡。

这里讲一个笑话：一个员外有三个女儿，大女儿嫁给秀才，二女儿嫁给商人，三女儿嫁给农夫。在中秋节的晚上，大家在一起吃月饼、赏月，员外想附庸风雅，说：“你们三个女婿都来作一首诗，每句诗的后面都要有‘圆又圆’‘少半边’‘乱糟糟’‘静悄悄’这几个字。”大女婿秀才望着夜空，抢先说：“天上的月儿圆又圆，十五过后少半边。满天星斗乱糟糟，乌云一到静悄悄。”大家都觉得这首诗好，都点赞，说大女婿不愧是秀才！二女婿商人也不甘落后，吃了一口月饼，哽咽着说：“十五的月饼圆又圆，吃了一口少半边。吃到肚里乱糟糟，全部吃完静悄悄。”大家也觉得这首诗不错，虽俗气但也切题。现在轮到三女婿农夫了，农夫踌躇着不想说。大家都催促他：“一定要说，一定要说”。三女婿看着他的岳父岳母，动情地说：“岳父岳母圆又圆”。大家觉得眼睛一亮，说得实在是太好了！农夫接着说：“死了一个少半边”，大家都愣住了。农夫最后说：“大家哭得乱糟糟，全部死光静悄悄。”这个笑话之所以可笑，是因为三女婿农夫为创新而创新，而不顾及大家的心理感受。这个笑话告诉我们：创新只有立足于现实，结合“本组织的实际情况（如组织文化）”进行，才能取得效果。

## 八、管理创新的管理

管理创新的管理，实质上是要回答如何使管理创新活动更加有效，如何使管理创新行为持续地、稳定地进行，使管理创新成为“管理者必须履行的一个重要管理职能”的问题。

1. 计划

管理创新的计划的制订是创新管理的基础。制订科学的计划，可以提高管理创新过程的效率和成功率。“正确选择管理创新对象”的关键，在于“管理者是否有强烈的问题意识”，就是说，在制订创新计划的时候，管理者能否事先预料到可能发生的各种问题；问题发生时，能否及时、准确地察觉和感知。一般来说，应把“前面计划期遗留的问题”和“最近发生的管理中的突出问题”作为管理创新对象，优先考虑。管理创新计划，应由企业最高领导者亲自主持制订。创新计划制订后，与创新活动有关的部门和人员，要做具体的实施计划，使创新计划具体化。例如，当某建筑公司提出了“安全管理创新计划”，提出了“安全第一”的方针，各部门就要落实创新计划，扎实地开展创新工作。例如，安全部门完善“各项安全管理的规章制度”，供应部门考虑“如何及时为施工现场提供充足的劳动用品”，施工现场考虑“制定具体的安全防范措施，如戴安全帽、系安全带、张安全网等”。新的安全管理体系就可以建立起来。

2. 组织

一是建立和完善创新制度，通过制度建设，可以使管理创新活动制度化、规范化、持续化。二是保证对管理创新的投入。管理者要舍得“花一定的时间与精力”于管理创新及管理创新的组织，也要给员工以一定的时间和条件，使其能够进行管理创新。美国成功的企业，往往让员工自由地利用部分工作时间去探索新的设想，如IBM、3M、奥尔-艾达公司、杜邦公司等，都允许员工利用5%～15%的工作时间，来开发他们的兴趣和设想。三是成立创新小组，有效开展管理创新。质量控制小组（QC小组）是由企业内部员工组成，从事“改善工作和产品质量”的自主团队。通过鼓励、引导、支持员工“开展QC小组活动”，可以提高“职工参与管理的意识”和“参加管理工作的积极性”。通过调动一线员工的积极性来解决企业管理中存在的问题，这是管理创新最为有效的办法。四是广泛开展“创新思维”与“创新技法”教育。广泛、深入地开展创新教育，特别是“结合管理、科研、生产方面的实际问题”开展创新教育，很容易收到“既解决实际问题，又开启人的创造性思维”的双重效果。五是寻求不同环境中的类比和例证。公司应该向一些“高度弹性的社会体系”学习，如议会民主制度等。如果公司希望提高员工的动力，就应该去观察、学习各种志愿者组织。鼓励员工去不同的国家工作也非常有价值，这可以开阔员工的视野并激发思维。

3. 领导

一是管理者以身作则，富有创新精神。只有自身富有创新精神的管理者，才会珍惜群众的创新性，才会支持、扶持、鼓励群众的创新性。二是强调民主与自主，积极鼓励群众参与管理。员工的主动和积极参与，只有在民主和协调的群体环境中，才能够产生和发展。从鼓励创新的角度看，管理者应努力把组织建设成“民主型团体”，形成民主的气氛。三是善用创新性人才，做好对创新的激励工作。既要让组织中“最具创新性的人”去解决组织中“最难的那些问题”，又要用“具有创新激情的人”去激发那些“缺乏创新热情的人”，并对创新行为和创新成果给予大力的表彰。四是宽容失败。组织应致力于允许“试错”的组织文化的建设，并在制度上保证失败者不会因为“创新失败”而受到惩处，从而鼓励人们大胆创新。促进创新的一个好方法就是大张旗鼓地宣传创新、鼓励创新，树立“无功便是过”的观念。五是强化创新激励机制。要激发每个人的创新热情，还必须建立合理的评价和奖惩制度。同技术创新一样，对于管理创新成果，同样也要给予奖励，如设立“合理化建议奖”“管理创新奖”“质量管理创新奖”等。而且，奖励的方式可以多样化，可给予一次性奖励，也可以从“创新项目所产生的直接经济效益”中提成。

4. 控制

对于各项管理创新工作，应纳入企业工作的检查范围，加以经常性的督促。一是以“组织文化理念”引导人们的思维。二是加强“管理创新方案”的评价和修订。请高层、中层、基层管理者及操作者从各自角度，对创新方案进行评价，特别是对实施过程中可能产生的新问题，做出预计，以完善创新方案，尽可能减少管理创新效果的不确定性和不可预见性。在完成创新评价后，创新人员要综合考虑各方面提出的意见，对方案进行修订与完善。三是建立实施过程中的控制与评价体系，确保执行部门和人员，严格按照“创新方案”去实施。在方案实施过程中，建立信息反馈渠道，及时检查实施情况，发现差异，查明原因；对创新方案进行不断的修正和完善，直到达到预定的“创新目标”为止。

**【思考题】**斯蒂芬·罗宾斯认为，有哪三类因素可用来激发组织的创新力？①从组织结构因素看，有机式结构对创新有正面影响；拥有富足的资源能为创新提供重要保证；单位间密切的沟通有利于克服创新的潜在障碍。②从文化因素看，充满创新精神的组织文化通常有如下特征：接受“模棱两可”、容忍“不切实际”、外部控制少、接受风险、容忍冲突、注重结果甚于手段、强调开放系统。③在人力资源这一类因素中，有创造力的组织机构，积极地“对员工开展培训和发展”，以使其保持知识的更新。同时，它们还给员工提供“高工作保障”，以减少他们担心“因犯错误而遭解雇”的顾虑，组织也要鼓励员工成为革新能手，使其一旦产生新思想，革新能手会主动而热情地“将思想予以深化、寻求支持并克服阻力”。

**【案例讨论题】**荣华高科是一家已经创立 7 年的公司，在这 7 年中，由于开发出了“能够较好地满足市场需求的产品”，企业取得了较快的发展，年销售额已超过 8000 万元，人员规模也由“当初的 9 人”发展到“目前的 150 多人”。但从两年前开始，尽管公司由于“能够不断地推出新产品”，年销售额仍能保持30%以上的增长率，但增长速度已明显减慢。公司领导发现：尽管员工的待遇比以前有所提高，在行业中，也处于中上水平，但员工的积极性大不如前。公司创业时那种艰苦奋斗、团结协作和奉献精神不见了，取而代之的是铺张浪费、部门主义和相互推诿。面对这种状况，公司领导层经过认真考虑，决定加强管理，组建了专门的职能管理部门，如人力资源部、品质保证部等，并聘请了相应的管理咨询公司提供指导帮助。

在这两年中，荣华高科在管理咨询公司的帮助下，进行了组织结构的重新调整，制定了“部门职能说明书”和“岗位职责说明书”。为了调动员工的积极性，根据新的岗位分工和员工过去的表现，分A、B、C、D四个等级调整了员工的薪资，总体加薪幅度在10%以上。为了给“季度奖金分配”提供依据，公司参照国外公司的做法，对员工实行了定期的“360度全面考评”。通过ISO 9000质量保证体系的认证，公司明确了各项“业务流程”和各类“工作表单”，并每年进行“管理评审”。建立了每月一次的“员工培训制度”，聘请相应的教师来讲课，以扩大员工视野，提高员工素质。

应该说，一般公司加强管理的措施，该公司基本上都做了。公司领导对管理也非常重视，在推行这些管理措施的过程中，花费了不少的精力。但实际上，公司的状况并没有因此而得到改善。尽管员工的报酬比以前有所增长，员工的积极性并没有因此而提高；尽管规定了各部门的职责，但相互推诿的现象并没有减少，只不过以前说得最多的是“不知道该谁做”，现在说得更多的是“因为其他部门不配合”；“360度全面考评”到最后也流于形式，并没有能够真正起到“奖优罚劣”和“提高员工工作业绩”的作用；尽管通过了“ISO 9000质量保证体系”认证，但并没有对其实际的业务流程产生任何影响；质量问题照样经常出现，客户投诉也没有减少；每月的培训并没有取得什么效果，反而因为员工经常请假、逃课，以及“请不到老师”而难以为继。

请问：为什么这家公司的领导这么重视管理创新，而且把平时专家们提出的管理措施都按照咨询公司的建议做了，却取不到应有的效果呢?

评析：(1) 僵化的组织结构与官僚主义。荣华高科是按照职能部门组织起来的，容易导致职能部门的“本位主义”。各职能部门只注重发展本部门实体。它们的视角，仅反映了组织整体的某一个侧面。例如，营销人员相信，“创新须从顾客开始”；科技人员认为，“成功的创新首先来自产品创新”；生产人员则提出，“成功的创新要确保产品生产的高品质”。这会使组织的“创造力”与“创新能力的发挥”受到制约。因为一个组织的系统创新，有赖于各部门之间的通力配合。例如，荣华高科“相互推诿的现象并没有减少，只不过以前说得最多的是‘不知道该谁做’，现在说得更多的是‘因为其他部门不配合’”。官僚主义是指脱离实际、脱离群众、“当官做老爷”的领导作风，它的存在会严重削弱组织的创新能力。

（2）害怕失败，抵制变化。员工们生怕犯错误，因而养成了循规蹈矩、因循守旧的习惯。习惯于走老路，按“老皇历”办事。只唯上，只唯书，不唯实。过分依赖权威，不敢存疑。过分相信书本，不敢深究。禁锢创造力的障碍还来自我们对生活一成不变的、习惯性的态度。“习惯”是指我们已经熟练掌握的、不假思索的、自动调节的反应行为和适应行为。习惯可使人不饥而食、不困而眠、不思而行。一般认为，习惯是一种非创造性的、因循守旧的形式，它压制合理的思想，而不给其出头的机会。创造和创新则与变化相关。创新意味着员工之间、部门之间利益的重新分配；意味着工作习惯的改变、组织结构的变化、工作职责的重新分配、工作方法的改变等。“各方利益的调整”必然会带来矛盾：既得利益者会抵制变化，阻碍创新；而许多管理者为了息事宁人，也会反对创新。如荣华高科“尽管员工的报酬比以前有所增长，员工的积极性并没有因此而提高”。

（3）创新中贪大求洋、急于求成。在管理创新中，荣华高科热衷于引进国外先进管理模式；希望通过创新，一下子解决所有的管理问题；有的管理者则“为创新而创新”，为求“政绩”而创“亮点”。如荣华高科采取了定期的360度全面考评、通过ISO 9000质量体系认证、明确各项“业务流程”和各类“工作表单”、每年进行“管理评审”等。但创新只有立足于现实，结合本组织的实际情况进行才能取得效果。制度创新也好，资本经营也好，都需要在一定的条件下进行。管理创新是多层次、全方位的，而且多数创新都是从“细部”开始的。管理创新要从“小事”做起，从“细节”做起，从“点点滴滴”做起。贪大求洋、急于求成的结果，往往是适得其反。如果管理创新一味“贪大求洋”，就可能演变为“大的创新搞不了，小的创新不想搞”，企业就在两难中、在轰轰烈烈中消亡。

**【案例讨论题】**有关“分粥”的故事。传说有7个人曾经住在一起，每天分一大桶粥。要命的是，每天粥都是不够吃的。一开始，指定一人负责分粥事宜，很快大家发现，这个人“为自己分的粥”总是最多最好，于是推选出一个道德高尚的人出来分粥。强权就会产生腐败，大家开始挖空心思去讨好他，搞得整个小团体乌烟瘴气，显然这个方法不行。指定一个人分粥和一个人监督，起初比较公平，但到后来，分粥的人与监督的人从“权力制约”走向“权力合作”，于是只有这两个人能吃饱，这种方法也失败了。谁也信不过，干脆大家轮流主持分粥，每人一天。虽然看起来平等了，但是每人在一周中只有 1 天吃得饱，其余 6 天都吃不饱，而且每天粥还有剩的，这种方法造成资源浪费。民主选举一个“3 人分粥委员会”和一个“4 人监督委员会”，实行集体领导，公平是做到了，但是，“监督委员会”经常提出各种议案，“分粥委员会”据理力争，等粥分完时，粥早就凉了，此方法效率太低。最后想出来一个方法——每个人轮流值日分粥，但分粥的那个人要“最后一个领粥”。令人惊奇的是，结果 7 只碗里的粥每次都是一样多，就像用科学仪器量过一样。因为，每个主持分粥的人都认识到如果每只碗里的粥不相同，他无疑将拿到那份最少的。

请问：(1) 你能从这个小故事中领悟到哪些道理?

(2) 如何从“分粥理论”看管理创新的真谛?

评析：小故事领悟大道理。规则一：指定一个人负责分粥事宜。很快大家发现，这个人为自己分的粥最多。于是又换了一个人，结果总是主持分粥的人，碗里的粥最多最好。其中印证了：权力会导致腐败；绝对权力导致绝对腐败。规则二：大家民主选举一个“信得过的人”主持分粥。这位品德尚属上乘的人开始还能公平分粥，但不久以后，他就有意识地为“自己和溜须拍马的人”多分。其中印证了：放任的权利，随着时间的推移也会腐化堕落、风气败坏。规则三：指定一个分粥人士和一名监督人士，起初比较公平，但到后来分粥人士与监督人士吃得最多，于是这种制度失败。其中印证了：“权力合作”滋生腐败。规则四：谁也信不过，干脆大家轮流主持分粥，每人一天。这样等于承认了个人为自己分粥的权利，同时给予了每个人为自己多分粥的机会。虽然看起来平等了，但是每个人在一周中只有 1 天吃得饱而且有剩余，其余 6 天都忍饥挨饿。这种办法造成了极大的资源浪费与分配不公。规则五：选举一个“分粥委员会”和一个“监督委员会”，形成监督和制约。“公平”基本做到了，可是由于“监督委员会”常提出各种议案，“分粥委员会”又据理力争，等分粥完毕时，粥早就凉了。其中印证了：如果制度效率不高，就要影响当初制定制度时所想达到的那个目的。规则六：每个人轮流值日分粥，但是分粥的那个人要最后一个领粥。令人惊奇的是，在这个制度下，7 只碗里的粥每次都是一样多，就像用科学仪器量过一样。其中印证了：适用的制度是根据自身实际的需要制定出来的，而不是照抄照搬别人的。它既要体现民主化、公正性，具有很强的针对性和适用性，同时还要体现奖惩分明的绩效原则，这样才能提高全体员工的积极性和创造性，做到“以奖扬长，以惩避短”。

从“分粥理论”看管理创新的真谛：

(1)“先进适用而高效化、公平公正而民主化、奖惩分明而激励化”的制度是搞好内部管理的基础，我们需要根据自身实际而创新这样的制度。落后僵化、脱离实际、流于形式的制度安排，不但无助于提高工作效率，反而会成为日常管理中的一种枷锁和羁绊。

(2) 不同的制度安排，就会在制度出台以后，随之形成不同的单位风气和组织文化。一项好的管理制度，一定是在实际的运用过程中不断修订与创新，使其逐渐合理实用、清晰高效，这既有利于简便操作，又能体现效果的公平性。一套好的制度，要敢于跳出“传统的思维”，去寻找“新的解决问题办法”。一套好的机制对领导者来说，比自己事无巨细、事必躬亲要有效得多。

(3) 管理的真谛在“理”，而不在“管”。管理者的主要职责就是建立一个像“轮流分粥，分者后取”那样合理的游戏规则，让每个员工按照游戏规则自我管理。游戏规则要兼顾公司利益和个人利益，并且要让个人利益和公司整体利益统一起来。权利、责任和利益是管理平台的三根支柱，缺一不可：缺乏权利，管理者的执行计划就变成“废纸”；缺乏责任，公司就会产生腐败，进而衰退；缺乏利益，员工的积极性就会下降，消极怠工。只有管理者把权、责、利的三个平台搭建好，员工才能“八仙过海，各显其能”。

# 参考文献

[1] 彼得·圣吉．第五项修炼：学习型组织的艺术与实务［M］．郭进隆，译．上海：上海三联书店，1998.

[2] 郭咸纲．西方管理思想史（第 3 版）［M］．北京：经济管理出版社，2004.

[3] 哈罗德·孔茨，海因茨·韦里克．管理学（第 10 版）［M］．张晓君，译．北京：经济科学出版社，1998.

[4] 克雷格·彼得森，克里斯·刘易斯．管理经济学（第 4 版）［M］．吴德庆，译．北京：中国人民大学出版社，2003.

[5] 马勇，陈小连，马世骏．现代服务业管理：原理、方法与案例［M］．北京：北京大学出版社，2010.

[6] 迈克尔·杰克逊．系统思考：适于管理者的创造性整体论［M］．高飞，李萌，译．北京：中国人民大学出版社，2005.

[7] 斯蒂芬·罗宾斯，玛丽·库尔特．管理学（第 7 版）［M］．孙健敏，译．北京：中国人民大学出版社，2004.

[8] 孙东川，林福永．系统工程引论［M］．北京：清华大学出版社，2004.

[9] 吴德庆，马月才．管理经济学（第 4 版）［M］．北京：中国人民大学出版社，2006.

[10] 邢以群．管理概论 _ 中国大学 MOOC（慕课）［Z/OL］．http：//www.icourse163.org/learn/zju-19001 #/learn/announce，2014-03-10/2015-05-25.

[11] 邢以群．管理学（第 3 版）［M］．杭州：浙江大学出版社，2012.

[12] 邢以群．管理学（全 41＋3＋10 集）-播单-优酷视频［Z/OL］．http：//list.youku.com/albumlist/show? id = 6588421&ascending = 1&page = 1.html，2014-07-07/2015-05-25.

［13］喻晓航，齐善鸿．管理学原理［M］．天津：南开大学出版社，1997.

［14］袁国宏．旅游可持续发展管理研究［M］．北京：科学出版社，2014.

［15］约瑟夫·派恩，詹姆斯·吉尔摩．体验经济［M］．夏业良，译．北京：机械工业出版社，2002.

［16］周三多，陈传明，贾良定．管理学：原理与方法（第 6 版）［M］．上海：复旦大学出版社，2015.

# 后　记

我从农村出来，当过工厂技术员、旅行社导游、旅游管理专业硕士研究生、大学讲师、旅游管理专业博士生、大学副教授、大学教授，所以对旅游管理理论与实践都有深切的理解。我从2000年开始讲授“管理学原理”课程，至今有16年，教学经验丰富，但没有看到普及性的旅游管理学书籍。看了《体验经济》一书后，我觉得有必要写一本好看、有趣、有智慧、有益的旅游管理学实训教材。

本书的写作分几个步骤：首先，我把邢以群教授在优酷视频中的教学录像和慕课（MOOC）中的教学视频反复看，做了7页的听课笔记，把笔记背得滚瓜烂熟。其次，我给本科生讲授“管理学原理”课程，给学生布置了10次作业，受到学生和教学督导的一致好评，在2015年上半年海南大学课堂教学质量评估中得到“A级”，而且是学院第一名。再次，重温报考博士研究生时做的“管理学复习知识要点”，我把普及性的、有益的、有趣的内容摘录到讲课课件中。然后，我在授课课件的基础上，着手写作这本书。写作时，几乎不查阅参考文献，像写信、写日记一样，凭自己的记忆来写，这样可以顾及读者的切身感受。最后，在写书时，我尽量加入一些情景模拟、人物对话、小品、故事、笑话、典故、段子、名言名录等内容，摒弃深奥繁杂的图形、表格等理论模型和表达方式，避免空洞乏味的说教，尽量用浅显的短句子和“大白话”，达到一个可用来指导大学教师授课这种特殊演出的“剧本”的要求，让那些没上过大学的管理者喜闻乐见，让上过大学或正在上大学的读者受益匪浅。这本教材的写作持续了两年多，我通过备课、授课不断地进行修改，经历了“引进—消化—吸收—再创新”的过程。

海南大学科研处处长郭强教授对本书的评价：该书是一本“奇怪”的书。一是定位“奇”。一般的管理学书籍是“剧作”，属于作者的，大学教师直接用这些书籍来讲解，学生会觉得枯燥乏味，认为教师“照本宣科”，上课时总想打瞌睡、玩手机、看小说，而本书是“剧本”，属于教师这个特殊“导演”

的。授课时，大学教师既是导演，也是演员，讲解管理学原理的教师直接用该书备课，能够迅速达到“类一流”的教学水平，达到学生上课爱听课、不走神的奇效。二是体例“奇”。一般的管理学书籍属于学者看的，大多参考了国外翻译过来的著作，因而语言有晦涩、别扭之嫌，而此书语言生动有趣、朗朗上口、流利酣畅，甚至有许多“大白话”，有点类似于《西游记》，看似写给普通大众看的，却雅俗共赏，仁者见仁，智者见智。三是服务对象“奇”。国内的管理学书籍大多是以制造业为服务对象的，因而在案例、题材上大量引用来自制造业的管理实践，而本书是以现代服务业为服务对象的，如旅游业、物流业、金融业、文化创意产业、会展业、信息服务业、咨询业等，其中来自旅游业管理的题材特别多，甚至可以将该书命名为《旅游管理引论》，亦无不可。四是内容“奇”。大多数管理学书籍是以传播管理学知识为目的，由于读者的管理实践经验少，因而让人难以理解，容易忘记，当作字典来查阅是很合适的，而此书深入浅出，穿插了大量的情景模拟、对话、段子、小品、故事、典故、笑话、名言、歌词等，有点类似于电视小品、相声、脱口秀的“剧本”，生动有趣，让人耳目一新，忍俊不禁，看后难以忘怀，在莞尔一笑中领悟了许多管理学真谛。

海南大学旅游学院田良教授对本书的评价：袁国宏将自己在工厂4年的工作经历、6年的导游从业经历、16年的旅游管理专业教学和科研经历，与邢以群教授在优酷视频中的54集教学录像、MOOC中的授课“管理概论”糅合在一起，写了这部生动有趣的《管理学原理》。该书的最大特点是理论与实践紧密结合。不只是传授管理学知识，更重要的是引导读者有根有据地梳理正确的管理观念和意识，并在以后的学习、生活和工作中具体应用；引导读者准确地掌握课程中论述的基本原理，辨认其得以成立的假设，以及相应的运用范围；准确地学会管理的基本分析方法，并用它来分析案例和解释身边的管理现象。该书的另一个特点是将体验经济理论应用于教材中。采用情景模拟、人物对话、自问自答、简短案例等方式调动读者的兴趣，留下难忘的体验。课程教学方法和手段方面，将学习型组织、团队学习、体验经济理论、研究型学习、教学互动、师生互动等融入教学实践中，让学生实现卓有成效的转型。教学实践中，教师需要把《管理学原理》里面许多“段子”背下来。每次上课前，教师要把《管理学原理》中下一讲的内容看3遍以上，课件PPT看1遍。上课时，通过喝茶来提高教师的兴奋度和激情，预期每次上课都能听到学生的1次掌声和10余次笑声，使学生爱上课、不走神、勤思考，课堂气氛活跃。学生课后需要预习和计划下一讲的教学内容，积极完成10次小组作业，并在课堂上做5分钟的“表演”。这种教学模式值得推广。

在我看过的“管理学”教材中，所有案例和问题都没有答案。“以己昏昏，使人昭昭”，而我在《管理学原理》中，对30多个案例和所有问答题都写了评析或解答。受本人水平、精力等诸多因素的限制，本教材一定还存在不少不足和纰漏之处，欢迎广大读者及同仁不吝赐教。

**袁国宏**

2018年1月8日